高校思想政治教育的创新策略研究

陶　莎◎著

中国纺织出版社有限公司

内 容 提 要

本书主要内容包括：高校大学生思想政治教育的内涵、现代大学生思想政治教育的特点、高校大学生思想政治教育的意义、高校思想政治教育创新的必要性、高校思想政治教育创新的原则、新媒体在高校思想政治教育中的创新应用、高校大学生思想政治教育的创新途径分析、高校大学生思想政治创新教育的队伍建设。该书通过对思想政治教育方法创新规律的认识，把握其内外本质的联系，预见发展趋势，提出科学的预案、方略和对策。

《高校思想政治教育的创新策略研究》指出了思想政治在教育创新中所具有的内涵，分析了高校思想政治教育存在的问题，从观念、内容、方法等方面提出了高校思想政治教育的创新发展对策。

图书在版编目（CIP）数据

高校思想政治教育的创新策略研究 / 陶莎著. -- 北京：中国纺织出版社有限公司，2019. 12

ISBN 978-7-5180-6970-5

Ⅰ. ①高… Ⅱ. ①陶… Ⅲ. ①高等学校—思想政治教育—教学研究—中国 Ⅳ. ①G641

中国版本图书馆 CIP 数据核字（2019）第 262806 号

责任编辑：闫 星　　责任校对：王惠莹　　责任印制：王艳丽

中国纺织出版社有限公司出版发行

地址：北京市朝阳区百子湾东里 A407 号楼　邮政编码：100124

销售电话：010—67004422　传真：010—87155801

http：//www. c-textilep. com

E-mail：faxing@ c-textilep. com

中国纺织出版社天猫旗舰店

官方微博 http：//weibo. com/2119887771

三河市宏盛印务有限公司印刷　各地新华书店经销

2019 年 12 月第 1 版第 1 次印刷

开本：787×1092　1/16　印张：9. 75

字数：250 千字　定价：68. 00 元

前　言

改革开放40年来，我国大学生思想政治教育不断实践、探索和发展，形成了全方位、多层次、多学科知识综合运用的体系，取得了较为显著的效果，为国家培养了大批合格的人才。党的十八大以来，以习近平同志为核心的党中央高度重视思想政治工作，提出了一系列新理念、新判断、新要求，思想政治教育的对象、环境、方式、内容都在发生深刻的变化，同时新媒体技术对思想政治教育产生的影响越来越深远，时代的变迁、社会的变革、思想观念的更新对思想政治教育创新的需求越来越迫切。高校作为思想政治教育的前沿阵地，所面临的形势仍然十分复杂和严峻，因此必须探索高校思想政治教育的新途径、新方法。

本书的出版源于湖北省教育厅2018年高校学生工作项目，该项目针对我国大学生思想政治教育存在的形式单一、工作浅表、感染力不够、效果相对弱化等问题，研究如何创新思想政治教育的模式，增强思想政治教育的吸引力、感染力和针对性，以培养出思想品德和艺术技能双向发展的大学生。在该项目的研究过程中又萌发了撰写专著的念头，通过查阅资料、深入研讨、触类旁通，扩展了思路，由研究某一种创新模式的构建到研究思想政治教育的创新策略，为本书增添了新的内容，使其在项目的研究上更具有深度和广度，进一步促进了大学生思想政治教育工作的开展。

本书从高校思想政治教育的内涵出发，分析当代大学生的思想特征以及现代大学生思想政治教育的特点，进一步强调高校思想政治教育创新的必要性和创新的原则，从新媒体技术的运用、思想政治教育创新途径的分析以及队伍建设方面提出高校思想政治教育的创新策略。

由于水平、时间等原因，本书还有许多不足之处，敬请各位专家学者和读者朋友批评指正。

陶　莎
2019.10

目　录

第六章 新媒体在高校思想政治教育中的创新应用

第七章 高校大学生思想政治教育的创新途径分析

第八章 高校大学生思想政治创新教育的队伍建设

第一章　高校大学生思想政治教育的内涵

第一节　高校思想政治教育的发展渊源

思想政治教育不是凭空创造出来的，其产生有着深厚的历史渊源。自人类进入阶级社会以来，思想政治教育在维护统治阶级的经济利益和政治统治方面一直发挥着独特的历史作用。各个国家都通过不同形式的思想政治教育向人们传播、灌输社会的主流意识形态来达到提升个人思想道德品行，维护政治统治的合法性和社会秩序和谐稳定的目的。

一、中国传统社会的思想政治教育

在中国古代，思想政治教育以儒家思想为核心，对民众和统治阶层施以道德的教化，培养符合统治阶级社会发展需要的人民大众和政治人才。其中，孔子是思想政治教育的典型代表。他从个人与国家两个角度出发，主张通过教化提升个人道德修养，通过德治实现社会关系和谐安定，以巩固和加强统治阶级对社会的控制和管理。在个人方面，孔子提出对内要孝敬父母，对外要忠于君主和国家，对待其他人要做到“仁者爱人”“己所不欲，勿施于人”，以此作为个人处理与家庭、他人、国家关系的基本伦理规范。在国家方面，孔子主张德治，他认为：“为政以德，譬如北辰居其所而众星共之。”要达到这样的效果，首先统治者要以身作则，重视自我的道德修养，要爱民、敬民；其次要以德教育人，“道之以政，齐之以刑，民免而无耻；道之以德，齐之以礼，有耻且格”，只有教会人民拥有羞耻之心而不是出于对法律的畏惧才能更好地从善。

（一）传统思想政治教育萌芽于原始社会

事实上，在原始社会就出现了思想道德教育方法，其方法主要体现在集体生产劳动和原始活动中。由于当时教育还没有从生产实践中分离出来成为专门的活动，而且没有文字和书本，所以思想道德教育的手段与其他教育的手段一样，主要是语言的口耳相传和对实际行动的模仿。到黄帝时代，在社会经济的各个方面都有了长足的进步，政治思想痕迹似乎已经隐约可见。其中“垂衣裳而治天下”“以衣裳别尊卑”，尤其值得注意。它一方面表明当时已经懂得蚕桑之利，懂得利用蚕丝编织衣料；另一方面，用服饰来区别等级，表明社会组织已经有了尊卑之别。这个“天下为公，选贤与能”的大同社会，也成了儒家津津乐道的理想社会，为以后的国家与社会发展塑造了一个理想的模型，同时孕育了思想政治教育的萌芽。

（二）传统思想政治教育发展于奴隶社会

约公元前 2070 年，夏朝建立，“大同社会”变成了“小康社会”，“公天下”变成了“家天下”，中国从此进入奴隶社会。奴隶主为了维护其统治地位，除了使用严刑峻法之外，还利用迷信，欺骗、麻痹奴隶和平民，用讲“德政”、建“礼治”等手段来缓和阶级矛盾，维系统治阶级内部的等级名分。其中在思想政治教育方面贡献最大的便是周公“制礼作乐”。汉朝的伏胜在《尚书大传》里记载：“周公摄政，一年救乱，两年克殷，三年践奄，四年建侯卫，五年营成周，六年制礼作乐，七年致政成王。”在这些政绩中，影响最为深远的就是“制礼作乐”。孔子讲到“礼”，指出夏商周三代的承袭与变化，特别强调周公的创造性贡献。他说“周监于二代，郁郁乎文哉，吾从周。”反映了他对周公制礼作乐的崇拜。同时他对春秋时代“礼崩乐坏”极为不满，他的名言“是可忍也，孰不可忍也”，就是对“礼崩乐坏”的怒吼。

周公的“礼乐”之所以受到孔子的推崇，是因为它本身内含对社会的教化，是统治者为了维护统治而进行的思想政治教育的主要方式。周公“制礼作乐”带来了社会的稳定，“礼崩乐坏”必然带来社会的动荡。“礼”的起源是以贫富分化、等级分化为前提的，反过来“礼”的形成又稳定了贫富分化、等级分化的社会秩序。但是一个社会只讲差异，不讲和同，社会就无法和谐。因此周公在“制礼”的同时又作乐，使“礼”与“乐”相辅相成，或者说相反相成。“礼”讲究差异，“乐”讲究和同。“礼乐文明”是奴隶社会思想政治教育上的一次变革，也对以后儒家的思想政治教育做了铺垫。

（三）传统思想政治教育繁荣于春秋战国时期

春秋时期以后，奴隶主贵族阶级的统治日益崩溃，封建制度逐步建立。随着政治、经济、文化的发展，教育也日益发展。春秋战国时期的诸子百家，提出了各种各样的伦理道德教育的理论和方法，其中尤以“孔孟”为代表的儒家所创立的理论和方法最为系统。

儒家思想为中国传统思想政治教育奠定了基础，影响了以后社会的发展，建构了一个体大思精的思想政治伦理体系。孔子主张“仁”，“仁者爱人”是他的思想核心。“克己复礼为仁”是他的政治思想；“己所不欲勿施于人”是处理人际关系的准则；“节用而爱人，使民以时”是对执政者的要求。孔子主张学社会、学历史，自己“述而不作，信而好古”。他整理的《诗》《书》《礼》《乐》《易》《春秋》，即是他学习历史的凭借，又是孔门讲学的教材，成为后世的儒家经典——“六经”，成为中国传统文化的核心内容。辜鸿铭先生也认为“六经”是孔子对中华民族的一大贡献，并且成了中国文明的蓝图。“孔子告诉中国人不要抛弃他们的文明——在一个有着真实基础的社会与文明中，人们同样能够过上真正的生活、过着心灵的生活。实际上孔子毕生都致力于为社会和文明规定一个正确的方向，给它一个真实的基础，并阻止文明的毁灭。但在他的晚年，当他意识到无法阻止文明毁灭的时候——他还能够干些什么呢？作为一个建筑师，看到他的房子起火了，屋子在燃烧、坍塌，他已明白无法保住房子了。那么他能够做的一件事就是抢救出房子的设计图。这样就有可能日后重建房屋。因此，当孔子看到中国文明这一建筑已不可避免地趋于毁灭时，他自认只能抢救出一些图纸。这些被抢救出来的东西现在被保存在中国古老的经书中——即著名的五经之中。因此，我认为孔子对中华民族的一大贡献在于他抢救出了中国文明的蓝图。”

相比西方人，古代的中国人过着一种精神的生活、情感的生活，这种情感既不是来源于感官直觉意义上的那种情感，也不是来源于神经系统奔流的情欲那种意义上的情感，而是一种产生于我们人性的深处——心灵的激情或人类之爱那种意义上的情感。因此，加强思想政治的教育对统治阶级来说就显得格外重要。而通过儒家经典的熏陶和教育，既可以让统治者对人民施以“仁政”，又可以汲取社会精英进入统治阶级内部。儒家的思想政治教育不是为自己自私自利，不是为升官发财，而是为“安人”“安百姓”，也就是后来儒家之书《大学》里所说的"齐家""治国""平天下"。因为有这个使命，受教育的人，尤其是士大夫阶层，格外有一种尊严，愿意"杀身以成仁"。与西方相比，孔子创建的儒教在思想上对民众进行教化，最深刻的便是赋予了人们真正的国家观念。孔子在《春秋》里描述了腐败的国家、衰落的文明所带来的苦难与不幸，指出问题的根源在于人们没有一个正确的国家观念，对自己的责任没有正确的认识——他们不懂得个人应该服从国家、忠于君主。孔子宣扬的是一种君权神授的观点，用历史主义的观点来看，这有利于国家的安定，与民与君都不是一件坏事。这种思想政治教育的方式符合统治阶级的利益——人民的安定，也给人民带来希望——学习儒家经典治国平天下。

（四）传统思想政治教育在封建社会的继续发展与完善

进入封建社会后，国家完成了大一统，秦始皇加强了中央的集权，并实施了一套保障性的措施。"车同轨""书同文""行同伦"使得全国范围内取得了文化上的统一。为了统一舆论，加强意识形态的控制，秦始皇进行了招致后世无穷非议的"焚书坑儒"。后来的事实表明，用"焚书坑儒"的手段来统一舆论，控制意识形态，是不可能成功的。正如一位诗人所说："坑灰未冷山东乱，刘项原来不读书。"但是国家的统一却为思想的统一创造了条件，特别是自汉代董仲舒推行"罢黜百家，独尊儒术"后，儒家思想、道德教育的理论与方法便"一统天下"。从汉武帝开始，儒学成为五经博士研究与教授的经学；经学特殊地位的确立，显示儒学的官学化得以确立，成为"学而优则仕"的工具。事实上，儒家学说成为统治者进行思想政治教育的工具和手段。汉武帝用功名利禄来引诱世人——只有精通儒家经典才可以进入仕途，把世人的聪明才智束缚于儒家经典之中，专注于诠释章句，而无暇旁顾，客观上达到了其稳固统治的目的。这种帝王之术为后来的治国者所继承，儒家理论思想与方法也自然成了传统思想政治教育方法的主要代表，在中国封建社会中一直居于主导地位。所以，一般谈到中国传统思想政治教育方法，必然以儒家伦理道德教育方法为主体。也正是因为儒家伦理道德教育方法的贡献，才使得中国古代的思想政治教育方法相对于古代世界其他国家而言更加系统和完善。

二、西方社会的思想政治教育

西方国家的思想政治教育始于古希腊雅典时期，古希腊的思想家们从人性善恶的视角出发，突出强调通过思想政治教育对人进行道德教化，使其克制欲望、弃恶扬善，从而达到维护统治阶级统治的重要目的。

（一）思想政治教育方法的隐蔽性与渗透性

从表面上看，西方国家没有统一的思想政治教育课程与思想政治教育管理机构，但他们能把思想政治教育贯穿于社会生活的各个方面。其实西方国家非常注重对学生思想品德的隐性教育，即通过比较隐蔽的方式使受教育者在无意识、潜移默化中受到熏陶和感染，从而陶冶道德情操、实现思想政治教育的目的。这种隐性的思想政治教育由于教育目的隐蔽、教育方式新颖、教育方法有趣，因而教学效果也比较明显。实际上，西方国家的思想政治教育做到了几乎"无时不有、无处不在"的地步。在学校里，校园环境、课堂气氛、规章制度、教师言行等无不对学生的政治观、价值观和道德理念等产生重要影响。西方国家道德教育不只局限在公民教育课上，还把道德教育渗透到心理学、政治学、历史学、经济学等学科当中，各门专业课，包括理工科都渗透着德育思想，使公民教育在多领域、多学科全方位地进行，将知识学习与品德教育融为一体，因此收到了很好的教育效果。例如，英国的教育基本法明确规定，各级各类学校都要把公民素养教育作为教学的基本任务和目标，同时要求把道德教育、公民素质教育有机地渗透到各种教学之中。西方国家还特别注重思想政治教育环境的营造。如在法国自1992年正式开播的第五频道文化台，一直向世界各地广泛宣扬法国的民主理念和价值道德。在美国，大大小小的博物馆、纪念馆可谓是星罗棋布，在首都华盛顿，博物馆、纪念馆、人物雕像等有一百多处，并且它们当中大多数以历代总统的名字命名。并且随处可见飘扬着的美国国旗，就连一个消防队也都要挂上美国国旗。这些都在潜意识中宣扬西方国家的历史、文化和民族精神，对国民进行全方位渗透，进行国民精神的洗礼。

（二）思想政治教育方法的层次性与连续性

西方国家在思想政治教育时特别注重根据受教育者不同层次、不同年龄阶段和认知水平来制定不同的教育目标，规定每一阶段的学习内容，以及使用不同的手段和方法来分层教学，而且特别注重它们之间的联系，采取循序渐进的方式，承认每个人的个体差异，做到对不同学生因材施教，尽可能使每个人按不同条件向前发展。从小学到大学各阶段教育目标之间相互衔接，螺旋上升，课程安排具有阶段性，教材内容具有选择性。如爱国主义教育：在小学阶段主要是讲故事、做游戏等；在中学阶段主要是讲历史、进行参观、旅游等社会实践活动；在大学阶段主要是讲理论。在英国，小学阶段的教育目标是为了使学生养成良好的生活习惯，以及做人的基本品质；中学阶段是培养学生对国家的了解和社会责任感、正义感等；大学阶段是培养学生做个好公民。日本根据小学、初中、高中的不同特点特别设置了不同的道德教育课程。例如，公民科、社会科、生活科、家政科等。根据不同年龄，将小学还分为低、中、高三个年级，不同的阶段学生的道德教育重点也不同。我国的学校在思想政治教育中也有因材施教等教育方法，有小学、初中、高中、大学等不同层次，但在不同阶段的思想政治教育内容、教学模式、教学方法并没有太大的区别，经常出现许多教学内容重复或颠倒混乱的现象，有些新的能适应时代发展的内容未能及时充实到教材当中，使教材显得内容陈旧。在教学方法上也大同小异，比较单调，没有遵循学生不同年龄的心理发展规律，常常为了达到统一思想而强行灌输，因而忽视了教育对象的个体差异、年龄特点和教育层次等。道德教育本身应该是从低级到高级，从简单到复杂，逐步加深的过程。

（三）思想政治教育方法的实践性与社会性

西方许多学者普遍认为真正的教育途径就是实践，要让学生在社会实践中形成道德观念，提高道德修养，增强道德的判断力。美国著名教育家杜威曾提出“教育即生活”“学校即社会”的重要教育思想和教育方法。他认为学校应为学生积极参与社会活动创造各种条件，让学生在活动中不断改造经验、不断完善自我。西方学者们都非常注重运用启发式、参与式教学，让学生在社会现实生活中面临道德现象，处理道德问题。他们通常还把学校、班级模拟成社会，让学生自主学习、自我反省，给学生充分的自主参与和管理的机会。如美国高校将社区服务的情况作为对学生考核的重要标准。每个学生除了学习成绩单之外，还要有一份社区服务成绩表。一些名牌大学如哈佛、耶鲁等则要求申请入学的学生必须提供社会服务的证明。政府在思想政治教育管理方面十分严格，采取多种强硬的行政措施来培养合格公民。如美国政府把《美国民主》《独立宣言》作为中学生的必读书目，并且以法律的形式严格规定各类学校必须开设美国历史课，如果学生的历史课不及格，则不能毕业。英国家庭非常重视启蒙儿童的思想品质，教育界人士普遍认为，如果离开了家长的支持和配合，学校的教育很难取得理想的效果，家庭为孩子的健康成长奠定了坚实的基础。

三、马克思主义经典作家关于思想政治教育的论述

马克思恩格斯从唯物史观的视角出发，科学揭示了阶级社会思想政治教育的本质和目的。马克思说“思想的历史除了证明精神生产随着物质生产的改造而改造，还证明了什么呢？任何一个时代的统治思想始终都不过是统治阶级的思想”，都是为统治阶级的利益和目的服务的。他的这一论述深刻揭示了在阶级社会中，思想政治教育的本质就在于宣扬社会主流意识形态，加强对人们思想的控制和引导，从而为统治阶级的政治统治和经济目的服务。同时，马克思恩格斯指出无产阶级要推翻资产阶级的统治，建立无产阶级专政，进而实现共产主义和全人类的解放也必须加强思想政治教育，用科学的革命理论武装头脑，激发强烈的革命斗争意识。

为此，他们在深入工人群众，指导工人实践的过程中极其重视通过工会、协会、报刊向工人无产阶级宣传革命斗争理论、科学社会主义理论等，为无产阶级斗争指明了正确的方向。伟大的革命导师列宁同样指出了思想政治教育对于俄国革命胜利的重要意义。他在长期革命和斗争的实战经验中指出“没有革命的理论，就不会有革命的行动”，而“只有革命马克思主义的理论，才能成为工人阶级运动的旗帜”。但是工人自身的社会民主意识是非常淡薄的，因而必须从外部将这种意识灌输到工人的头脑当中去。列宁的这一重要论断为我国开展思想政治教育提供了有益的方法论指导。

四、中国共产党的思想政治教育

高校是立德树人、培养高层次人才的地方。党的十八大以来，以习近平同志为核心的党中央高度重视学校思想政治理论课建设。新中国成立伊始，为了培养又红又专的社会主义建设者和接班人，确立马列主义、毛泽东思想在意识形态的领导地位，马克思主义思想政治理论课程作为高校的公共必修课被纳入高等教育课程体系，这也是当时改造旧大学、建设新大学的题中之义。在党和政府的领导下，高校对思想政治理论课在课程设置、组织领导、师资队伍、教学原则和方法等方面进行了有益的探索。回顾这一时期党和政府加强高校思想政治课的具体做法，总结历史经验，对我们在新时代贯彻落实习近平总书记在学校思想政治理论课教师座谈会上的重要讲话精神、做好高校思想政治课工作具有重要启示意义。

（一）构建以马克思主义理论为核心的思想政治理论课程体系

新中国成立初期的高校学生积极融入新社会，但由于长期受国民党反动宣传的影响，对中国共产党缺乏深入的了解，为迅速改变这种状况，用马克思主义理论教育引导广大青年学生势在必行。1950 年 8 月，《关于实施高等学校课程改革的决定》明确指出：“废除政治上的反动课程，开设新民主主义的革命政治课程，借以肃清封建的、买办的、法西斯主义的思想，发展为人民服务的思想。”这明确了思想政治理论课程的性质和任务，为当时的高等学校思想政治理论课的发展指明了方向。

新中国成立初期，高校思想政治理论课程设置的主体是马克思主义基本理论和毛泽东思想，最初开设的课程是“辩证唯物论与历史唯物论”“新民主主义论”和“政治经济学”。但是，当时各学校的执行情况不一。1952 年 10 月，《关于全国高等学校马克思列宁

主义、毛泽东思想课程的指示》对以上课程在各类高校的设置、学时及其讲授的次序，都做出了非常明确详细的规定。这标志着我国高校思想政治理论课程体系基本确立。1953年，党在过渡时期总路线公布，思想政治理论课的课程设置进行了调整，各类学校一律加开“马列主义基础”，“新民主主义论”改为“中国革命史”。同年11月，又将马列主义理论纳入研究生教学计划，这样，高校的思想政治理论课实现了从本科生到研究生的全覆盖。

新中国成立初期，高校思想政治课的设置有鲜明的政治性和阶级性，体现了我国的国家性质，反映了党和国家事业发展的需要。通过上述课程的学习，学生的思想认识和政治觉悟明显提高。1950—1953年在校的南京大学研究生会主席郭铭华表示：“当我学习马列主义的真理时，当我通过社会运动和社会观察来了解新中国时，我的思想开始解放了，我开始了解人为什么生活和怎样生活才有意义”。1951年至1955年在校的北京师范大学许多师生也有同样的感受，他说，“通过学习，尤其学了哲学以后，使我掌握了观察问题的方法，应该怎样站在无产阶级的立场上看问题”。

（二）建立党政齐抓共管、各方共同负责的工作机制

党委政府领导、各部门齐抓共管、人人参与，形成加强大学生思想政治理论课工作的整体合力，是新中国成立初期在加强高校思想政治课方面的重大创举。

1. 加强党对高校思想政治理论课的领导

思想政治课事关意识形态工作大局，是培养革命事业接班人的关键课程，必须坚持党的领导。1950年8月，《高等学校暂行规程》明确规定，校长要“领导全校（院）教师、学生、职员、工警的政治学习”。同年10月，规定各高等学校成立政治课教学委员会，并由校行政直接领导。政治课教学委员会主要职责是明确教学规范，聚焦教学中的疑难问题，为思想政治课教学提供指导。响应党的号召，北京大学、清华大学、上海交通大学、南京大学等著名大学都建立了政治课教学委员会。一些学校就加强党对思想政治课的领导做了进一步探索，如华东师范大学，由曾参加过延安整风的党委书记周抗亲自上思想政治课，著名哲学家冯契也主讲思想政治课。党和国家的高度重视，为高校思想政治理论课的开展提供了坚强的政治和组织保障。

2. 高校全体老师都要参与对学生的思想政治教育

新中国成立初期，百业待兴，迫切需要各类专业建设人才，因此高校常偏重于专业教学，对思想政治理论课认识不足，有的把“思想政治课与专业课对立起来”，认为“学生学好技术，就可以为人民服务”；有的认为“思想政治教育那是思想政治课教师的事情，与己无关”。针对这些错误的或片面的看法，1950年时中央纪委副书记的蒋南翔提出，“学校中的思想政治教育，应该不仅是政治课程所单独担当的任务，学校中的每一门功课都不仅要传授某一种知识，同时还要贯彻正确的思想内容”。1955年4月，高教部副部长刘子载提出：“一切新中国的教师，不管他们教哪门课程，都应在教学中对学生进行政治思想教育，不应该只注重传授业务技术知识，还应该结合业务技术知识的教育随时进行思想教育和道德品质教育”。贯彻“教师对学生全面负责的思想”，各高校十分重视在专业课中进行思想政治教育，清华大学在讲授苏联卫星上天时，通过分析社会主义国家的科技发展与进步，使学生认识社会主义的优越性。高校各门课程都具有育人功能，教师在教学过程中不仅注重传授专业知识，还要充分挖掘专业课中蕴藏的相关教育因素，将思想政治教育渗透在一切科目的教学活动中，促进学生全面发展。这一思想被实践证明具有鲜明的战略性、原则性和前瞻性，也是我们今天思想政治课遵循的重要原则。

（三）建设政治过硬、理论扎实的思想政治理论课师资队伍

思想政治理论课具有自身的特点，既是知识体系，又是价值观念；不仅要传授知识，更在于价值观的教育和意识形态的引领。对思想政治理论课教师而言，既要有坚定的政治信仰，又要有扎实的学识和业务能力，必须在德才兼备、知行合一上下功夫。新中国成立初期，马克思主义思想理论课教学处于起步阶段，思想政治课教师人才匮乏，相当一部分思想政治课教师，相应的政治素质和理论知识还不够，课程质量不高。1951 年 12 月 8 日，北京大学教授龚祥瑞在《人民日报》发文指出，课程改革中开设的新课程，如“马列主义基础”等，不是没人教，就是教的人没有进行很好的研究。北京大学教授金克木在谈到思想政治课教学时也指出，“每学期都是到了开学才拼凑‘社会发展史’或‘新民主主义论’的教员”。北京大学尚且如此，其他学校的情况可想而知。党中央对此高度重视，1952 年 9 月，中共中央专门下发《关于培养高等、中等学校马克思列宁主义理论师资的指示》，就解决思想政治课师资队伍问题做出全面部署，多措并举抓思想政治课教师队伍建设。

1. 严格做好思想政治课教师的选聘工作

选拔高校助教和高年级学生中的优秀党、团员作为培养对象，从源头上保证优秀人才进入思想政治教师队伍；选派党委、政府和群众团体中政治理论水平较高的干部到学校兼课。例如，1952 年，西南军政委员会规定当地的党政军首长都要到全区高等学校做“政治报告”。

2. 举办各种教学研讨会、培训班和研究班

1950 年，有关部门委托中国人民大学先后举办了“新民主主义论”教师暑期培训班和寒假期间的“新民主主义论”教学讨论会，此后又多次举办教学讲习班、备课会、学习会、讨论会以及组织教学经验座谈会等。中国人民大学的一些著名马克思主义专家何干之、胡华等还通过广播讲座等形式，亲自开展教学示范活动。1952 年，中国人民大学懂得马克思列宁主义研究班，以中国革命史教研室为例，从 1952 年至 1956 年培养的中国革命史专业研究生和马列主义研究班的毕业生已达 300 多人，为师资培训做出了重要贡献。

（四）探索理论与实践相结合的思想政治理论课教学方法

理论和实践相联系是中国共产党思想政治教育的优良传统。早在 1941 年，毛泽东在《改造我们的学习》中指出：“马克思主义的‘本本’是要学习的，但是必须同我国的实际情况相结合。”1950 年 10 月，教育部明确规定，高校思想政治教育，应“用系统的理论知识联系实际，实事求是地正确解决问题”。遵循这一原则，新中国成立初期高校不断探索理论与实践相结合的方式。

在课堂教学中，结合学生的思想实际，有针对性地提高学生的思想认识水平。新中国成立前的中国大学深受西方办学思想的影响，学生也大多出身于非工农家庭，一些学生存在亲美、崇美和恐美的思想。1950 年 10 月，抗美援朝战争爆发，以此为契机，要求高校以抗美援朝为主题开展思想政治教育。

参加社会实践，促进对课程教学的感悟，夯实学生理论学习的效果。1946 年，毛泽东告诫从苏联回延安、缺少社会实践历练的毛岸英，“书本上的知识和实践有所不同，要了解中国革命的实践，就应该补上中国的‘劳动大学’这一课”。我们党结合我国从新民主主义向社会主义的过渡时期党和国家的中心工作，发动师生参加各种政治运动和社会实践。在土地改革运动中，北大、清华 800 余名师生分赴西北、中南、西南参加土改工作，

各地相继组织大批师生下乡参加土改。毛泽东非常关心高校师生参加土改，指出“只要他们愿意去，就要欢迎他们去。……好的坏的，都让他们去看，让他们纷纷议论，自由发表意见，只有好处，没有坏处”。事实证明，通过实践，同学们认识到了劳动人民的光荣伟大，马克思主义的群众观点和阶级立场得以树立。

第二节 当代大学生的思想特征分析

从总体上看，当代大学生的思想上进，政治上积极要求进步，对经济发展前景持乐观的态度，对我们的国家大事和政府决定持认同态度，对社会热点问题极为关注，在入党问题上也表现出非常高昂的热情。

一、价值取向自我化，社会责任感弱

与父辈大学生相比，当代大学生多是九十年代中后期出生的，他们成长于中国社会的巨大转型时期，这一时期的市场经济已经相对成熟，使人们的个体意识以及对自身利益的追求的意识逐渐增强。因此，与这个时代相一致，这一代 90 后的大学生的自我意识和自主意识也更强，相较于 80 后大学生的迷茫和理想、情怀化，他们则对自我的发展具有更加清醒的意识，他们思维清晰，知道自己的追求，热衷于自我奋斗、自我实现，崇尚对自身价值、自身利益的追求和实现，他们毫不避讳自己对于金钱的渴望、对成功的热切，他们相信并实践着张爱玲的“出名要趁早”的格言，他们通过各种方式赚钱，网络上充斥着 90 后大学生创业、炒股等新闻，你可以看到他们善于并敢于打破传统，冲破教条，突破常规，崇尚自我，这都是他们所值得肯定的。但是，在个人利益与集体利益甚至是社会利益发生冲突的时候，他们中的一部分会首先选择自我，选择个人利益至上，虽然并不能够以偏概全的说明他们的全部，但是至少说明了在某些时候，他们缺乏社会责任感，他们不能或者是想不到要考虑社会的利益，站在社会的角度看待问题。

（一）多元文化环境下的当代大学生价值取向现状

1. 当代大学生的价值取向的发展特点

当今的社会是开放式的社会，改革开放以来随着社会开放程度的不断加深，思想文化也由单一保守走向多元开放，作为同样开放式的高校则直接面对着社会多元文化的冲击。高校大学生正处在价值观的成长塑造的关键阶段，面对日益多元化的、复杂化的思想文化，他们的认识辨别能力相对来说是较弱的，同时他们对于新事物的接受能力又是很强的。因此对于“当下各种思想的广泛传播，大学生没有一个衡量某一思想是正面还是负面的标准尺度”，这就导致充满好奇、新鲜感的他们面对各类文化的时候没有认真筛选而是选择大方接纳，这种大方接纳的行为恰恰是大学生对于外界事物认识的模糊性和不确定性所致，同时这种行为也不经意间使得大学生接收到一些消极的思想文化，这样有意无意地对大学生自身价值观的形成造成了影响。但是总体而言，随着国家的不断进步和日益强大，各种成就有目共睹，大学生对于社会，对于国家是认可的。在主体上他们对于尊重、竞争、独立、公平等的主流正文化也是保持高度肯定的。因此，当代大学生的价值取向在受到多元文化的影响下有一小部分是有偏失的，但是大部分的大学生的价值取向在主体上是积极向上值得肯定的。

2. 大学生受到多元文化的影响

（1）理想的物质化、功利化

随着西方文化的大量涌入，在市场经济的大环境下，资本主义性质的狼性理论在这种文化大背景下也有了一席之地。特别是我国现阶段是快速发展时期，在日益增长的物质需求难以短时间内得到满足以及社会、家庭等的多重压力的情况下，大学生也受到影响从而使得自身浮躁，讲究实惠，为了竞争不择手段，过于追求个人利益，对于现实定义为弱肉强食等，理想中带有浓厚的功利性。因此在这种躁动的狼性功利文化影响驱使下，许多大学生积极入党、竞选各类学校干部、讨好老师以及领导为自己培养人脉关系并将自身表现得极为突出，而在这过程中不乏排挤同学和竞争对手等只为获得更多利益。在他们的主观意识里无论做什么都应该以个人利益为前提，自己所做的就是为了得到更多的好处和利益，为自己增加更多的筹码，这些筹码可以让自己拥有更多的资本去博取成功。这些已经不再是单纯的对于理想的追求了，而是受到腐朽的、落后的资本主义文化影响并将理想物质化、功利化了。因此“在当代大学生中会发现追求现实利益越来越多，追求理想的行动越来越少”。

（2）社会责任感的缺失

大多数大学生由于有良好的生活环境，加之家庭长辈的宠溺，其面对问题和困难时表现出缺乏担当、心理承受能力弱，进而出现逃避的心理，因此很容易受到“宅”文化的影响。受到这类文化影响的大学生对于外界事物不感兴趣，对于自身梦想与追求的程度降低，喜欢“宅”在宿舍、家里并沉迷于自己的个人世界（如网络游戏、电视剧、漫画书等）。对于他们来说，他们的人生价值和追求就是安于现状，至于承担个人责任、参与社会实践等并不在他们的主观重要位置。有些大学生则是对社会本身存在一种危机感和不信任感，他们害怕自身能力不足却又“眼高手低”，为了更好地实现自我不惜弄虚作假抑或借助关系走后门等。社会公平、诚信的缺失让步入社会的大学生不得不重新定义社会，在如此现实面前再谈社会责任感就会让他们觉得如此苍白无力，因而“各人自扫门前雪，莫管他人瓦上霜”慢慢成为一种生存态度，逃避了社会责任感。

（3）自我意识过强

受到社会环境和家庭环境的影响，大学生的民主和独立意识不断增强，多数大学生在价值取向方面强调自我，形成以实现自我价值为第一目的的本位主义思想，进而导致自我中心强化、集体利益淡化，一切事物的目的性都以自身为出发点并服务于自身。片面认为自我价值和社会地位的体现在于个人对名利的追求的高度，将这种对个人利益的追求置于集体利益和国家利益之上，并过分依赖于自我主观而选择忽视集体的作用，即将一切的成功归咎于自身，对于集体事业、社会事业的建设缺乏热情，并没有认识到个人价值的体现在于多方面的。这种过强的自我意识很大程度上影响了大学生积极的价值取向的形成。

（二）大学生价值取向的成因分析

1. 社会大环境的影响

社会存在决定社会意识。随着国家改革开放的不断深入推进，加之全球化的当下，我国正处在一个开放的、各种思想文化“百花齐放”的时代，在接受本土文化的同时，也不断地了解外来文化，在这期间文化的融合、衍变更是不断地丰富着我们的文化环境，但是一些没落、腐朽的以及西方资本主义恶意渗透的文化也不断地“改头换面”纷纷袭来，从而使得当前的文化环境愈加复杂多变。在社会信息化快速发展的今天，各种数字传媒，如手机、互联网、电视、报刊等也成为当今文化传播的助推器。面对各式各样的无孔不入的文化影响，本来就辨别能力弱、对自身认识不足、价值观尚未定型的大学生充满了困惑，更加分不清事物的正确性，而且这些影响可能在不知不觉中被大学生潜移默化地接受，从而消极的文化对大学生价值观的健康积极的形成造成消极影响。

2. 高校的影响

在社会主义市场经济的影响下，我国高校也开始了教育经济化的转变。当高校也开始市场经济化的时候，学习的好坏不再是高校招生的唯一标准，大多数高校更是加上了一条政策——有钱也能上大学。加之高校的不断扩招，使得大学生的整体素质水平有所下降。在思想政治教育方面高校的力度和方法没有随着时代的变化而变化，而只是沿用传统的教学方式，在没有创新和变化的情况下对于大学生思想以及观念的塑造力越来越差。教育体制的不完善，填鸭式的教学模式也使得学生缺乏创新思维。素质水平下降，对思想观念的塑造力变差，缺乏创新思维导致大学生本身价值取向的复杂化，价值观在塑造的过程中缺少引导，对事物的思考辨别能力弱等。

3. 个人自身原因

我国社会正处在转型期，随之并发出一系列的社会问题，如就业问题、住房问题、物价问题等，这些都对大学生来不及憧憬的未来造成沉重的心理负担。现实的严峻，来自家庭、社会的压力，让大学生在追求个人梦想和面对社会现实时形成巨大落差，这种落差使得大学生对社会形成个人危机感的同时缺乏自信，对于个人目标的预期也慢慢地降低，其人生观、价值观在困惑的同时也开始慢慢转变。

二、竞争意识强，心理承受能力差

随着社会的日趋发展，当代大学生经历了父母的下岗、房价的飙升、物价的升高、千军万马过钢丝绳的高考、大学生毕业从国家分配到自主就业，这一系列的社会现象让他们充分地认识到了他们只能靠自己，只有不断地增强自己的能力，不断地提高自己的综合实力和核心竞争力，才能够在以后的社会上立于不败之地。

（一）当代大学生中主要出现的不良竞争心理类型

1. 投机取巧型竞争心理

社会上那些通过走后门、托关系、送礼金等手段参与竞争的不良习气对大学生造成很大影响，相当一部分大学生认为这是理所当然的事。这在高校中形成两种不好影响：一方面，少数大学生自认为家里有“门路”，认为高校毕业生不是靠能力或成绩参与竞争，所以他们在学校不注重自己的学习；另一方面，一些心理不够坚强的学生认为自己家没有“门路”，就容易形成焦虑以至自暴自弃心理，对自己将来毫无信心。其实，这种希望借助各种不正当手段参与竞争的心理，主要是由于学生心理的不成熟，对社会上一些不良习气缺乏判断，盲目模仿。可以看出，一方面，他们没有看到社会的发展趋势；另一方面，他们自己也没有形成健康的心理品格。

2. 嫉妒型竞争心理

嫉妒是在与他人竞争中害怕己不如人而产生的消极心理，这种人内心极不安全，害怕别人超过自己，所以敏感多疑，甚至走极端，常常是害人害己。这本来是人们常有的心理，在竞争激烈的环境下，一些大学生的嫉妒心理就表现明显，如隐瞒考研信息，封锁招聘信息，甚至故意传播一些假信息的情况在大学生中日渐增多。有些同学甚至因为别人比自己某方面突出而造谣诽谤，不仅自己不能很好地学习，而且破坏了同学之间的感情。

3. 打击报复型竞争心理

这种心理在一些独生子女大学生身上表现突出，他们表面上自负，其实是为了掩饰内心的自卑，在竞争中一旦失败，他们往往把过错全推给别人，采取报复处理方式，甚至对他人造成伤害。

4. 怯懦逃避型竞争心理

许多大学生面对竞争出现怯懦逃避甚至恐惧心理，主要原因是因为他们以前在中学没有面对各种竞争，有的也仅仅是学习上的，而他们往往在中学学习成绩是处于前列的，进入大学后，对社会进一步了解了，面对的竞争也特别多，尤其是面对将来的就业问题，他们无所适从，一些意志力与自信心不强的学生就会对竞争出现恐惧心理。这种怯懦逃避竞争的心理无疑对竞争本身不利，更重要的是会直接危害其心理健康，他们对社会竞争跃跃欲试，然而在激烈的竞争面前，他们不是期望值太高，就是不了解自我，一旦竞争受挫便采用消极情绪面对或自暴自弃或玩世不恭。

5. 自我伤害型竞争心理

这是一种危害最严重的不良竞争心理，现在许多大学生的理想是将来获得较高的社会和经济地位，而现实中又难以立即实现。一些大学生因此失落、无望、绝望，将自身作为迁怒的对象，甚至走上轻生的道路。他们认为自己辛苦地读书，终于爬到了象牙塔的顶端，可却不能找到一份像样的工作！这些学生首先对自己估计过高，然后在竞争中一时受挫，接受不了现实，又没有学会良好的情绪控制方法，一时之下就出现悲剧。

（二）当代大学生的不良竞争心理形成的原因

1. 传统思想文化中没有适宜于当代人们形成良好的竞争心理的发展土壤

在儒、佛、道三种思想交织的封建社会中，道家和佛教思想总体上是在努力泯灭人的竞争心理，而作为主流思想的儒家思想虽鲜明主张“天行健，君子以自强不息”，但儒家思想中另一个核心的东西是“和为贵”。然而，许多人就误认为“和为贵”就是不要竞争，这就对于人们形成良好的竞争心理产生了一定的阻碍作用。我们只要深刻理解“和”的真正含义，就会发现这些思想不仅对于人们形成良好的竞争心理与价值观有积极的意义，也非常有利于和谐社会的建设。

2. 计划经济体制下的人们竞争心理没有得到良好培育

新中国成立以来社会发生了翻天覆地的变化，但我们国家实行的计划经济体制不能很好地激发人们的竞争意识，人们的竞争意识比较淡泊。再次，在市场经济体制下，竞争成为人人必须面对的问题。人们的竞争意识过快觉醒，出现了“拔苗助长”现象，任何一个事物都有其自身成长的规律，竞争心理也不例外，这种过快的膨胀自然不能得到良性发展，从而造成许多人形成不良竞争心理。最后，特殊时期的大学生，不良竞争心理也表现得特别突出。一方面，大学生学习的是新知识，站在社会发展的前沿，并在社会进一步发展中起到带头作用，他们比较深刻理解市场的含义，竞争意识特别觉醒；另一方面，当代的大学生成长自然也要受到家庭、社会等方面影响，可以说在这方面没有良好的文化遗传因素；更主要的是在他们在上大学前，竞争心理没有得到良好发展，于是这方面的矛盾非常突出地聚焦在当代大学生身上。

三、道德观念强，践行能力弱

当代大学生思想道德总的说是美好的，爱国的胸襟、亲民的情怀、良好的思想意识和愤世嫉俗的热血；又是令人忧虑的，被笼罩在低俗、功利、浮躁、肤浅、唯我的阴影中。在思想道德将意识、情意、交织在一起，从而带有鲜明个人化和生活化的领域，在大学生中矛盾地呈现着。

（一）当代大学生道德观“知行矛盾”的主要表现

据相关资料显示，当代大学生一方面在道德认识上呈现出较高水平，但另一方面也存在没有把道德认识完全变成个人行动原则、没有形成信念的问题。因此在不少方面，他们的道德行为与道德认识间存在矛盾，道德观念与具体行动之间脱节。此类道德“知行矛盾”的冲突主要有以下几种表现：

1. 在处理个人与社会之间的关系时言行不一

在处理两者的关系时，以集体主义为核心的道德观念，仍是形成大学生道德判断、道德评价的基础。但在大学生的道德实践中，上述认同很大程度上停留在观念表层，在个人的行为中存在言行不一的现象。大学生在处理公与私、个人与社会利益时，能够认同甚至崇尚先公后私的道德观念。对遵守社会秩序、爱护公共财物、遵守纪律、维护社会公益等方面，普遍认为是现代社会中个体所应遵循的基本规范。但反映在具体的道德行为中，则往往强调个性发展和自我奋斗，将社会和个人割裂开来。他们更关注自身发展和现实利益，强调人应该首先对自己、对家庭负责，通过自己的努力，创造实惠、优越的生活。

2. 在对待个人与他人关系的处理上言行不一

在人际关系中，个人与他人的关系是最为具体、随时随处可见的伦理关系，它也是衡量社会文明程度的主要标尺之一。大学生在对待个人与他人关系的处理上，普遍认为应该先人后己、坚决抵制利己主义和极端个人主义。但在其日常行为中，则更多考虑自身的感受而非他人的评价，表现为相互间的冲突和个体的不文明举止。

3. 在对待义利关系的处理上言行不一

从认识上来说，大学生普遍认为应该“重义轻利”，提倡大公无私的高尚品格，以此来提高全民族的道德境界。但另一方面，受市场经济价值取向的负面影响，在其具体行为上呈现出价值取向的功利化、实用化。在大学生中间，出现了片面追求物质利益，以物质享受的多寡为自身的价值取向。

4. 在专业选择和求职选择上的言行不一

在专业选择上更加关注社会热门的专业，在择业方面从个人方面考虑的较多，而对社会需求考虑得较少，普遍存在片面的经济意识和区域观念。现实追求与其推崇的崇高理想间存在相悖性。

5. 公德状况和道德修养现状上的言行不一

社会公德和文明行为是社会文明发展的反映，当今世界普遍把良好社会公德意识和文明行为习惯视作市场经济发展完善的象征。从认识上来讲，当代大学生普遍认为，具有社会公德意识和良好的文明行为习惯应是大学生必备的人格，但是体现在实际行为中的大学生的公德状况和道德修养现状却值得忧虑。整体而言，独立稳定的是非观、美丑观、善恶观、荣辱观尚未完全形成，主要表现为缺乏内省和自我解剖的能力。

6．对待婚恋观的认识与行为上的言行不一

我国的社会学者已做过大量关于大学生性行为问题的研究。这表明，当今大学生谈恋爱已不再是个普遍现象的问题，而是一个更深层次的问题。他们一方面向往纯洁甜蜜、幸福美满的婚姻生活，认为爱情是至上的，感情是第一位的；另一方面由于受到市场经济和各种思潮影响，爱情的冲动性、盲目性、功利性、随意性增强。

7．对待人生价值问题处理上的言行不一

当代大学生注重人生价值的实现，推崇开拓进取、不懈奋斗的人生价值观，但在其个人价值的实现上却体现出明显的重实惠倾向。他们热爱祖国，期盼中华腾飞，但却不知道爱国行为应该如何体现；他们成才欲望较强，但却缺乏脚踏实地、艰苦奋斗的精神；他们渴望成就一番事业，但又往往缺少坚韧不拔、百折不挠的意志；谈到对金钱的认识时持鄙视态度，但同时又推崇“没有钱是万万不能的”。

以上这些相互矛盾、冲突的道德知行问题，复杂而又统一地表现在当代大学生的身上。伦理学告诉我们，从道德认识到道德行为，这中间有一个由此及彼的关键环节，这就是道德意志的形成。当人们把道德认识变成个人的行动原则，并坚信它的正确性和正义性的时候，就在内心里形成一种坚定不移地实现道德义务的信念，同时也就形成了体现这一信念的道德意志。由于“认识”不等于“接受”，“接受”不等于付诸实践。因此，道德认识内容的多样性和不同道德观念之间的冲突就有可能使人们不能总是按照某一种道德行事。就道德生活中的“知行矛盾”而言，主要体现为德育对象对德育工作者所传播的社会主流道德认识与德育对象在实际行动中对社会主流道德背离间的矛盾。

（二）当代大学生道德观出现“知行矛盾”的主要原因

在强调当代大学生道德观念“知行矛盾”的同时也应看到，道德伦理观念是特定时空条件下个体或群体对社会现实环境的积极或消极反应，当代大学生道德观的“知行矛盾”有其存在的现实必然性。一方面，随着我国市场经济体制的不断成熟和完善，中国经济发展和社会进步呈现出旺盛的生命力，但由此也导致了区域差异、个体差异及多元社会思潮并存的社会现实。市场经济的自主性和利益主体性，决定了社会成员在认识和选择自己的道德原则时，必然与自己所处的生产关系的地位及利益追求相联系，随着市场经济的发展，人们对道德原则的认识难以趋向一致；另一方面，市场经济生活中的竞争机制、利益机制、市场供求机制的道德基础以社会均等、公平竞争为条件，以健全法制为保障，以完善的现代道德准则为依托。

新的时代特征决定了“新”的道德观念和道德行为出现的必然性。有调查表明，当代大学生的道德观念正朝着适应市场经济的方向迅速变化，普遍对公正道德、互助道德、诚实道德表示出极大的关注和认可。如在人才市场方面，认为需要建立一个真正平等公开的、有规可循的竞争环境和竞争规则，在人与人的关系上，相信“人间自有真情在”，不赞成“竞争是残酷的，不能顾及道德与良心”的信条。事实上，当代大学生在深刻认识社会上的不正之风及不正当竞争行为对社会主义市场经济健康发展的危害时，他们也就开始深入反思涉及自己生活和现实利益的行为的道德准则，并自觉或不自觉地将市场经济生活所要求的道德价值观念，如公平交易、平等竞争、诚实守信等，纳入自己的道德价值结构当中。

四、知识面广，纵深思辨能力差

大学生用自己主要的精力去努力学习，积极进取，这是应该肯定的。但大学生在一些方面确实还存在问题。如傻抱电脑玩游戏，笑对微机抛轻狂，神游虚拟世界，淡忘人间真情。当代大学生的思辨能力逐渐弱化，这应该引起高校教育工作者的关注。当代大学生在思辨能力方面表现出“五强五弱”的特点。其具体表现如下：

（一）记忆、背诵能力强，分析能力弱

由于知识的获取强调记忆和背诵，学生从学习的基础阶段就开始识记字、词、句，背诵短语，背诵句型，背诵文章。机械记忆削弱了逻辑思维能力。教师要求学生语言表达要准确，却忽视了对学生逻辑思维能力的培养。因此，在大学阶段，学生的多向思维、逆反思维仍然一度呈半休眠状态，难于迸发创造性思维的火花。大学生能熟记概念、定义、结论，却在解释现象、阐述过程、分析问题等方面非常吃力。

（二）想象、模仿能力强，概括能力弱

大学生善于描写和叙事，却不善于说理和议论。他们能展开丰富的想象，但却不善于进行深入分析和概括。大学生喜欢模仿和从众，往往弄巧成拙。从众心理严重制约了大学生的创造性思维，影响了他们学习的积极性，造成他们求知欲下降，求异思维缺乏。

（三）对现象和表象认识能力强，对本质和规律认识能力弱

大学生对于现象的一般性陈述较为熟练，而对于分析现象则感到茫然，不得要领，抓不住本质。他们对理论性问题，尤其对复杂问题的分析更是词不达意，思维混乱，表达不畅，顾此失彼。他们对事物发展的规律性把握不准确，故对问题缺乏预见性、前瞻性。他们不能熟练运用整体分析法从系统、子系统、单元、元素之间以及它们与周围环境之间的相互关系和相互作用中去探求事物的本质和规律。因此，大学生的认识具有片面性。

（四）正向思维能力强，逆向思维能力弱

大学生习惯于直观看待事物。他们常常“只见树木，不见森林”，以偏概全。他们不怕测试基本知识，就怕分析具体问题。他们不怕遇到平常事情，唯恐遭遇反常问题。他们对注重整体性和动态性的系统分析法运用不当，对层次分析法和模糊聚类分析的基本原理理解不深，不能将定量分析与定性分析有机结合起来，导致逆向思维能力较弱。

（五）形象思维能力强，抽象性思维能力弱

虽然大学生的形象思维能力强，但是，他们的抽象思维能力弱。在许多大学生眼中，抽象思辨能力的培养和想象力的发挥与日常的学习、生活和社会实践毫无联系。其实不然，在富有创造性的抽象思维过程中，通常包含着无穷的想象力。牛顿以质点为研究对象，在处理质点系统问题时，分别考虑各个质点所受的力，推断整个质点系统的运动。这就是运用抽象思维的典范，大学生应该从中受到启发。

第二章　现代大学生思想政治教育的特点

第一节　思想政治教育内容更具时代性

一、新时代对思想政治教育提出的新要求

物质决定意识，环境决定教育。中国特色社会主义进入新时代对思想政治教育提出了新要求。

（一）适应中华民族伟大复兴的中国梦要求，理想信念教育任务更加迫切

理想信念教育是思想政治教育的核心任务。习近平强调，理想信念大过天。指出理想信念是胜利之“钥”、精神之“钙”、共产党人安身立命的根本、思想的“总开关”。分别从中国共产党历史、党的初心、党性修养等方面，从党的整体性和个性的关系两个层面论述了理想信念的重要性。

思想政治教育是做人的思想工作，精神性是人的属性之一，有理想有信念是人的内在尺度，规定了人成其为人。作为精神动力，理想信念推动人们不断从已知世界面向未来世界。“饥寒的年代里，理想是温饱；温饱的年代里，理想是文明。离乱的年代里，理想是安定；安定的年代里，理想是繁荣。”流沙河诗中表达的理想依托的是历史和历史感。经历百年屈辱史后，在中国共产党的领导下，中国人从站起来到富起来，进入了强起来的新时代，理想信念的重要性非但没有弱化，反而更加突出更加迫切。

以新时代作为理想信念教育的现实起点，构建理想信念教育的逻辑体系。理想是以现实为基础，是在现实基础上面向未来的超越。新时代是中华民族和中国人民从站起来、富起来到强起来的新阶段。强起来是新时代的现实起点。强起来的内涵包括两个维度。一是从国内来看，“五位一体”的总体布局和“四个全面”的战略布局正在从战略目标转化为社会现实，我国从重点发展向全面发展转变。人的全面发展成为社会发展的归宿。马克思认为，人的全面发展是人的需要的多样发展，人的社会关系的全面发展，人的素质的综合发展。在社会发展的进程中保证人的精神生活的全面发展是理想信念教育的重要使命。改革开放 40 年，物质和精神协调发展是社会发展面对的基础性问题，具体表现为物质生产与精神生产、物质生活与精神生活、物质力量与精神力量的协调发展。物质生产是人的主观能动性对象化、外化、物化的过程，人类的物质生产是精神变物质的过程。精神状况反作用于外部世界对象化为丰富的物质形态。科学技术是第一生产力从根本而言是精神生产转化为物质生产的新阶段，是对精神成为生产力的充分肯定。物质生活是人的生活的基础，物质生活质量的提高受制于社会生产力水平。但物质生活只是人的生活的一部分，离开精神指导的物质生活是没有意义感和价值感的。精神生活的方向和层次决定了人和人的差别，将人区分为俗和雅、浅薄和丰华。

满足基本需要的理想信念程度不同地受到生存挑战的影响，富起来后生存压力减弱了，理想信念的生成机制也在发生变化。从近代以来，共产主义远大理想的确立是在离乱的战争年代落地生根的，同中华民族生死存亡的民族命运结合在一起。国仇家恨和当时政府的无能腐败强化了理想信念的动力强度。在社会主义革命和建设时期，理想信念同人民当家作主后的生存权和发展权联系在一起，振兴中华和满足人民物质文化生活需要联系在一起。在中国特色社会主义新时代，如何把中华民族伟大复兴的中国梦同人民对美好生活需要结合起来，是思想政治教育进行理想信念教育的新的着力点。

（二）适应理论创新的新成果，习近平新时代中国特色社会主义思想教育是思想政治教育的新内容

思想理论教育是思想政治教育的主要任务，是培育人们形成科学的世界观、人生观和价值观的基础。党的十八大以来，马克思主义中国化的最新理论成果是形成了习近平新时代中国特色社会主义思想。习近平新时代中国特色社会主义思想从理论和实践结合上系统回答新时代坚持和发展什么样的中国特色社会主义、怎样坚持和发展中国特色社会主义的重大时代课题，是对马克思列宁主义、毛泽东思想、邓小平理论、“三个代表”重要思想、科学发展观的继承和发展，是马克思主义中国化最新成果，是党和人民实践经验和集体智慧的结晶，是中国特色社会主义理论体系的重要组成部分，是全党全国人民为实现中华民族伟大复兴而奋斗的行动指南。马克思主义具有解释世界和改造世界的双重功能。马克思主义揭示了人类社会发展的一般规律，具有理论的彻底性，进而具备说服人的力量，从而能够解释世界。马克思主义从科学地解释了人类社会的发展规律到为无产者提供改造世界的思想武器，实现了解释世界和改造世界的统一。马克思主义同中国实践相结合，形成了马克思主义中国化的理论成果，在解释中国实际的同时指导着中国革命、建设和改革的实践。改革开放以来，邓小平提出建设中国特色社会主义的发展蓝图，破解了计划和市场的关系、深化了对生产力和生产关系的认识，在指导中国改革开放实践的同时也提出了如何回答中国特色社会主义的理论命题。习近平新时代中国特色社会主义思想明确了中国特色社会主义本质的特征和最大优势是坚持党的领导，系统论述了党的基本理论、基本路线、基本方略，回答了中国特色社会主义是什么，在新时代的基本方略如何。既是当代中国马克思主义的最新理论成果，又是21世纪的马克思主义。

用新理论培养时代新人，武装人的头脑是思想政治教育义不容辞的责任。进入新时代，我国国内外形势的变化以及人们思想观念的变化都对思想政治教育提出了一个新的时代课题，这就要求思想政治教育必须用新的理论回答新时代应该坚持和培养什么人以及应该怎样培养人的这个基本课题。围绕时代发展课题，我们党在坚持和发展中国特色社会主义的基础上，不断进行理论探索，取得了重大理论创新成果，形成了习近平新时代中国特色社会主义思想。习近平新时代中国特色社会主义思想作为马克思主义中国化的最新成果，既是当前思想政治教育的指导思想，又是其最新的理论内容。这就解决了用什么来培养人以及培养什么人的问题，契合了新时代的特征和要求，用新时代的思想理论精华回应人的思想困惑，武装人的头脑，提升思想政治教育的针对性、时代感及吸引力。

（三）适应中国日益走近世界舞台中央的新态势，国家安全教育成为思想政治教育的新领域

爱国主义教育是思想政治教育的基本任务。我们的国家观主要体现在国家领土和政治国家等层面。伴随着我国日益走近世界舞台的中央，树立总体国家安全观成为爱国主义教育的新内容。习近平在中央国家安全委员会第一次会议上首次提出“总体国家安全观”的概念，强调要准确把握国家安全形势变化新特点新趋势，坚持总体国家安全观，走出一条中国特色国家安全道路。并进一步强调，坚持总体国家安全观，要以人民安全为宗旨，以政治安全为根本，以经济安全为基础，以军事、文化、社会安全为保障，以促进国际安全为依托，走出一条中国特色国家安全道路。不论是总体国家安全观的基本内容还是对其构成要素的定位都是习近平对中国国家安全观的创新发展，是对传统安全观的重大突破。

新时代，爱国主义教育依然是思想政治教育的内容。爱国主义情感、祖国认同、对祖国大好河山的热爱依然是爱国主义教育的主要内容。在这些内容的基础上，国家安全教育成为新的内容。其中，政治安全、国土安全、军事安全是传统安全观的现代表现，经济安全、文化安全、科技安全、信息安全、生态安全、资源安全等是现代安全的新内容。新时代，国家安全教育作为爱国主义教育的重要内容，把人民的基本责任同国家义务结合起来，形成思想共识、价值共识，是思想政治教育新的增长点。在中国日益走近世界舞台中央的新时代。国家安全不仅影响到国家与国家的关系，也影响到我国自身发展在竞争中所处的位置。

二、新时代思想政治教育的新定位

新时代对思想政治教育的新要求正在改变着思想政治教育定位。这个变化不是从党的十九大开始的。党的十八大以来，以习近平同志为核心的党中央先后对宣传思想工作、文艺工作、哲学社会科学工作、高校思想政治工作等做出重要讲话和工作部署，从不同角度对思想政治教育新定位提出了要求。

（一）极端重要的功能定位

习近平在全国宣传思想工作会议上强调，意识形态工作是一项极端重要的工作。这将意识形态工作提升到前所未有的高度。该定位同样适用于思想政治教育。中国共产党历史上，对思想政治教育功能的概括经历了保障功能、中心环节等定位变化。这些概括反映了一定时期思想政治教育的重要性。而“极端重要”是新时代世情、国情、党情发展需要的必然要求。

从世情来看，国际竞争从传统的军事竞争、经济竞争和科技竞争发展成为综合实力的竞争，其中除了军事、经济、科技等因素之外，文化软实力的作用日益突显。价值观是文化的核心，价值观影响力是文化软实力竞争的关键因素。面对西方发达国家在使用军事、经济、政治霸权之后的文化霸权，意识形态竞争更加激烈，如何凝心聚力，如何增强民族凝聚力，如何提升国家文化软实力成为思想政治教育的重要使命。

从国情来看，改革开放以来，我国综合国力快速提升，人民生活水平不断提高。同时，人民群众对美好生活需要和发展不平衡不充分的矛盾也日益增强。如何增强个体精神动力，构建人的精神家园成为人的发展面对的新任务，也成为思想政治教育的新责任。

从党情来看，十八大以来，全面从严治政取得显著成效，不仅树立了“四种意识”，也更加坚定了广大人民群众对党的信任。同时，坚持党的领导、人民主体地位和依法治国相统一的思想回答了党性和人民性的关系、党的领导和依法治国的关系，清除了多年困扰着人们的杂音、噪音的难题。在这个基础上，明确了中国特色社会主义本质的特征和最大的优势是坚持党的领导。如何在坚持以政治建设为首位的党的建设新思维下，不断加强党的思想建设是思想政治教育的重要工作。

极端重要的功能定位将思想政治教育纳入中国共产党治国理政的实践之中，纳入中华民族伟大复兴的战略目标之中，纳入人的全面发展之中。一句话，纳入对中国特色社会主义本质特征的认识之中。

从中国共产党治国理政的实践来看，建设中国特色社会主义面对“四大危险”“四大考验”。这给中国共产党长期执政的目标带来的考验是综合复杂的。其中，精神懈怠、能力不足、脱离群众、消极腐败等问题都是人的因素，都同思想观念密切关联。人既是国家治理的价值主体，也是实践主体。这是人类社会依赖于从自然资源、资本资源到人的资源转变，从政府主导到市场驱动再到创新驱动的必然逻辑。面对“四大考验”和“四大风险”，需要自信和定力。坚持马克思主义指导，坚定理想信念就是自信和定力的基础。“宣传思想工作就是要巩固马克思主义在意识形态领域的指导地位，巩固全党全国人民团结奋斗的共同思想基础。党员、干部要坚定马克思主义、共产主义信仰，脚踏实地为实现党在现阶段的基本纲领而不懈努力，扎扎实实做好每一项工作，取得‘接力赛’中我们这一棒的优异成绩。”“只有物质文明建设和精神文明建设都搞好，国家物质力量和精神力量都增强，全国各族人民物质生活和精神生活都改善，中国特色社会主义事业才能顺利向前推进。”

（二）用当代中国马克思主义武装头脑的内容定位

习近平在十八届中共中央政治局第十一次集体学习上的讲话指出，党的各级领导干部特别是高级干部，要原原本本学习和研读经典著作，努力把马克思主义哲学作为自己的看家本领，坚定理想信念，坚持正确政治方向，提高战略思维能力、综合决策能力、驾驭全局能力，团结带领人民不断书写改革开放历史新篇章。在全国高校思想政治工作会议上习近平进一步强调，办好我们的高校，必须坚持以马克思主义为指导，全面贯彻党的教育方针。要坚持不懈传播马克思主义科学理论，抓好马克思主义理论教育，为学生一生成长奠定科学的思想基础。马克思主义和当代中国马克思主义是思想政治教育的基本内容，在新时代，思想政治教育的基本任务是用习近平新时代中国特色社会主义思想教育和培养时代新人。

1. 从马克思主义中国化的理论逻辑和实践逻辑中认识习近平新时代中国特色社会主义思想的时代价值

理论武装是思想政治教育的主责。坚持马克思主义理论指导，就要坚持不懈地进行马克思主义理论教育。在不同的历史时期，理论武装的内容也有所不同。习近平新时代中国特色社会主义思想是当代中国马克思主义和21世纪马克思主义，是解释中国问题，指导中国实践的新理论，也是理论武装的新内容。

马克思主义中国化的理论形态是马克思主义作为科学理论、人民理论、实践理论和开放理论同中国实践相结合的必然产物。马克思主义同中国革命、建设、改革实践相结合产生了毛泽东思想、邓小平理论、“三个代表”重要思想、科学发展观等理论形态。新时代，在回答坚持和发展什么样的中国特色社会主义、怎样坚持和发展中国特色社会主义重大课题中，形成了习近平新时代中国特色社会主义思想。马克思主义和马克思主义中国化的理论逻辑是一脉相承的。马克思主义揭示了人类社会发展的一般规律，中国化马克思主义实现了马克思主义同中国实际相结合。

支撑理论逻辑的基础是我国丰富的社会实践。客观认识改革开放以来的实践逻辑是科学理解习近平新时代中国特色社会主义思想的现实基础。中国实践的基础是中国国情。经济上，中国是世界上最大的发展中国家，国内生产总值居世界第二，在世界经济中日益发挥重要作用；同时，中国是世界人口最多的国家，人均国民收入同发达国家比较还有很大差距。一多一少的经济现实决定了中国经济发展的复杂性。政治上，社会主义民主建设不断完善，人民主体地位显著提升，同时2000多年封建传统的影响并没有根除，形式主义、官僚主义、享乐主义和奢靡之风依然存在，侵蚀着党的肌体，严重危害着党的形象。文化上，社会主义核心价值观建设成效显著，马克思主义和当代中国马克思主义的指导地位不断加强；同时，文化交流交融交锋态势更加紧密，社会主义意识形态安全任务日益迫切。党的十八大以来，党中央从严治党，谱写治国理政新篇章，形成了全面从严治党的伟大实践和丰富理论。全面从严治党是对十八大以前党风廉政建设的继承和发展，解决和正在解决全面建设小康社会进程中党的执政资源日益丰富后公共资源公平支配的新问题，更要解决实现中国共产党长期执政这一历史使命面对的挑战问题。正是在这个实践过程中，形成了新时代对中国特色社会主义本质特征和最大优势的科学判断。

2. 从以人民为中心视角认识习近平新时代中国特色社会主义思想的价值旨归

以人民为中心是习近平新时代中国特色社会主义思想的重要内容，也是中国特色社会主义理论体系的价值旨归。人民立场是马克思主义基本立场，"人民性是马克思主义最鲜明的品格。"唯物史观的重要内容是揭示了人民群众是历史的创造者。人民既是利益获得主体，也是社会发展的主体。共产党的历史使命是实现人类解放。习近平新时代中国特色社会主义思想坚持人民立场和人民主体地位，将实现发展成果的人民共享作为价值目标。这是以人民为中心发展思想的基本内涵。马克思、恩格斯在《德意志意识形态》中提出统治阶级的思想是占统治地位的思想。统治阶级为了论证意识形态的合理性将阶级利益上升为普遍利益，通过普遍利益解释阶级利益的合理性。马克思、恩格斯揭示了阶级社会意识形态的欺骗性。社会主义社会实现了人民当家作主，在意识形态方面实现了党性和人民性的一致。共产党人是用马克思主义理论武装起来的无产阶级政党，代表中国广大人民根本利益，坚持党性就是坚持人民性，坚持人民性就是坚持党性，党性寓于人民性之中，没有脱离人民性的党性，也没有脱离党性的人民性。习近平在2013年全国宣传思想工作会议上的重要讲话，批判了人民性大于党性的说法。此后，对文艺工作、哲学社会科学、高校思想政治工作等的人民价值指向做出具体要求。以人民为中心发展思想具体到中国特色社会主义建设实践，就是五大发展理念。其中，创新、协调、绿色、开放四个发展理念是基础，共享发展是归宿。发展为了人民，满足人民需要是社会主义核心要求。

3. 在科学社会主义发展的长时段历史中认识习近平中国特色社会主义思想的贡献

从托马斯·莫尔的《乌托邦》发表算起，社会主义经历了500多年历史。在此期间，社会主义经历了从空想到科学、从理论到实践、从一国胜利到多国胜利、从高潮到低谷、从低谷到中国特色社会主义取得伟大历史成就等发展阶段。20世纪末，中国革命、建设和改革的实践用铁一样的事实证明了中国理论和中国道路的正确。科学社会主义实践在苏联经过70多年的实践，形成了列宁主义这一重要的理论形态，为马克思主义在东方世界的发展奠定了理论基础。马克思主义和中国革命和建设实践相结合，形成了毛泽东思想和中国特色社会主义理论体系，创造性回答了如何在经济落后国家进行社会主义革命和社会主义建设的新课题。中国改革开放是社会主义建设理论和实践的新突破。邓小平提出建设中国特色社会主义任务后，中国共产党人经过几十年探索，经历邓小平理论、"三个代表"重要思想和科学发展观到习近平新时代中国特色社会主义思想，从理论和实践上回到了坚持和发展什么样的中国特色社会主义和怎样建设中国特色社会主义这个重大课题。从科学社会主义发展的历史来看，中国特色社会主义在突破苏联模式的基础上创造性发展了科学社会主义的理论和道路，是科学社会主义的重要组成部分。习近平强调，中国特色社会主义是社会主义而不是其他什么主义，科学社会主义基本原则不能丢，丢了就不是社会主义。一个国家实行什么样的主义，关键要看这个主义能否解决这个国家面临的历史性课题。中国特色社会主义在发展中国、建设中国，为中国人民谋福祉的过程中，也给那些既想实现现代化，又想保持自身独立的国家提供了借鉴。中国人自己解决自己的问题，对于约占世界 1/4 人口大国而言本身就是对世界的贡献。中国的现代化没有复制西方国家现代化进程中的殖民、扩张和战争等路径，而是在和平、合作、共赢的过程中探索人类命运共同体建设新思路，更是对人类发展问题的新贡献。所谓的中等收入陷阱、塔西佗陷阱和修昔底德陷阱等都被中国发展的现实和趋势所破解。中国智慧和中国方案在人类文明中的价值值得研究。

（三）协同育人的思想政治教育机制定位

习近平指出，做好高校思想政治工作，要因事而化、因时而进、因势而新。要遵循思想政治工作规律，遵循教书育人规律，遵循学生成长规律，不断提高工作能力和水平。要用好课堂教学这个主渠道，思想政治理论课要坚持在改进中加强，提升思想政治教育亲和力和针对性，满足学生成长发展需求和期待，其他各门课都要守好一段渠、种好责任田，使各类课程与思想政治理论课同向同行，形成协同效应。协同育人需要从理论和实践两个层面理解。人的整体性、教育的整体性是协同育人的理论基础；教育分工和协作的矛盾是协同育人的现实背景。关于人的发展，马克思主义从人的需要出发，强调人的个性自由全面发展，人的德智体美要素的协调发展，人的社会关系的全面发展，批判片面发展的社会关系对人的需要的窄化，对人的异化。在资本主义社会，人的片面发展和异化的根源是生产资料私有制。人的全面发展理论为思想政治教育协同育人奠定了理论基础。在社会分工日益细化的背景下，人的技能发展也越来越专业化。任何一种教育不可能由一个教育者来完成，任何一个人的成长也不可能在一个空间和时间进行。因此，大中小学衔接、家庭学校社会一体化成为近年来思想政治教育研究者专注的问题。

新时代，协同育人需要从更高层次和更广泛视野进行思考。首先，从高等教育根本任务的认识来看，在明确了立德树人是高等教育根本任务的基础上，育人是中心环节，管理、科研和文化建设等职能需要服务于育人目标，因而协同育人有了中心项。其次，从我国高校定性来看，明确了坚持党的领导是社会主义大学区别于其他性质大学的基本标志后，理清了党委领导和办学自主权之间的关系，进一步明确了协同育人的主体。协同育人机制体现的是“人在哪里思想政治工作就在哪里”的大思想政治教育观。纠正了以往将思想政治教育仅仅归结为思想政治理论课教师和高校辅导员责任的小思想政治教育观。

在现阶段，协同育人机制需要重视的是教书育人、科研育人、管理育人、文化育人、服务于人、实践育人、心理育人、自我育人等方面的统一。其中，教书育人是核心其突出强调的是各类各门课程都是育人资源，承担育人责任，是从思想政治理论课向课程思想政治教育的拓展。科研、管理、服务是高校的实践领域，强调的是分工协作的育人方式。社会实践、校园文化、心理咨询等是思想政治教育的重要渠道，强调的是育人过程的协调。教育者和受教育者是思想政治教育的主客体，强调的是主客体的协调。由此，形成的是全员育人、全过程育人和全方位育人的大思想政治教育格局。

（四）质量导向的评价标准定位

改革开放40年，我国经历了从粗放型发展到精细化发展，从数量型到质量型转换。世界“双一流”大学建设的根本是提高教育质量，形成质量导向的高等教育发展机制。培养有理想、有本领、有担当的时代新人是新时代高校思想政治教育的目标，也是衡量人才质量的基本标准。

1. 促进大学生成长成才是质量评价导向的基本原则

任何评价标准必然体现一定的价值导向，一定的价值导向决定着一定的评价标准。立德树人根本任务和促进大学生成长成才在内涵上是一致的。成长原则矫正的是高等教育评价中的物本取向。近年来，我国高等教育发展经历了从相对封闭到开放的转变，开放向度不同，形成了侧重点不同的评价原则。在面向市场开放的过程中，形成了以经济效益取向为侧重点的评价导向；在面向国际开放的过程中，形成了对标西方发达国家的评价取向；在面向科技创新的过程中，形成了以科研成果为侧重点的评价取向。竞争驱动下，评价取向对高等教育发展的影响越来越大。如果以经济效益取向或科技成果取向为唯一标准，人本取向就会被物化取向所遮蔽。大学生成长成才这个中心就会偏离。

2. 思想政治教育评价要重视定性和定量相统一

党性和真理性的统一是思想政治教育的基本特征。爱党、爱国、爱社会主义体现了思想政治教育党性的价值内涵。“三爱”的观测点是什么，以什么样的标准衡量“三爱”，进行定量评价是一个难题。此外，马克思主义是科学理论，揭示了人类社会发展的一般规律，也是知识教育。范畴、关系、规律等是知识的主要组成。大学生掌握马克思主义知识的多少，分析问题能力的大小等可以进行量化测评。只有坚持定性和定量相统一的原则，才能将质量导向落实到思想政治教育过程中。

3. 质量导向的评价需要关照现实状况与未来发展相统一

教育是为未来培养人才，这个教育观改变了教育仅仅着眼当下的功利倾向，进一步回答了“十年树木百年树人”的教育本色。多年来，我们已经对现实评价积累了丰富经验。但是，对未来评价还不明确。在高等教育评价指标中，开始重视校友评价是一个良好的开端。但是，校友评价和对校友的评价不是一回事。高等教育培养的人才是为社会发展服务的。毕业生的社会贡献值是对人才培养质量的最好回答。因而，建立起以毕业生贡献为导向的评价体系是关照未来的合理视角。也在这个层面上可以检验爱党爱国爱社会主义的教育效果。

有说服力的思想政治教育要求突出其教育的重点内容。当代大学生思想政治教育内容，应重点突出以“四信”为主题的理想信念教育、以爱国主义为核心的民族精神教育、以公民道德素质教育为基础的道德教育、以和谐个性为目标的心理教育，以便更好地实现思想政治教育的目的。

第二节　思想政治教育手段更具时代性

习近平总书记在全国高校思想政治工作会议上指出：“要坚持把立德树人作为中心环节，把思想政治工作贯穿教育教学全过程，实现全程育人、全方位育人，努力开创我国高等教育事业发展新局面。”学习贯彻习近平总书记重要讲话精神，落实“用好课堂教学这个主渠道”这一要求，高校需要在宏观上整体把握和推进思想政治教育，扩大辐射范围，秉持“全面思想政治教育、立体思想政治教育、创新思想政治教育”理念，主动转变思路，开启“课程思想政治”建设，促进包括通识课、专业课在内的各类课程与思想政治教育有机融合，挖掘和充实各类课程的思想政治教育资源。

一、以思想政治课为核心引领课程思想政治教育

“课程思想政治”体系的整体架构，离不开传统思想政治课程的引领示范。高校思想政治理论课是巩固马克思主义在高校意识形态领域指导地位、坚持社会主义办学方向的重要阵地，是大学生学习了解、掌握马克思主义基本原理的核心课程，对于大学生树立马克思主义世界观、人生观、价值观，形成正确分析、判断历史与现实问题立场、观点、方法，加深对中国特色社会主义的认同，具有不可替代的重要作用。

在“课程思想政治”的“一体两翼”架构中，传统思想政治课程要充分发挥示范效应，凸显其作为主渠道、主课堂的显性功能，进一步推进教学改革，优化教学内容，创新教学形式，规范课程和教材建设，提高教师队伍综合素质，提升课堂教学实效，真正做到习近平总书记所要求的“在改进中加强，提升思想政治教育亲和力和针对性，满足学生成长发展需求和期待”。

二、立足办学特色拓展通识课程思想政治内涵

“课程思想政治”体系的整体架构，离不开通识课程的改革创新。培育理想、陶冶情操本是通识教育应有之义。创新学校课程思想政治，要根植学校办学特色，引导、鼓励教师打破思想政治学科和专业学科藩篱，以培养大学生价值选择能力为目标，共同开发基于思想政治教育的核心通识课程。

近年来，部分高校依托各自办学特色，推出了一批“中国系列”品牌课程。如复旦大学开设“治国理政”课程，立足综合性大学办学特色，引入哲学社会科学各学科的教授为学生授课，使思想政治教育不再单纯是“思想政治”，还包括科学精神、人文情怀、现实关怀和国际视野；华东政法大学开设“法治中国”课程，依托学校法学见长的办学特色，让法治思想融入思想政治教育，让学生了解中国的法治现状，培养学生正确的法治观念，引导学生主动践行社会主义法治理念，也让“笃行致知，明德崇法”校训精神与“依法治国”的国家战略同频共振。“中国系列”课程，立足本校办学特色，在对新形势下思想政治教育的内涵进行研究的基础上，根据学校实际，制定课程教学大纲、配备师资，打造了一批深受学生欢迎的通识课程。在“中国系列”课程的经验基础上，各高校可以根植自身独特的办学定位、办学传统，结合学校的学科特点、人才培养目标和教学实际，整合学校资源，统筹规划，拓展通识课程的思想政治内涵，完善“课程思想政治”体系。

三、立足学科优势挖掘专业课程思想政治资源

“课程思想政治”体系的整体架构，离不开专业课程的设计创新。完善课程思想政治体系，要将专业课程作为“课程思想政治”的重要组成部分，立足学科的特殊视野、理论和方法，创新专业课程话语体系，实现专业授课中知识的传授与价值引导的有机统一，达到“以文化人、以文育人”的隐形“课程思想政治”目的，扭转目前专业课程教学中重知识传授轻德行培育的状况，深度发挥课堂主渠道功能，打破原先思想政治教育和专业教育

“两张皮”的困境，真正做到习近平总书记所要求的“守好一段渠、种好责任田”“与思想政治理论课同向同行，形成协同效应”。

专业课程整体分为哲学社会课程和自然科学课程，不论哪一个专业学科，都可以充分挖掘自身特色和优势，提炼专业课程中蕴含的文化基因和价值范式，将其转化为社会主义核心价值观具体化、生动化的有效教学载体，在“润物细无声”的知识学习中融入理想信念层面的精神指引。

四、加强顶层设计建设课程思想政治育人长效机制

架构“课程思想政治”体系的终极目标是要形成大学生的文化自觉和自信，将社会主义核心价值观内化于心，外化于行。打造“课程思想政治”的“一体两翼”，全面提高高校人才培养能力，还需要加强三个方面建设。

（一）切实加强党对高校工作的领导

高校党委要切实保证高校正确办学方向，掌握高校思想政治工作主导权，对“课程思想政治”进行总体部署，加强领导和指导，坚持立德树人，明确教学目标，在通识课程和专业课程中将社会主义核心价值观和中华优秀传统文化教育内容融入教学全过程。加强马克思主义理论学科建设，为“课程思想政治”提供深厚的学术支撑；强化全员育人的机制建设，为教师参与教书育人全过程创造条件、提供支持；建立运行良好的教学质量保障机制，强化课堂教学质量评估。

（二）切实提升教师德育意识和价值教育能力

教师是引导学生树立正确价值观取向的关键。只有教师对核心价值有深刻的理解，明确课堂教育中的德育责任，才能在教学过程中自然而高效地将社会主义核心价值观传递给学生。高校要加强高水平教师队伍的系统规划，特别是要强化专业教师的教书育人的使命感和责任感，把德育意识培养纳入教师日常培训体系。同时，为教师量身设计“职业课程”，提升教师的价值教育能力，增强教师的人格影响力，促使教师担好学生健康成长指导者和引路人的责任，促使学生能够真正“亲其师，信其道”，实现教育与教学的有机统一。

（三）课程设计要切实遵循教书育人规律

课程设计是实现“课程思想政治”目标的基本路径。要让课堂成为思想政治教育的有效载体，课程的开发设计就要从大学生求知需求出发，遵循学生成长规律，立足人才培养目标和学科优势，进行系统设计，在教学目标的制定过程中注重“术道结合”，深度拓展教学内容。在课程设计时还要注重提升课堂话语传播的有效性，在讨论式教学、网络深度讨论、情景模拟与角色体验、项链式教学方式、翻转课堂等探索中，促进大学生通过参与和思考，实现认知、情感、理性和行为认同，以行之有效的“课程思想政治”教育方式，在潜移默化中培育社会主义核心价值观。

第三节 思想政治教育渠道更加广泛

一、高校思想政治教育的主渠道与主阵地

大学生思想政治教育的“主渠道”和“主阵地”两者是相互依存、互为补充的关系。

课堂“主渠道”教育侧重提升大学生的理论素养和理论认识问题，日常“主阵地”教育侧重解决大学生所面对的现实问题。两者途径不同，但目标一致，都是致力于提升大学生认识世界和改造世界的能力，促进大学生成长成才与全面发展。

（一）高校思想政治教育的“主渠道”

课堂作为思想政治理论教育的“主渠道”，主要是有计划、有目的、有组织地对学生进行系统的思想教育、政治教育、道德教育、社会主义法制教育，帮助大学生树立正确的世界观、人生观、价值观，培养和践行社会主义核心价值观，牢记“四个意识”，坚定“四个自信”，坚决做到“两个维护”，帮助大学生形成对马克思主义的正确理论认知，并用马克思主义的立场、观点、方法去解决实际问题的能力。

从历史发展过程来看，各个时期面临的形势不同，“主渠道”的侧重点也有所不同。2004 年《中共中央国务院关于进一步加强和改进大学生思想政治教育的意见》中指出，“高等学校思想政治理论课是大学生思想政治教育的‘主渠道’”。作为大学生思想政治过程中非常重要的环节，高校思想政治理论课承担了高校思想政治教育工作中的大量工作，因此党和国家对高校思想政治理论课非常重视，对课程的指导思想、基本原则、教学安排和师资队伍建设都做了详细的规定，各高校严格按照要求去执行，思想政治理论课也起到了它应有的作用。但在高校各专业的培养方案中，思想政治理论课毕竟所占学分较少，更多的学分集中在通识教育课和专业课程，如果这些课程所讲授的内容与思想政治理论课所传递的价值观相悖，那么思想政治理论课就成了“孤岛”。只有其他课程与思想政治理论课形成协同效应，才能消除思想政治理论课“孤岛”的问题。之前大学生思想政治教育工作主要通过思想政治理论课教育课堂来实现，随着时代的变化，“主渠道”从思想政治理论课堂向所有课堂延伸。在今后的教学改革中，要充分挖掘各类课程的思想政治教育功能，让各类课程与思想政治理论课形成协同效应，在从“思想政治课程”转向“课程思想政治”的过程中拓宽“主渠道”的范围，同时丰富“主渠道”的科学内涵。

（二）高校思想政治教育的“主阵地”

大学生日常管理作为思想政治教育工作的“主阵地”，通过开展各类校园文化活动进行思想政治教育工作，引导大学生树立正确的世界观、人生观和价值观，促进大学生成长成才。

2006 年，教育部出台的《关于切实推进思想政治理论课建设和学生工作的意见》，明确提出了大学生思想政治教育“主阵地”的观念，并沿用至今。随着时代的变化，大学生的日常生活也发生了很大的变化。首先从环境来看，经济社会迅猛发展和信息传播的全球化加速，大学生日常生活面临环境更加复杂，接触信息呈几何倍数增长，网络时代的各种负面甚至有害信息也在不断冲击大学生的视听；其次是大学生自身的变化，“00 后”大学生已经进入校园，他们是互联网的原住民，思维活跃，善于接受新事物，对传统的思想政治教育内容和方法缺乏热情。

随着移动互联网的到来，大学生的日常生活发生变化，日常思想政治教育工作也要随之发生变化。以前是“学生在哪里，思想政治教育就在哪里”，现在转变成“学生在哪里，学生思想活动在哪里，思想政治教育就在哪里”。日常思想政治教育工作不仅仅要关注大学生人在哪里，还要关注大学生在干什么，他们的思想、他们的活动在哪里。因此高校思想政治工作的“主阵地”也随之拓宽了很多。同时，从事日常思想政治教育的队伍也在壮大，思想政治教育不再是辅导员一个人的事情，所有人都应该参与到思想政治工作中去。

二、新时代高校思想政治教育新渠道

在信息技术高速发展的现代社会，智能手机、移动网络为新媒体技术提供了无限可能。各类交互 App 不断涌现，成为人们日常工作、生活当中必不可缺的工具。微信是当下运用最为广泛的社交工具之一，其信息能以文字、图片、语音短信以及视频的形式免费发布，能共享互动链接和资源，同时可以利用“朋友圈”进行社交互动。微信的出现，使新闻传播不再是媒体、电视及权威机构的垄断事业，每一个独立个体都可以成为“自媒体”，信息采集来源更加丰富，信息传播更加广泛，信息沟通更加频繁。新时代大学生是社会新思想、流行文化、新技术的前沿群体，既是信息的发布者也是接收者，我国非常重视对大学生的思想道德教育，在网络舆论日益开放的今天，转化思想教育理念，利用现代媒体工具进行高校思想政治教育方式创新。

（一）高校微信公众平台的特点

高校微信公众平台包括以大学名称命名的官微、团委、社团、校媒、自媒体、学生会、院系等类别，其中由学校机构官方注册运作的公众平台是认证覆盖面最广、关注人数最多、运营最为稳定的平台，是高校自媒体宣传的新型载体，主要面对的群体是高校的在校大学生和毕业的校友。高校微信公众平台包括三个特征。

1. 创办主体的权威性

高校微信公众平台创办的主体是高校本身，是以高校党委、团委和各二级学院为主建立的，这样就保证了所发布信息的权威性和真实性，使广大学生能够更加放心的阅读每一条信息，更好地保障了信息的真实性和可靠性。

2. 信息传播广泛性

高校微信公众平台的关注者是所有在校学生、毕业的校友和学生家长，具有广泛的关注对象，如果学校有新的信息可以通过微信公众平台第一时间发给所有关注平台的人，保证了大多数人都可以收到信息，扩大了信息传播的范围。

3. 使用的简洁和快速

高校微信公众平台的关注者，可以通过下载手机客户端扫描二维码和添加公众号简单的方式关注公众平台，微信公众平台通过后台的操作，可以第一时间将信息发送到所有关注者的微信上，具有信息传播的快速性，避免了由于信息逐级传达所导致的消息滞后。

（二）校园“红色微信”平台在大学生思想政治教育方面的优势

1. 打破传统思想政治教育模式，易于主动查看信息

在高校，传统思想政治教育多半采用读物、课堂、讲座等集中式、填鸭式的教育模式，书本内容形式单一往往因为过于死板而使学生抵触。高校微信公众号创办主体的权威性，保证了发布信息真实有效，信息囊括了校园新闻、通知报道、学生活动以及社会实践等内容，与学生校园生活紧密相关，学生对这些信息有较大的关注和需求。这种需求就成了学生与学校微信平台之间强有力的纽带，带来的较强用户黏性会使学生主动查看信息。同时，微信公众平台具有群发文本、图片、视频的功能，使发送信息生动、形象，符合大学生的认知需求和偏好，在较为宽松和自由的情况下学生更容易浏览和接受发布的教育内容。

2. “一对一”传播模式易于信息精确传达

高校学生通过扫描二维码关注公众平台，可以第一时间收到平台统一发布的信息，在

大学生思想政治教育中改变了以往“学校—学院—辅导员—班级—班干部—学生”的信息传播模式，实现了信息在学校和学生间一步抵达，避免了逐级传达导致的消息滞后、信息损耗和重复劳动，传播更精准迅速。

3. 存储查询便捷有助于实现教育信息的再传播

随着当下信息传播更新速度加快，一些关键信息容易被大量无用信息冲刷，给信息查阅造成困难。而微信公众平台独立的阅读窗口可以有效保留历史信息，方便存储查阅。发布成功的信息也将在平台后台保存，便于重复加工使用。此外，学生用户可将平台发送信息转发至自己的朋友圈，实现信息的再传播，扩大教育效果。

4.“从学生中来，到学生中去”学生参与发布信息，教育从被动变主动

在微信公众平台的发布运营过程中，学生的参与必不可少。学生一方面是信息的编辑者、发布者，另一方面又是信息的接收者。自身对学生群体心理把握更加精准，信息编辑和表述更“接地气”，能引发共鸣提升学生的阅读兴趣。同时，通过“来自学生，服务学生”的方式实现朋辈教育，让学生自身成为教育群体的一员，转换角色，让教育从被动变主动，达到自我教育的目的。

建设高校“红色微信”并非指构建专业正式的思想政治教育平台，而是指利用微信这一新媒体的传播特点，发布既让学生感兴趣，又充满正能量的内容，让学生在了解校园信息的同时，确立正确的世界观、人生观和价值观。优秀学生事迹、评奖评优、就业信息、比赛报道等丰富多彩的内容可以从理想信念、爱国主义、学风、心理健康、恋爱观和就业观等方面开展第二课堂教育，使学生能够正确地认识自己，明确自己每个阶段所具有的思想特征，提高学生自身素质。

依托微信公众平台开展大学生思想政治教育是信息时代思想政治教育的一种大胆尝试。随着网络技术的发展，大学生对网络的依赖，大学生思想政治教育必然要经历从“线下”延伸到“线上”的过程。教育的素材和切入点可以细化到学生在校学习生活的方方面面，思想政治教育也不仅局限于书本或正规课程，现今提倡的社会主义核心价值也并非只是字面上的几个词组，挖掘校园中学生身边的事例，经过加工编辑发布就能把教育点蕴含其中，发生在身边的事也能让他们感同身受，易于接受。微信公众平台作为学生自由关注阅读的媒体，要想在社会各类海量信息中脱颖而出，成为学生关注热点，就必须让内容有足够吸引力。为此，内容发布本着“思想性与娱乐性并重，主流性与草根性并重，观念引导与行动实施并重，服务学校与服务学生并重”为原则，把学院微信公众平台打造成为一个学生追捧的主流媒体和网络教育平台。

第四节　思想政治教育方法更具“多样性”

不同的历史时期赋予思想政治教育不同的历史使命，新时期的思想政治教育方法从纵向的发展过程和横向的不同维度来看也随之呈现出新的特点。

一、思想政治教育方法论的基本概念及意义

（一）思想政治教育方法论的相关概念

思想政治教育目标的实现离不开科学方法论的指导，离不开方法的正确运用。所谓方

法，就是人们在认识世界和改造世界的过程中为达到预期目的所采用的手段或方式。对于思想政治教育方法的定义，郑永廷认为思想政治教育方法就是教育者对受教育者在思想政治教育过程中所采用的思想方法和工作方法，或者说是教育者为了达到一定的目的对受教育者采用的手段和方式。张耀灿认为思想政治教育方法是为了实现教育目标传递教育内容，教育者对受教育者所采取的思想方法和工作方法。在这里思想方法就是认识对象的方法，工作方法是改造对象的方法。思想政治教育方法论就是关于思想政治教育方法和原理的具体运用的理论，是以思想政治教育方法为研究对象，对思想政治教育方法的形成、变化、发展、运用等进行研究的学说和理论。可见，对于思想政治教育方法论而言，方法和方法论的发展，只有实现思想政治教育方法论的科学化，才能始终保持其生机与活力，发挥出其应有功能，充分实现其价值。

（二）思想政治教育方法论的教育方法

1．情感教育法

思想政治教育工作是做人的工作，而人是有思想、有情感的，要做好思想政治工作，一是必须做到尊重人、关心人和理解人。实践证明，要使思想政治教育取得良好的效果，必须动之以情。二是对青少年影响最大的是学校教师，学生大部分的时间是在学校度过的，教师不仅传授知识，而且以自己的行为和情感影响学生，对青少年思想政治素质的提高，起着潜移默化的作用。另外，青少年健康成长也离不开社会的关爱，社会中一些积极的行为能激发他们积极向上、勤奋学习、学好本领，报效祖国的斗志。这就是情感教育法的力量。

2．说服教育法

就是用事实和马克思列宁主义科学的原理说服人、教育人，做到以理服人。在解决人们的思想认识问题时，坚持理论联系实际的原则，采取民主的方法，讨论的方法，摆事实、讲道理的方法，使人心悦诚服，而不能采用空洞的、教训式的说教。

3．个性教育法

人们由于家庭背景不同，所接触到的社会影响不同，个性心理不同，因此形成的矛盾或思想问题也不同，做思想政治教育要做到针对性和实效性，对症下药，一把钥匙开一把锁，依据人的个性开展思想政治教育，这是矛盾的特殊性规律所要求的。开展个性教育，要在充分了解个体个性的基础上，对待不同的问题采用不同的思想政治教育方法，而不能采取同一个模式，从而解决每一个个体所存在的各类不同问题，使得思想政治教育工作能根据个性需要而改变方式方法，体现思想政治教育方法论价值，促进思想政治教育方法论的发展和完善，不断适应当前社会和个体的需要。

4．典型示范法

树典型、树榜样，发挥先进典型的先进思想、优秀品质和模范事迹，反映着新事物的本质，体现着新时代的风貌，代表着社会主义事业发展的方向。典型示范的方法是以他人的先进思想和高尚情操、模范行为和卓越成就影响、感染和教育人，促使其形成优良思想道德品质的教育方法。典型示范是我们党做群众工作的一个重要方法，其特点是形象、生动、具体和可信，典型示范就是一种形象的教育，它把抽象的道德规范和高深的政治思想原理具体化和人格化，以生动具体的典型形象影响人们心理，易为人们所接受，使教育有很强的吸引力、说服力和感染力，典型示范的作用往往比空洞的和抽象的说教效果高，能增强思想政治教育的可信度，使思想政治教育入耳入脑。特别是具有时代特点的典型典范事例更能对人的思想产生强烈的激励作用和示范作用。

5. 行为规范养成法

实践证明，思想政治教育不仅仅停留在口头上，更应落实在行动上，形成好的思想、品德、习惯，不可能只能简单地“说教”“灌人”或自上而下的行政命令就能形成，还必须在日常生活、学习和活动中，用人们公认的社会公德、职业道德、家庭美德来启迪与引导，使不文明习惯转化为文明习惯，使非道德行为转化为道德行为，从而提高人们的思想、政治、道德素质。无论采取什么方法、手段和途径，在思想政治教育中我们都要坚持以人为本，遵循人的思想和心理活动的规律，并转化为清晰的观念和明确的认知，在给予人文关怀和心理疏导，创设或利用已有或出现的教育环境，通过综合的教育方式，在和谐的空间开创思想政治教育的新局面。

（三）学习思想政治教育方法论的意义

1. 提升思想政治教育者素质，促进思想政治教育队伍专业化

思想政治教育工作者是要增强思想政治教育的说服力、战斗力、凝聚力、感召力、渗透力，不仅需要高尚的品格修养、广博的文化知识、卓越的智能结构、健康的身体素质，而且需要掌握科学的理论，运用正确的方法。思想政治教育者的方法论修养，既是他的业务水平和工作能力的体现，也反映他掌握和运用马克思主义理论的水平和能力，学习领会思想政治教育方法论，从现实的人出发，从人的现实的需要和能力出发，才能促进思想政治教育实践活动的发展，促进思想政治教育者综合素质的提高，促进思想政治教育队伍的专业化。

2. 有利于促进思想政治教育学科发展

思想政治教育方法论是思想政治教育学科理论体系的重要组成部分。当代思想政治教育正面临着与以往完全不同的时代背景和条件，正面临着人们已经发生深刻改变的思想活动特点和思想道德实际，思想政治教育方法论的研究也从少到多、由浅入深、从零散到系统，由故事型、事例型、经验型向理论型、研究型、学科型转变，其理论发展的程度也是在不断的深入化、复杂化。

3. 有利于推动社会协调发展

经济全球化、文化全球化、政治民主化、社会信息化是我国思想政治教育所面临的新的时代背景和复杂的社会条件。国际范围内各种精神文化力量的相互激荡，各种社会思潮纷然杂陈，冲击着人们的思想、改变着人们的观念，使人们的思想价值观念和行为方式呈现出许多过去不曾有的新现象、新特点、新规律。这一切都要求我们坚持思想政治教育是一切工作的生命线，使之能更好地适应时代发展的要求和教育对象的思想实际。教育方法是架设在教育内容与教育目标之间的桥梁；是教育者作用于教育对象的中介；是取得思想政治教育实效的重要因素。协调力量，推进社会发展，需要正确的思想政治教育方法，需要不断开辟新途径，创造新经验，与时俱进全面跟踪各种方法的发展趋势，取得有价值的成果，以推动社会协调发展，促进社会主义现代化建设各项事业蓬勃发展。

二、新时代高校思想政治教育方法的特征分析

（一）新时期思想政治教育方法的动态化特征

从纵向发展来看，新时期思想政治教育方法是继承性、借鉴性、创新性的统一。

1. 继承性

人类历史上，任何杰出的思想家和科学家都是站在了“巨人的肩膀”上，任何伟大理论都是在“前理论”的基础上形成的，任何伟大成就都是在“前成就”的积淀下实现的。同样，新时期思想政治教育方法是在继承中华民族思想政治教育经验的基础上形成的。但由于社会发展、历史背景、科技文化的差异，旧时代的方法无法完全适用于新时期，因此，这种继承是批判地继承。历史和实践已经证明了传统思想政治教育方法有不可泯灭的实效性和优越性。儒家传统德育方法经过几千年的考验流传至今，比如，教育者要以身作则，率先垂范，这与我们如今倡导的“为人师表”不谋而合；德育教育最重要的方式是沿用至今的理论灌输，虽然这种方法备受争议，但由于随着全球化的深入发展，当今的国民文化素质和思想觉悟水平并不足以应对各种矛盾，做出正确的价值选择，因此我们不能一味否认或完全肯定理论灌输，而应该在引导中灌输，在灌输中引导。

2. 借鉴性

不同时代不同国家的统治阶级为了巩固本阶级的思想统治地位采取了各种方法展开思想政治教育。我国新时期的思想政治教育大胆地借鉴了国外优秀的思想政治教育方法，而这种借鉴是有选择的借鉴。日本引导式的道德教育方法能让思想政治教育真正内化于心。例如，日本的“道德两难法”中教师设置两种道德之间的矛盾冲突，让学生充分讨论应该如何抉择，目的在于创造机会让学生接触比自己道德性发展阶段更高一层的道德思维，引发认知失衡，引导他们在寻找新的认知平衡中，不断提高道德的判断能力和抉择能力。我国新时期的思想政治教育也在积极借鉴这种引导式的教育方法。例如，运用“情境创设”导入新课活跃课堂气氛，引导学生反思和提升自我。

3. 创新性

思想政治教育方法的创新是一个不断发展的过程，一方面在实际的思想政治教育过程中我们会遇到各种各样的问题；另一方面党的十九大报告和全国高校思想政治工作会议也对新时代的思想政治教育提出了新要求，这就要求我们必须用一种新方法或对原有方法进行加工改造，以适应新时代的要求，解决新出现的问题。思想政治教育曾在中国革命史上发挥了不可替代的作用，但是随着时代的变化，原有的思想政治教育方法呈现出一定的滞后性。在当今社会，思想政治教育要想提升其感染性，必须通过理论创新推进方法创新并且与时俱进，在实践探索中进行改革创新。原有的思想政治教育过多地停留在形式上，过分地注重对课本理论知识的灌输，未能密切联系实践。新时期的思想政治教育正在逐步改变传统的单向灌输模式，倡导倾听受教育者的心理，积极开展社会实践活动，使思想政治教育真正内化于心。

（二）新时期思想政治教育方法的静态性特征

从静态形成的角度来看，新时期思想政治教育方法是科学性与人文性的统一、多样性与综合性的统一、渗透性与时代性的统一。

1. 科学性与人文性的统一

思想政治教育方法不是一个实体因素，而是联系教育者与受教育者的中介因素。思想政治教育的教育主体是人，教育对象也是人，思想政治教育本质上是做人的工作。新时代思想政治教育将越来越重视其感染性研究，注重人文性就是注重科学性。要想真正触及人心，就必须意识到人的主体性地位。“教育者的主体性是在与教育客体的对象性关系中表现出来的自主性、能动性和创造性。受教育者的主体性是受教育者自觉主动认同教育目标和教育要求，独立做出判断和选择，自觉调节行为并在实践中完善自身品德，丰富和发展社会道德规范的自主性、能动性、创造性。”新时期思想政治教育工作方法更加注重教育者的主体性地位和对受教育者的人文关怀。例如，定期组织团体活动，进行心理健康教育，开设心理咨询室等，在“沙盘”一类活动中了解每一位学生的心理状况。

2. 多样性与综合性的统一

随着科学技术的发展，新时期思想政治教育方法呈现出多样化的特征。例如，新兴的网络思想政治教育体系为思想政治教育提供了包括网络信息收集方法、网络舆情分析方法、网络决策等方法，还提供了网络疏导、网络咨询辅导、网络自我教育、虚拟实践体验等一系列的工作方法。除了由科技水平提高而兴起的新方法外，新时期的思想政治教育还对传统方法的理论教育法、实践教育法、批评与自我批评等方法进行加工改造和创新，使之顺应时代的要求。每一种方法都有自身的优势和特点，也存在一定的不足和缺陷。因此，新时期的思想政治教育不断尝试将不同的方法用并列式、协调式、主从式、渗透式、融合式等不同的方式结合起来，充分发挥各种方法的优势，达到“1＋1＞2”的效果。例如，将学校教育、家庭教育、社区教育与企业教育紧密结合，使不同的教育主体职责分明又密不可分，最终形成一股无可比拟的合力，促进思想政治教育的发展。

3. 渗透性与时代性的统一

思想政治教育方法要有渗透性，这既是新时期的要求，也是新时期的特色—渗透性寓于时代性之中。今天，国民素质显著提高，人民群众已经普遍地树立起权利意识，强制性的思想政治教育方法早已不能适应时代的要求。在新民主主义革命时期，面对民族的危难，思想政治教育用慷慨激昂的口号调动起民众的革命热情。在新时代的今天，我们共享和平，没有历史的沉重感和民族的危机感，空洞的政治口号和单纯的价值观宣传反而容易引起受教育者的反感。因此，新时期的思想政治教育特别注重运用隐性思想政治教育方法，将价值观教育渗透到各领域、各行业中。

新时期的思想政治教育方法不是已经固化的方法体系，而是一个不断继承、借鉴、创新的动态发展过程。未来思想政治教育方法将越来越趋向于科学性与人文性的统一、多样性与综合性的统一、渗透性与时代性的统一。

第三章 高校大学生思想政治教育的意义

第一节 对大学生个人成长的意义

大学生是十分宝贵的人才资源，是民族的希望，祖国的未来。大学生处在获取知识、发展智力的最佳时期，也是他们思想觉悟、道德情感发展最积极的时期。在大学生成长成才的关键时期，必须有健康的思想、高尚的精神、良好的情操和在此基础上形成的克服种种困难的毅力等。这一切有赖于有效的大学生思想政治教育。思想政治教育对大学生成长成才的作用主要体现在以下几方面。

一、思想政治教育帮助大学生树立正确的成长成才目标

青年大学生树立什么样的人生目的、人生理想，确立什么样的成长成才目标，学习并掌握什么样的知识，具备什么样的能力，为谁服务和怎样服务等，是关系到祖国和民族未来的大问题，也是关系到大学生能否成长成才的大问题。成长成才目标是对人为什么活着这一根本问题进行思考，对人生未来美好生活的憧憬以及实现人生理想应该具备什么样的能力和素质的追寻之后自觉形成的一定时期内的努力方向和预期效果。也就是说，成长成才目标是对人生目的和理想的具体化，是人们在社会生活中对未来一定时期内所需形成的能力、素质等的心理设定和行为期待。对大学生而言，成长成才目标的性质和内涵深刻地影响甚至决定着大学生能否真正成长成才，并在一定程度上规范着成长成才的路径。大学生成长成才目标的确立，不是简单的个人选择问题，而是深含价值判断的社会问题。既与时代背景和社会发展的状况紧密相关，也与其思想道德素质密切相连。在纷繁复杂的客观现实中引导大学生认清当前所处的时代，把握未来的发展，确立正确的成长成才目标是思想政治教育所具有的重要功能。

（一）思想政治教育能促进大学生早日确立成长成才目标

带着无限憧憬和满腔抱负走进高等学府的青年大学生，都具有成长成才的理想和期望。而在当今这样一个呼唤人才，成就人才的时代，大学生应早日树立成长成才目标，为尽快成长成才迈出第一步。有了目标就有了方向，就有了对自己的明确要求。有了方向要求就能有的放矢，就有了集中时间和精力学习、提高和发展自己的可能。大学生成长成才目标的确立是进行有效学习、创造的起点。人生阅历尚浅的大学生，如果胸无大志，贪图安逸，就难以确立成长成才目标；如果沉湎于幻想，就可能导致成长成才目标不确定、不具体，结果即使付出了辛勤劳动也将是事倍功半，收效甚微。思想政治教育引导大学生思考上大学与人生理想的关系，帮助大学生正确认识自身肩负的责任和使命，有助于增强大学生的责任意识和竞争意识，促使大学生立志成长成才；思想政治教育鼓励大学生勤于学习、善于创造、甘于奉献，并指导大学生把远大理想与具体的成长成才目标结合起来，从

而有效地促进大学生及早地确立自己的成长成才目标。

（二）思想政治教育能引导大学生选择正确的成长成才目标

选择正确的成长成才目标对大学生的个人发展有举足轻重的作用。识别人才要坚持德才兼备原则，而品德、知识、能力和业绩则是衡量人才的主要标准。所以正确的成长成才目标应该定位在符合德才兼备的要求之上。选择正确的成长成才目标，需要有科学理论作指导，有正确的世界观、人生观、价值观。思想政治教育能帮助大学生用科学理论武装头脑，引导大学生树立正确的世界观、人生观、价值观、道德观及成长成才观，培养大学生的爱国情怀和优良道德品质。大学生有了科学理论作为行动的向导，有了为祖国富强、人民富裕、民族复兴而建功立业的人生目的和人生责任，就能在选择成长成才目标时充分考虑国家、民族的利益和社会公共利益，而不仅仅是局限于实现个人的价值。正确的成长成才目标也应该能最大程度地发挥自身优势，扬长避短，真正利于人尽其才。思想政治教育通过培养大学生远见卓识的品格和脚踏实地的精神，使大学生充分了解自身特点和客观实际的需要，不受一时兴趣、一味热门或一股潮流的影响，选择适合充分发挥才能、最大限度实现人生价值的成长成才目标。

（三）思想政治教育能激励大学生坚持正确的成长成才目标

思想政治教育的精神动力作用为大学生坚定正确的成长成才目标提供有效的帮助。常言说，无志之人常立志，有志之人立志长。这也为人类社会发展过程中的许多事实所证明。大学生正确的成长成才目标一旦确立，就需要坚定成长成才目标，即保持目标的持续性，以通过后来的不断努力实现目标而成长成才。如果缺乏恒心，没有相对稳定的目标，特别是不能坚持正确的成长成才目标，这山望见那山高，不断变换目标，就无法实现目标。理想是引领社会进步的重要力量，也是人们知难而进、走向成功的精神动力。思想政治教育能帮助大学生树立远大理想和科学信念，形成坚强的意志品质。理想激励大学生坚持正确的成长成才目标，意志支持大学生坚定正确的成长成才目标。理想一旦形成，既能使大学生在成长中充满激情，又给予他们现实的方向感，找到适合的成长成才目标，并持之以恒地去为之努力。

（四）思想政治教育能启发大学生完善成长成才目标

正确的成长成才目标也是一个不断完善的目标，是一个能根据各阶段目标实现的情况和变化了的主客观条件加以适当调整来不断完善的目标。大学生正确成长成才目标的选择难以一蹴而就，随着主客观条件的变化需要不断完善。正确的成长成才目标中也难免有一些具体内容在实践中不适应，需要做出一些修改和完善。这是因为大学生对自身素质和外在环境的认识难以一次完成，自身的情况和客观外界的环境也可能发生变化而使原有条件改变。思想政治教育能够引导帮助大学生在成长成才的实践中主动应对各种变化和纷繁复杂的社会现实，主动适应新的情况，及时准确地调整和完善适合自己成长成才的奋斗目标。总之，思想政治教育能帮助大学生提高思想道德素质，找准正确的成长成才方向，选择科学的成长成才目标以立志成长成才。

二、思想政治教育帮助大学生选择正确的成长成才之路

确立成长成才目标是大学生通往成长成才之路的起点，真正成长成才还要正确选择适合大学生自身的成长成才道路，并坚持不懈地努力奋斗，勤于实践。当今时代给大学生提供了广阔的成长成才空间，无论未来是创业成长成才还是学术成长成才或政务成长成才

等，在通往成长成才的道路上，都必须经历刻苦学习、不断思考和不断进步的过程；必须有目标始终如一、不畏艰苦、勇于拼搏、持之以恒、常思进取和努力奋斗的实践行动。

（一）思想政治教育能激发大学生认真学习、努力成长成才的积极性和自觉性

思想政治教育能帮助大学生树立正确的世界观、人生观和价值观，引导大学生把学习科学文化知识和加强自身修养、把实现自身价值和服务祖国人民结合起来，进而明确社会进步和自身发展所需要的知识和技能以努力成长成才。崇高的思想可鼓舞和引导大学生不断追求新知识、探索科学奥秘，最大限度地开发内在潜力，不断提高科学文化水平。如果把良好的思想道德素质简称为美德，则大学生的成长成才之路就是一个需要美德并展示美德的过程。

（二）思想政治教育能帮助大学生提高科学思维方法和能力，培养坚强意志、耐挫力，养成勤奋、惜时等好习惯

实现现代化和中华民族的伟大复兴是一项艰巨的事业，不可避免地会遭遇这样或那样的困难与挑战。因此，思想政治教育能够激发大学生内在巨大的创造活力，引导大学生理性地坚持刻苦学习，在学习中始终做到视野开阔、胸怀宽广，能在成长成才道路上始终坚定信念和坚持脚踏实地、百折不挠和艰苦奋斗的精神。

（三）思想政治教育能调动大学生积极投身于社会实践的热情和干劲

参加社会实践，是大学生锻炼成长的有效途径，是大学生成长成才的必由之路。大学生通过参加社会实践，了解乡情、国情、世情，才能把自己的主观认识建立在现实之上，自觉拥护党的路线、方针和政策，端正人生态度，确立正确的价值取向和奋斗目标。同时，大学生通过参加社会实践，加深对现代科学技术知识和思想道德理论的理解和体验，掌握真才实学，才能恰当地评价自我、认识自我，找到理想中的自我与实际中自我的差距，正确地设计自我、完善自我，成为全面发展的优秀大学生。大学生也只有在实践中才能摆正个人与群众的关系，虚心学习人民群众的优秀品质和丰富的实践经验，认识和克服自身的差距，消除自身存在的不良习气，摆脱成长中产生的迷茫和困惑。

（四）思想政治教育能引导大学生主动进行自我教育

自我教育对大学生成长成才具有重要作用。思想政治教育最终要取得实效，必须通过大学生自我教育来实现。在我们中华民族优秀的文化传统中，十分重视自我修炼。在古代，孔子讲“修身”“克己”“自讼”，孟子讲“养身”“自得”“见贤思齐，见不贤而内自省”，朱熹讲“省察”等。在近现代，教育家陶行知提出“自理”“自新”“自动”和“自学”。这些说法和观点都强调要使自己经常处于深刻的内省和磨炼之中，要结合自己的生活经历、联系社会现实在为人处事、学习、思考、交往等方面对自己进行教育。自我认知、自我反省、自我批评都需要具备追求真理的执着性、严于律己的自觉性、创造性思维的独特性、言行风格的务实性等优秀品质。思想政治教育有助于培养大学生的这些品质，引导大学生主动地进行自我教育，使大学生成功地踏上自我改造、自我教育的成长成才道路。

三、思想政治教育帮助大学生正确对待成长成才环境

每一个人的成长一刻也不能脱离环境的影响。思想政治教育能帮助大学生正确对待自己的成长环境，学会主动为自己创造一个良好的成长成才环境。

（一）思想政治教育能帮助大学生科学地区分成长成才环境中的有利因素和不利因素

《荀子·正名》中说："心不正焉，则黑白在前而不见，雷鼓在侧而不闻。"人们也常说："世界并不是缺乏美，缺乏的是发现美的眼睛。"这些话意在说明，如果没有正确的思维和认知方式就不可能真正分清事物的表里和美丑。相应的，如果认知失真或缺乏正确的思想道德认知和观念，也就不可能区分学习生活环境中的是非良莠。大学生富有热情但又缺乏经验，一旦出现认知失真，很可能出现走极端、胡乱猜测的现象。凭感觉，甚至冲动、轻率、迷信地看待环境。思想政治教育通过培养大学生科学的世界观、人生观和价值观，从而使他们掌握科学的理论武器，对纷繁芜杂的社会政治环境、经济环境、文化环境、信息舆论环境、家庭环境、社区环境、校园环境等进行全面且客观地认识和鉴别，并从中区分出有利的成长成才因素与不利的成长成才因素。

（二）思想政治教育能帮助大学生正确地对待成长成才环境中的顺境和逆境

社会生活丰富多样和复杂多变，使得大学生的成长成才路上常会出现通常说的顺境和逆境。应该说，当代大学生不乏优秀者，他们能够正确面对顺境和逆境。然而，由于当前的大学生普遍年龄偏小，从小生活条件比较优裕、生活经历少，他们中的一些人难免带有种种不足，如依赖性强、意志薄弱、经不起挫折、缺乏艰苦奋斗和吃苦耐劳的精神等。思想政治教育的一个重要作用就在于培养大学生勇敢坚毅、百折不挠、意志顽强、敢于冒险、敢于创新、独立思考、独立钻研、热爱生活、乐观豁达、富有事业心等良好的思想道德情感和心理品质，使他们在顺境和逆境中都能够完善自身、不断提高、增长才干。

（三）思想政治教育能帮助大学生能动地改造和优化成长成才环境

这是思想政治教育对大学生成长成才的一个重要作用。环境影响人的发展，同时人也改造环境。这就说明，人接受环境的影响不是消极的、被动的，而是积极的、能动的过程。人不仅可以自觉地、辩证地认知环境以科学地区分出有利的环境和不利的环境，也可以正确对待顺境和逆境，还可以积极地、能动地改造环境。人在环境面前可以有所作为。但人对环境的改造又不是随意的，不是没有条件的，更不是完全主观的率性而为。思想政治教育的一项重要功能就在于使大学生认识到这些道理，引导大学生认清自身在成长成才环境的建设和改造中的主体地位和作用，发挥积极性和能动性，在参与优化家庭环境、学校环境、社会环境的过程中改造、锻炼和提高自身，顺利地走好成长成才之路。

四、思想政治教育促进大学生全面素质的发展

近年来，素质教育特别是高校大学生的素质教育一度受到社会、家庭和整个教育界的重视。如今，大学生大多属"90后"，其个性张扬，思想开放，性格特点比以往的学生显得独立、开放、前卫，体现着新时代的气息。大学生的培养是一项巨大的工程，特别是德育培养更值得整个社会关注。加强和改进大学生思想政治教育工作，是我国做出的一项具有深远意义的重大战略决策，是我国高校培养综合素质人才的核心工程。

（一）思想政治教育和素质教育之间的关系

1．思想政治教育是素质教育的关键

人的素质主要包括思想政治素质和科学文化素质。在高校教育过程中，思想政治素质教育和科学文化素质教育的实施应该是齐头并进的，高校学生的行为表现大多由思想意识决定，以科学的思想武装大学生的头脑是关键的行动导向。有了正确的思想和坚定的政治立场，学生在求学道路上才能有正确的行动导向。高校是培养国家未来栋梁之材的重要教

育阵地，是学生走出校门，步入社会的最后一道门槛，因此，高校的思想政治教育在素质教育中显得尤为关键。

2. 思想政治教育是素质教育的核心部分

思想政治教育与素质教育是部分和总体的关系。素质教育是由科学文化素质、思想政治品德素质教育、身体素质教育、心理素质教育等诸多因素构成的一个系统工程，其中思想政治教育主要承担着人的思想政治品德素质的培养，是素质教育的核心部分。思想政治教育的实施情况直接影响社会主义现代化建设人才素质的提高，在我国现代高校素质教育中，思想政治教育是大学生素质教育的核心阵地。如今的大学生很多都是独生子女，部分学生家庭条件比较好，甚至有些是“富二代”“官二代”。对于这些出身条件好的大学生，他们励志和奋斗的决心和信心很有可能不如来自贫困家庭的学生。那么该如何培养和提高他们的综合素质，还得通过思想政治教育来武装和引导。

3. 素质教育为思想政治教育的实施创造了有利条件

（1）素质教育为思想政治教育作用的发挥创造了良好的前提

素质教育是一个系统工程，它要求全面提高人的素质，促进学生素质的全面发展。充分发挥思想政治教育在素质教育中的作用，这为改变目前存在的“应试教育”“重智轻德”等现象提供了有效途径。

（2）素质教育为高校思想政治教育的实施提供了有利条件

为了加强和改进大学生思想政治教育，充分发挥思想政治教育在提高大学生思想政治素质中的作用，教育部门做了大量工作，但是尚未取得良好的效果，思想政治教育始终未能很好到位。究其根本原因，主要是“应试教育”冲击了思想政治教育。虽然大学生过了高考这一严酷的升学关，现如今却面临就业难，这给了很多大学生新的压力，所以很多大学生还是要面临熬夜看书考研、考资格证书和国家等级考试等。只有抓住“应试教育”向素质教育转变这个根本，全面坚持实施素质教育，才能从根本上扭转某些高校“应试教育”和片面追求就业率的不良倾向，使学校思想政治教育真正落实到位。

（3）素质教育为思想政治教育作用的发挥提供了强大的合力

在我国，高校素质教育是一项庞大的系统工程，其中思想政治素质的提高是素质教育的核心部分。现代学生的素质培养牵系着社会、家庭和学校，牵系国家未来的发展，大学生的素质影响到学生的社会视角、生存和发展的能力，学校、社会和家庭关注着大学生综合素质的提高。因此，不管从哪个层面来说，素质教育作为一项系统而重大的工程，都在为思想政治教育作用的发挥提供强大的合力。

（二）加强和改进大学生思想政治教育，推进高校学生素质的培养

作为高校教育工作者，我们要深入思考如何推进高校学生素质的培养，特别要在加强和改进大学生的思想政治教育方面下功夫。

1. 继续坚持实施教育优先的发展战略

百年大计，教育为本。高校是培养科技创新和知识创新人才的主要基地，是我国实现现代化的发动机。高校教育还是要继续坚持教育优先的发展战略。大学生只有把专业基础知识和专业技能练扎实了，才能在未来的工作岗位中发挥专业技能，创造更多的业绩，做出更大的贡献。因此高校要改变传统的教育模式，完善学校本身的教育制度和体制，创造更多的机会，使多数有学习能力的青年都能完成高等学业，努力使学生不因贫困等原因失学，创造一个更加公平、严谨而又宽松的高等教育环境，这是我国长远发展的动力支撑。

近年来，国家对大学的贫困生给予了很多资助和扶持，解决了很多贫困生的后顾之忧，教育优先这一战略仍需坚持实施。

2. 着力培养学生道德品质

大学生是社会年轻一代最活跃的一个群体，他们的道德品质直接影响着他们步入社会的道德品行、个人发展，关系到国家和社会的长远发展。大学生的道德品质不是自发形成的，而是从小在家庭、学校和社会的共同培养下形成的。大学阶段是大学生世界观、人生观和价值观形成的重要阶段，因此，要着力培养大学生的道德品质。

（1）要培养大学生的自主意识

学校要通过多种渠道和途径去唤起学生的道德意识。如通过思想道德修养的课堂教育来树立学生的道德信念，培养学生的道德品质；对道德品质表现好的行为予以表扬，对道德行为表现恶劣的要给予批评处分，明确正确的道德观；通过校园网络、校园板报、校园广播、知识竞赛等校园活动加强道德品质的宣传等。

（2）汲取精华，剔除糟粕，向道德模范学习

对于优秀的中华传统道德文化，要引导学生去传承；对于校内外的道德模范典型人物，学校要加大宣传力度，号召学生学习道德模范精神。

（3）以新时代的道德观念统领大学生的思想道德教育

大学生是建设社会主义国家的重要接班人，要深刻领悟新时代的道德观念，践行科学发展观，才能为将来走上工作岗位、服务社会打下良好的根基。

（三）大力培养素质领先的创造性人才

思想政治教育之所以是素质教育的灵魂，就在于它促使学校以德育为先导，统帅和引领学生的智育工作，使学生不光以科学文化知识为唯一目标，更能够以胸怀祖国、放眼世界的高度弘扬爱国主义、集体主义和社会主义精神，用良好的思想品德、法制观念、纪律意识和健康心理去正确处理与人、集体和社会的各种复杂关系，在合适的岗位上，充分发挥个人才能，报效祖国，服务社会。学校是培养人才的主要阵地，学校思想政治教育成功与否直接关系到培养什么样的人，关系到 21 世纪中国的面貌，关系到我国社会主义现代化建设战略目标能否实现，关系到能否坚持党的基本路线一百年不动摇。

第二节　对高校思想政治教育课的意义

一、高校思想政治教育课的内涵

思想政治教育课又称“思想道德修养与法律基础”课，是思想政治理论课中的一门课程。作为一门新兴的学科，思想政治教育课的名称、范围和内涵从产生到现在一直都处在不断变化之中。要想对思想政治教育课的历史演变进行考察，首先应该明确其内涵。只有把握好思想政治教育课的内涵，才能把握好这门学科的定位。要想理解思想政治教育课的内涵，必须理解什么是课程，什么是思想政治教育，才能归纳和总结出它的含义。之后再通过对思想政治教育课的目的、特点、内容和地位的分析，才能使我们对思想政治教育课的内涵有更深一步的认识和了解。

（一）对课程的理解

1. 课程的含义

正确认识思想政治教育课，必须首先正确理解“课程”。“课程”是教育领域中使用最广泛的概念之一，也是一个专业性很强、十分复杂的概念。许多文章和书籍都进行了探讨，但又不尽人意。尽管“课程”没有一个精确、唯一的定义，但是对“课程”进行定义有利于我们把握课程的本质。目前，关于“课程”的理解主要有以下几种解释：

第一种，《辞源》中界定：“按规定数量和内容的工作或学习进程。”这种观点只是强调了学校教育科目的时间分配和顺序，但它没有指出“课程”还可以指一门学科以及这门学科的教学活动和教学过程。

第二种，《新华词典》释文：“课程是学校教育科目及其安排顺序、教学时数等的总称。有时也专指教学科目。”《辞海》释文：“课程是功课的进程，课程即教学的科目。可以指一个教学科目，也可以指学校的或一个专业的全部教学科目，或一组教学科目。”《教育大辞典》释文为：“课程是为实现学校教育目标而选择的教育内容的总合。”或“泛指课业的进程”或“学科同义语，如语文课程，数学课程。”刘克兰教授认为：“一般地说，课程是指实现各级各类学校培养目标而规定的全部教学科目，以及这些科目在教学计划中的地位和开设顺序的总称。”这些观点肯定了“课程”可以指一门学科，也可以指这门学科的时间分配和顺序，但是忽略了“课程”也可以指一门学科的教学活动、教学过程。

第三种，《中国大百科全书·教育》释文为：“课程是课业及进程。”“课程有广义、狭义两种。广义是指所有学科（教学科目）的总和，或指学生在教师指导下各种活动的总和。狭义指一门学科。”王道俊教授、王汉澜教授认为：“课程有广义和狭义之分，广义上指为了实现学校培养目标而规定的所有学科（即教学科目）的总和，或指学生在教师指导下各种活动的总和。狭义指一门‘学科’。”这种观点对于课程的理解比较全面，但是在文字的表述上还不够精练。

这些关于“课程”的定义有很多，无论哪种“课程”定义，都是从不同角度或多或少都涉及课程的某些本质，基本涵盖了课程的本质方面。总结起来，“课程”包括三个方面的内容，“这门学科”“这门学科的教学活动、教学过程”“这门学科的教学活动、教学过程的时间分配和顺序”。简言之，我们可以把“课程”理解为各门学科和活动以及它们的时间分配和顺序。

2. 课程的地位

课程在学校教育中处于核心地位，教育目标、价值主要通过课程来体现和实施。课程包括课程方案（或教学计划）、课程标准（或教学大纲）和教材中预定的教学内容、教学目标和教学活动等。课程所提出的目标和内容是教学活动的前提。课程内容受教育目标的制约，同时它也直接制约着教学过程，如教育方法、手段和组织形式等。可以说，课程影响着教育教学中的各个方面和各项内容。

3. 课程的以人为本理念

在西方的文献中，“课程”一词是从希腊文演变而来的，原意是指跑马道，引申为学业进程或教学进程，再发展为有组织的知识体系。这和以上课程定义相似，它们大都关注知识，关注教学过程、教学活动等，而现在的课程更应关注的是跑马道上面的人，关注教师和学生，尤其是学生的积极主动学习。只有课程强调以人为本，课程才真正活了起来。现在，新的思想政治教育课程改革方案已经实施，包括新的课程设置和教材等。在现在和以后的课程改革实施和完善中，一定要切实强调以人为本的理念。只有这样，思想政治教育课才真正找到了落脚点，才能永葆生机。

（二）关于思想政治教育课的内涵

通过对课程和思想政治教育的理解，我们可以把高校思想政治教育课理解为：它是指为了保证党和中华民族奋斗目标的实现，以宣传和传播社会主义和共产主义思想为核心，以为社会主义事业培养合格建设者和可靠接班人为目的，以政治教育、思想教育、道德教育、心理教育和法律教育为主要内容的综合教育实践活动以及进行这门综合教育实践活动的时间分配和顺序。它有如下几个特点：

1. 政治性

思想政治教育课以马克思主义基本理论为指导思想，是为了建设中国特色社会主义，实现中华民族伟大复兴而在高校设置的一门课程。

2. 科学性

思想政治教育课是尊重客观规律、符合大学生的思想和心理特点的。它从产生到现在一直都保持强大的生命力，因此，思想政治教育课是一门科学的课程。

3. 综合性

思想政治教育课教育教学不但有政治方面、道德方面、法律方面的知识，还有心理、思想等方面的知识，可以说，思想政治教育课是一大而多的课程。

4. 实践性

思想政治教育课关键在于身体力行，以逐步树立正确的思想法律意识和高尚的道德情操，养成良好的行为习惯和健康的生活方式。

5. 崇高性

思想政治教育课是一门讲授党的先进理论和教育学知识的课程，是为社会主义现代化建设培养优秀人才的平台和载体。从事思想政治教育课教育教学是一项光荣的事业和职业。

思想政治教育课的目的是帮助大学生形成崇高的理想信念，弘扬伟大的爱国主义精神，确立正确的人生观和价值观，牢固树立社会主义荣辱观，培养良好的思想道德素质和法律素质，进一步提高分辨是非、善恶、美丑和加强自我修养的能力，从而为社会主义现代化培养许许多多的合格建设者和可靠接班人。它的内容包括思想道德修养与法学基础理论两大部分，主要涉及人生观、价值观、道德观和法制观四大方面。具体讲，通过理想信念教育、爱国主义与民族精神教育、人生观与价值观教育、社会主义与共产主义道德教育使学生树立坚定正确的政治方向和政治态度，树立科学的世界观和方法论，坚定不移地沿着建设中国特色社会主义道路前进。通过社会公共生活中的道德与法律规范教育、职业生活中的道德与法律规范教育、恋爱婚姻生活中的道德教育与法律规范教育、社会主义法制精神与法治观念教育、我国基本法律制度与规范知识教育等来提高学生道德文明水平和法律意识，使学生自觉遵守社会公德、职业道德、家庭美德，养成遵纪守法的良好行为习惯，树立社会主义文明风范。

由此可见，高校思想政治教育课是对大学生进行思想道德教育和法律基础知识教育的重要载体，是高校对大学生进行思想政治教育的主渠道和主阵地，是高校全面素质教育中不可缺少的一个重要方面，是为社会主义现代化培养合格的建设者和可靠接班人的重要平台。

二、高校思想政治教育课的历史演变

根据中共中央、教育部等的主要文件的精神以及高校思想政治教育学科发展状况，按照时间的顺序，到目前为止，可将思想政治教育课划分为三个发展阶段。

（一）创立和发展阶段（1980—1998 年）

1. 思想政治教育课第一阶段的课程设置

80 年代初，一些院校已经开始对大学生进行思想品德教育。例如，1980 年吉林大学与大连理工大学等单位发起并开始讲授《共产主义思想品德修养》课，至今已走过 27 个年头。1982 年 10 月 9 日下发的《教育部关于在高等学校逐步开设共产主义思想品德课的通知》标志着我国高等学校思想品德课的产生。1984 年 9 月 12 日，教育部又印发了《关于高等学校开设共产主义思想品德课的若干规定》的通知，规定高校开设“共产主义思想品德”课程。对共产主义思想品德课的课程任务、课程内容、教学原则、教学方法、师资队伍建设、机构设置等问题做了具体规定。1985 年 8 月，中共中央发出 18 号文件，即《中共中央关于改革学校思想品德课和政治理论课程教学的通知》，再次强调对学生进行共产主义思想品德课教育的重要性，并对课程的主要内容和要求等作了进一步规定。从此，“85”课改方案渐渐形成。1986 年 7 月 9 日，中共中央宣传部、原国家教育委员会发出《关于在高等学校深入进行形势政策教育的通知》，要求教育引导学生正确认识当前的形势和各项方针政策，调动广大学生的积极性。1986 年 9 月 1 日，原国家教育委员会发出《关于在高等学校开设“法律基础课”的通知》，要求在中学法律常识课的基础上，针对大学生思想实际，讲授有关的法律知识。这标志着我国高等学校法律基础课的产生。1987 年 10 月 20 日，原国家教育委员会发出《关于高等学校思想品德课建设的意见》，明确规定思想教育课程共有五门：“形势与政策”和“法律基础”为必修课，“大学生思想修养”“人生哲理”“职业道德”可因校制宜有选择地开设。这是原国家教育委员会第一次正式提出高校思想教育课的概念，并以正式文件的形式加以明确。1988 年 5 月 24 日，原国家教育委员会发出《关于高等学校开设“形势与政策”课的实施意见》，对《形势与政策》课的性质和任务以及教学内容、教学原则、教学安排、师资、教材、经费作了具体规定。1991 年，《人生哲理》并入了《大学生思想品德修养》。

1993 年 8 月 13 日，在中共中央组织部、宣传部、原国家教育委员会在《关于新形势下加强和改进高等学校党的建设和思想政治工作的意见》中，第一次正式提出“两课”的称谓。明确强调了在新的历史阶段下，一定要充分发挥党的思想政治工作优势并进一步加强和改进思想政治教育课建设。1993 年，国家教委将《大学生思想修养》《人生哲理》合二为一调整为《大学生思想修养》。1994 年，《中共中央关于进一步加强和改进学校德育工作的若干意见》要求整体规划学校德育体系，并以马克思主义理论为指导，深入开展爱国主义、集体主义和社会主义思想教育以及中华民族优良道德传统教育等。1995 年 10 月 24 日，原国家教育委员会印发《关于高校马克思主义理论课和思想品德课教学改革的若干意见》的通知，正式规范了“两课”的称谓并就“两课”改革提出了明确的要求。1995 年 11 月 23 日，国家教委颁布试行《中国普通高等学校德育大纲》并提出高校思想品德课和马克思主义理论课是高校育人的重要途径，是对学生系统进行思想政治教育的主渠道和基本环节，是每个学生的必修课程。1996 年 10 月 7 日，国家教委颁布了《国家教育委员会关于进一步加强高等学校〈形势与政策〉课程建设的意见》，进一步明确了《形势与政策》课程的性质和重要地位，要求进一步加强《形势与政策》课课程建设。

2. 思想政治教育课第一阶段的教材建设

教材建设是实施高校思想政治理论课课程设置方案的基础性工作，也是提高思想政治理论课教学水平的重要前提。教材不仅能反映该门课程的理论体系，还能为教师提供最基本的教学内容和材料，是教师进行教学的基本依据。《思想道德修养》教材，有国家统编的，也有各省市以及一些院校自己编写的。例如，由原国家教委思想政治工作司组编，中国人民大学罗国杰教授主编的《思想道德修养》曾再版多次。尤其是罗国杰教授最初主编的《思想道德修养》荣获了第三届国家教委优秀教材一等奖和国家优秀教学成果二等奖。吉林大学在陈秉公教授主持下，先后编写和出版了四代改革教材，包括《大学生修养》(1984.1)、《共产主义思想品德修养学》(1987.10)、《大学生思想品德修养》(1992.2)、《思想道德修养》(1996.5，先后再版多次)。法律基础课的教材比较早的是由谷春德和陈劳志等主持编写的。例如，《法律基础教程》(谷春德等编，高等教育出版社，1991) 和《法律基础教程》(谷春德，陈劳志主编，高等教育出版社，1995.8)。思想道德修养课教材对大学生树立正确的世界观、人生观和价值观，提高他们的认识能力和思想道德水平起到了重要作用。法律基础课教材也介绍了法的促进作用。尤其形势与政策课正确地引导了大学生看待国际局势和国内形势，使他们在思想上保持了正确的政治方向。同时，思想政治教育课教材也有一些不足。例如，思想道德修养课的内容理论性和政治性太强，而思想性、艺术性和实践性相对不足。同时，国家和各省市教育主管部门都编写和出版教材，也导致了教材的质量一定程度上参差不齐。思想道德修养课从“共产主义思想品德专题”到“大学生成才修养”，到“人生哲理”，再到“思想道德修养”，从形式到内容都经历了较大的发展变化。可以说整个思想政治教育课是一个从创立到发展再到不断提高的过程。通过不断地发展，它逐步形成了一个相对独立的学科体系，在高等学校教育中也越来越占有重要地位。思想政治教育课已成为对大学生进行马列主义、毛泽东思想、邓小平理论教育的一个重要阵地，它在提高大学生思想道德水平和帮助他们树立正确的世界观、人生观、价值观等方面发挥出重要的作用。

(二) 调整和提高阶段 (1998—2005 年)

1. 思想政治教育课第二阶段的课程设置

1998 年 6 月 10 日，《中共中央宣传部、教育部关于印发〈关于普通高等学校“两课”课程设置的规定及其实施工作的意见〉的通知》对“两课”课程的设置、基本内容作了进一步调整。其中，明确规定思想品德课包括“思想道德修养”“法律基础”和“形势与政策”。1999 年 6 月 13 日，中共中央、国务院下发了《关于深化教育改革，全面推进素质教育的决定》。文件指出“当今世界，科学技术突飞猛进，知识经济已见端倪，国力竞争日趋激烈”。而同时“我们的教育观念、教育体制、教育结构、人才培养模式、教育内容和教学方法相对滞后，影响了青少年的全面发展，不能适应提高国民素质的需要”。文件要求以邓小平理论为指导，深化教育改革，全面推行素质教育。思想政治教育课也应不断地调整和推行素质教育，逐渐从应试教育中固定的、呆板的、以传授知识为主的教学模式转向活泼的、多元的、以塑造人的现代性为主体的教学模式。

2001 年 9 月 20 日，中共中央颁布了《公民道德建设纲要》。文件要求从我国历史和现实的国情出发，坚持以为人民服务为核心，以集体主义为原则，以爱祖国、爱人民、爱劳动、爱科学、爱社会主义为基本要求，以社会公德、职业道德、家庭美德为着力点进行社会主义道德建设。它为思想政治教育课指明了方向并规定了具体的内容，从而使思想政治教育课在教学过程中得以更好地进行。2003 年 2 月 12 日，教育部下发了《教育部关于进一步深化“三个代表”重要思想“三进”工作的通知》，要求在《思想道德修养》和《法律基础》等课程中进一步体现“三个代表”重要思想，大力推进“三个代表”重要思想的“三进”工作，即进课堂、进教材和进学生头脑。

2004 年 1 月 5 日，中共中央下发了《中共中央关于进一步繁荣发展哲学社会科学的意见》。文件指出：“在全面建设小康社会、开创中国特色社会主义事业新局面、实现中华民族伟大复兴的历史进程中，哲学社会科学具有不可替代的作用。”要求用马克思主义指导哲学社会科学并实施马克思主义理论研究和建设工程。这为思想政治教育课的发展又提供了一次很好的机遇。2004 年 1 月 9 日，中央下发了《中央宣传思想工作领导小组关于实施马克思主义理论研究和建设工程的意见》，要求在总结马克思主义研究经验的基础之上，根据当前面临的新情况和新问题，不断地加强马克思主义的研究和建设。这进一步促进了思想政治教育课的发展。2004 年 8 月 26 日，中共中央、国务院下发了《中共中央、国务院关于进一步加强和改进大学生思想政治教育的意见》，即“16 号文件”。文件强调要适应新形势、新任务的要求，不断提高大学生的思想政治素质，促进大学生的全面发展。2004 年 11 月 17 日，中共中央宣传部、教育部下发了《中共中央宣传部、教育部关于进一步加强高等学校学生形势与政策教育的通知》，要求面对新世纪新阶段的新情况、新问题，积极推进形势与政策教育。2005 年 2 月 7 日，中宣部、教育部下发了《中宣部、教育部关于进一步加强和改进高等学校思想政治理论课的意见》，要求大力推进高等学校思想政治理论课的学科建设，不断完善高等学校思想政治理论课的课程体系，切实改进高等学校思想政治理论课教育教学的方式和方法。这进一步为新形势下调整思想政治教育课的学科体系，提高思想政治教育课的质量指明了方向。

2. 思想政治教育课第二阶段的教材建设

1998 年 8 月印发的《教育部关于加强普通高等学校马克思主义理论课和思想品德课（公共课）教材建设及管理问题的通知》得到贯彻落实，高校思想政治理论课教材的二级（教育部和省级教育部门）建设和管理体制得到有效完善，教材编写、审定、出版和使用的管理进一步规范化。教育部社会科学研究与思想政治工作司曾多次根据《普通高等学校“两课”教学基本要求》编写了教材。例如，对 1998 年 8 月出版的《思想道德修养》（第三版）进行了重新修订。把它作为全国普通高等学校思想品德课的通用教材，供本科学生使用。新修订的《思想道德修养》，注意吸收近几年“思想道德修养”课在教育教学方面的经验，充分把握“思想道德修养”课的性质和功能，使课程的定位更加准确。既保持以往教材的特色，又努力体现在社会主义市场经济条件下对大学生提出的思想道德修养的要求，既有树立正确的人生观教育的要求，又有人生哲理的教育，既有中国优良传统道德的教育，又有新时代思想道德要求。本教材具有很强的时代性、实践性、知识性和继承性。法律基础课的教材也进行了编写和修订。总之，教材质量有较大提高，教材内容的系统性与针对性、理论性与可读性的统一取得新进展，涌现出一批优秀的教材。但仍存在教材理论性和政治性太强的特点，教材出版体系也依然存在不足。

（三）整合和升华阶段（2005 年至今）

1. 思想政治教育课第三阶段的课程设置

为贯彻落实 2004 年 8 月 26 日《中共中央、国务院关于进一步加强和改进大学生思想政治教育的意见》（中发〔2004〕16号），2005年2月7日，中共中央宣传部、教育部下发了《中共中央宣传部、教育部关于进一步加强和改进高等学校思想政治理论课的意见》（教社政〔2005〕5号），其中，明确提出高校思想政治理论课承担着对大学生进行系统的马克思主义理论教育的任务，是对大学生进行思想政治教育的主渠道，是大学生的必修课，要求各高校要充分重视思想政治理论课的作用。该文件对高校思想政治理论课新课程设置的学分、基本内容、基本要求和时间安排都做出了明确规定，明确提出了要加强新课程的教材编写、教学研究、教师培训和学科建设，明确要求各级党委、政府和各高校切实加强和改进党对高等学校思想政治理论课的领导。在5号文件下发后，2005年3月9日，中共中央宣传部和教育部又下发了《〈中共中央宣传部、教育部关于进一步加强和改进高等学校思想政治理论课的意见〉实施方案的通知》，进一步明确了具体的实施办法。

2005年12月23日，教育部、国务院学位委员会印发了《关于调整增设马克思主义理论一级学科及所属二级学科的通知》，决定在学科专业目录中增设马克思主义理论一级学科及所属二级学科。这对思想政治教育课程的发展起到了极大的促进作用，体现了国家对思想政治教育课的高度重视。

2006年6月26日，教育部办公厅下发了《教育部办公厅关于全国普通高校从2006级学生开始普遍开设〈思想道德修养与法律基础〉课的通知》，要求从2006年秋季开学开始，全国普通高校（包括高职高专）在2006级新生中普遍开设《思想道德修养和法律基础》课，并统一使用中宣部、教育部组织编写的马克思主义研究和建设工程高校思想政治理论课相关教材。

2. 思想政治教育课第三阶段的教材建设

2006年8月，高等教育出版社出版了马克思主义理论研究和建设工程重点教材《思想道德修养与法律基础》。教材是集中了全国的知名专家，组成教材编写组，由中央主要负责同志的亲自审定下组织编写的，可以说，教材的编写“史无前例”。教材将培养学生的“思想道德素质”和“法律素质”有机结合起来，目的是使大学生学习掌握社会主义思想道德基本规范和法律基础知识。通过深刻理解这两门知识对个人发展和社会发展的作用及意义，使其最终内化为学生的主导价值意识，外化为自觉践行社会主义思想道德和法律规范的行为。《思想道德修养与法律基础》教材的特点是以道德教育和法制教育为主体，以社会主义荣辱观为主线，以理想信念为核心，以爱国主义教育为重点。教材与以往的“思想道德修养”课、“法律基础”课相比，充分地反映了马克思主义中国化的三大理论成果的理论创新成果及党领导人民建设中国特色社会主义的生动实践和基本经验，同时反映了本学科领域的最新研究成果。在此之前，全国绝大多数省区市都有自编教材，质量不均衡。这次整合，中央集中优势力量，由全国哲学社会科学界的高水平专家和教师编写，每门课程只编一本教材，实行了全国“一本通”。这很好地促进了教材质量的提高。

三、对高校思想政治教育课的推动创新分析

习近平总书记高度重视思想政治理论课（以下简称思想政治课）建设工作，2019年3月18日亲自主持召开了学校思想政治理论课教师座谈会并发表重要讲话，强调，我们办中国特色社会主义教育，就是要理直气壮开好思想政治课。同时针对思想政治课建设方法论问题，提出“八个相统一”的重要要求，为思想政治课教学研究的改革创新指明了方向。“八个相统一”重要论述是新时代我国高校思想政治课教学改革创新宝贵的经验总结

与智慧结晶，表明我们党对思想政治课建设规律的认识和把握进入新境界。

（一）因时而进，融思想宣传与思想政治教育两种话语体系为一体，实现课堂教学的政治性和学理性相统一

学理是科学阐释政治思想的理论范式，政治思想只有具备学理逻辑上的“彻底性”才能令人真正信服。思想政治课具备学理性，强调讲清政治思想、政治主张背后的学理支撑，做到用学术讲政治，把政治理论的本质精髓和其中蕴含的逻辑关系讲透讲清，让政治主张具有显著的学理特征。如若没有关于政治内容的学术框架分析与说理，仅以政策宣传和感想感悟的口吻进行讲授，都不足以让学生从理性上真正认同我们党的政治主张、原则和观点，甚至会产生反效果。

习近平总书记指出，要坚持政治性和学理性相统一，以透彻的学理分析回应学生，以彻底的思想理论说服学生，用真理的强大力量引导学生。高校思想政治课不同于其他专业课程的一个显著特征，在于其担负着巩固马克思主义在高校意识形态工作领域指导地位的重要功能。强调政治性，就是要强调高校思想政治课在全面贯彻党的教育方针、坚持社会主义办学方向上毫不动摇，在解决好培养什么人、怎样培养人、为谁培养人这个根本问题上毫不动摇，通过教学中深入浅出的学理分析和事实支撑，实现高等教育为人民服务、为共产党治国理政服务、为中国特色社会主义事业服务的根本目标；强调学理性，就是要强调运用马克思主义观点、理论和方法论解析说明政治问题的说理水平和学术态度，遵循教学规律和学理逻辑，通过摆事实、讲道理的严密逻辑说理让人信服，使学生在平实明白的话语体系中切实感受到马克思主义理论“彻底”的真理魅力。高等院校担负着立德树人、以文化人的根本任务，思想政治课教学须结合党和国家方针政策的总体要求与大学生的思想特点，做到因时而进，特别是在课堂教学这一主渠道中融思想宣传与思想政治教育两种教学话语体系为一体，为大学生提供更具专业针对性、更具特色说理性的教学内容，使学生能在生动鲜活、能听懂的道理分析和学理论证中，感受到思想政治课所带来的“亲和力”与“获得感”。

（二）因势利导，寓价值观培育于教学内容之中，实现教材内容的价值性和知识性相统一

思想政治课教育教学一方面是要让学生获得知识；另一方面是要使他们形成正确的价值观。仅有知识习得不等于实现了价值观塑造与引领的教育目标，而价值观培育只有与知识、素养融为一体，才具有塑造人格、启迪智慧的生命力。

习近平总书记强调，要坚持价值性和知识性相统一，寓价值观引导于知识传授之中。办好思想政治课，培养德智体美劳全面发展的社会主义建设者和接班人，不仅需要思想政治课教学在教材内容的知识传授上下功夫，也需要在教材大纲所承载的价值引导上下功夫。“德智体美劳”本身既是一个关涉教育目标的整体概念，也是包含价值观培育的科学理念。以美育为例，2018 年习近平总书记在给中央美院老教授回信中指出，美术教育是美育的重要组成部分，对塑造美好心灵具有重要作用。高校要遵循美育特点，弘扬中华美育精神，让祖国青年一代身心都健康成长。为此，应科学把握美育同思想政治教育在价值观引领与知识传授上的本质一致性，在思想政治课教学中有机融入有关美育的内容。这就需要在遵照国家统一编写的思想政治课教材和教学大纲要求的同时，更加注重寓美育、德育、体育等在教材大纲之中的“校本”内容准备。本着因势利导的教学思路传道、授业、解惑，以广阔的政治学、经济学、哲学、艺术学、历史学视野的多维剖析，更全面地传播社会主义核心价值观之“道”，更贴切地传授马克思主义基本理论之“业”，更精准地解答学生内心之“惑”。

（三）因事而化，正反两方面辩证剖析时事案例问题，实现价值观引领的建设性和批判性相统一

“破”与“立”是事物矛盾运动发展中展现出的一种辩证关系，毛泽东同志在《新民主主义论》中指出，不破不立，不塞不流，不止不行。不破则无立，新时代高校思想政治课改革的侧重点在于“破”，破是立的前提。直面各种错误观点和思潮，扫除大学生心头的错误观点和不良思想苗头，实质上就是一个“破”的过程，要以“破”字为先，真正把学生思想价值观深处不敢说、不愿说、说不清的问题根源找出来、摊开说、讲明白，避免走马观花式的照本宣科。通过“破”的思想祛昧为“立”的观念灌输创造条件，在“破”与“立”的辩证思维中正确把握思想政治课改革建设性和批判性的相统一。

习近平总书记指出，要坚持建设性和批判性相统一，传导主流意识形态，直面各种错误观点和思潮。高校思想政治课教学的目标指向是科学回答中国特色社会主义伟大理论和伟大实践中的重要问题，引领大学生坚定“四个自信”，自觉正确运用马克思主义方法论分析看待和解决问题，自觉辨析甄别各种意识形态思潮中的错误观点。这就要求思想政治课教学要注重从正反两方面辩证剖析包括政治时事、经济时事、社会时事等在内的案例问题，答疑解惑、因事而化、有效防范、亮明观点，理直气壮地讲明党的路线、方针、政策，有效提升大学生的政治敏锐性和鉴别力。同时，本着建设性和批判性相统一的目标导向，积极实施“案例链”教学法，从案例提出、问题互动、案例拓展到学生问题意识养成，通过时事案例导入的教学方式创新，构建正反两方面案例问题之间的逻辑链条，在批判与建设的“破”与“立”中完成对正确价值观的树立，做到“批判”有靶向，“建设”有依据，使相关理论观点切实内化于心，让学生在大是大非面前保持政治清醒。

（四）知行合一，构建多元长效学习实践机制，实现思想政治课程的理论性和实践性相统一

习近平总书记强调，要坚持理论性和实践性相统一，用科学理论培养人，重视思想政治课的实践性，把思想政治小课堂同社会大课堂结合起来，教育引导学生立鸿鹄志，做奋斗者。讲好马克思主义基本理论是高校思想政治课程的重要任务，坚持理论性意味着思想政治课教师要具备扎实的理论功底，把马克思恩格斯所创立的政治经济学、哲学、科学社会主义学说同中国特色社会主义基本理论深入结合起来，特别是将习近平新时代中国特色社会主义思想这一当代马克思主义的重大理论学深、学透、讲清、讲好。当前，思想政治课教学存在的问题，集中在课程讲授缺乏对社会现实问题的观照与回应，现实问题的理论“代入感”弱、解释力不强，客观上导致一定程度的理论与现实相脱节，突出实践性理应成为高校思想政治课程改革创新的显著特征。须注重创新“理论＋实践”的“大思想政治”教学机制，构建多元长效学习实践机制，鼓励思想政治课程教学小课堂同社会实践大课堂的有机结合，通过理论联系实际的实践教学模式再造，使大学生切身体验到科学理论的实践魅力。

（五）学思结合，凝聚“课程思想政治”与思想政治课程相向而行、同向发力的合力，实现教学要素统一性和多样性相统一

恩格斯认为，“世界的真正的统一性是在于它的物质性”，而物质世界是多样性的统一，不管是自然界还是人类社会，多样性都是关系到事物发展形态和发展方式的重要属性。思想政治课改革建设进程中，多样性意味着在统一性原则的前提下，因材、因地、因时的尊重个性、强调包容、尊重创新，以教学要素、方式、资源的百花齐放更好实现立德树人的统一目标。

习近平总书记指出，要坚持统一性和多样性相统一，落实教学目标、课程设置、教材使用、教学管理等方面的统一要求，又因地制宜、因时制宜、因材施教。实现高校思想政治课教学任务目标的基本前提，是教材使用、课程设置、教学管理以及教学方法论的统一，坚持原原本本地讲好教材内容，才能完成新时代高校立德树人的根本使命。应当辩证地看到，由于学生在学科专业、兴趣特点方面的不同，思想政治课教学的统一性要求不仅不应拒斥各类院校能动开展多样性教学的实践探索，而且还要相互配合、形成合力，因地因时因材组织教学，加强统一性与多样性相统一条件下教学“全要素”的资源配给。此外，强调“多样性”的一个重要方面，在于抓住“课程思想政治”这个关键，通过对专业课程中“思想政治”资源的充分挖掘，丰富充实思想政治课程的教材内容，创新完善课程设置，融合改进教学管理模式，吸收借鉴教学方法理念。在尊重学生个性和创造力的基础上，激发专业课和思想政治课教师群体的主体性与能动性，凝聚“课程思想政治”与思想政治课程相向而行、同向发力的合力，变统一固定的教材体系为入脑入心的教学体系，变面面俱到的“大水漫灌”为吃透教材后的有的放矢，变相同内容的教材文本为生动鲜活的教案文本，不断提高思想政治课教学的实效性和针对性。

（六）引领示范，增强学生主动参与的代入感与获得感，实现教学方式的主导性和主体性相统一

教育活动的理想状态常被称为“教学相长”，这意味着教师和学生在教学过程中都具有既是主体又是客体的双重属性。教师的教学主导性不应拒斥学生学习的主体能动性，反而应当为更加有效激发学生的主体性创造条件。由此，学生在自觉学习的能动活动中增强了主动参与的代入感与获得感，教学目标和效果方能更好达成。

习近平总书记指出，要坚持主导性和主体性相统一，思想政治课教学离不开教师的主导，同时要加大对学生的认知规律和接受特点的研究，发挥学生主体性作用。思想政治课教学与其他课程教学一样，都是在遵循教育基本规律的基础上开展教学活动，“坚持主导性和主体性相统一”这一重要论断不仅体现出对教育活动基本规律的深刻把握，也为更好认识思想政治课教学实践的特殊规律性指明方向。思想政治课教学的“教”，主导性的功能发挥在教师，教师只有通过对教材知识进行创造性的转译讲授，把马克思主义理论学说的科学性、价值观念的先进性以一种学生喜闻乐见的形式讲授出来，方能收获学生的“认同感”，引导他们在关键的“拔节孕穗期”扣好人生第一粒扣子；思想政治课教学的“学”，一在倡导教师勤思善学，在深入研究教学对象特征和教学规律的基础上，广泛接收、提取、甄别、吸纳各种知识信息和学说思想，摆脱空谈理论、照本宣科的“说教”方式，锤炼教学本领，形成“跟我学”的引领效果。二在倡导学生自主学习，通过讲演式、研讨式、案例式、体验式、参与式等多种课堂教学的模式创新，突出学生在教研活动中的主体地位，鼓励学生投入到思想政治类科研课题、论文撰写的研究活动当中，激发学生自主学习的能动意识，营造“我要学”的良好环境。

（七）问题导向，促进学生自我反思、能动思考的意识养成，实现教学风格的灌输性和启发性相统一

辩证看待思想政治教育中的灌输与启发，需要认识到：没有科学方式下的思想观念灌输，自主选择、主动接受先进理论往往不易达成；而缺少启发引导的激励机制，所灌输的内容也很难内化于心、外化于行。要抓住问题导向这个关键，努力形成灌输中启发，启发中灌输的教学方式与风格转换。

习近平总书记强调，要坚持灌输性和启发性相统一，注重启发性教育，引导学生发现问题、分析问题、思考问题，在不断启发中让学生水到渠成得出结论。马克思主义理论是闪耀着真理价值的人类集体智慧结晶，通过具有“灌输性”的全面系统讲解方能达到“用理论掌握群众”的效果。列宁在谈到俄国工人怎样才能获得社会主义的观念意识问题时，指出这种意识只能从外面灌输进去。同时，强调所谓的“灌输”并非强制性、教条式、填鸭式的说教，而是要善于用通俗的语言启发群众，借助榜样的力量帮助他们从日常生活中认识到相应的问题和事实。高校思想政治课教学要更好地运用与灌输性相统一的启发性教育，坚持教学内容的问题导向，以培养促进学生自我反思、能动思考的意识养成为切入点，形成问题切入、启发诱导、以理服人、以情感人、情理交融的讲授方式与教学风格。此外，还要有意识地培养学生勤思考、多提问的问题意识，从“不怕问”到“问不怕”再到“怕不问”，以期最终达到“见问则喜”的教学状态。

（八）入脑入心，活化各类教学方式中蕴含的思想政治教育资源，实现全员全程全方位的显性教育和隐性教育相统一

显性教育与隐性教育具有相辅相成、互为补充的辩证关系。显性教育的计划性与效率性保证了思想政治教育的稳定统一，隐性教育则更强调对学生的熏陶和感染，于“润物细无声”中实现价值引领的教育目标，对人的影响往往更为持久深刻。新时代思想政治课改革建设要在协同创新、全员育人、全面覆盖的隐性教育功能发挥上更下功夫，真正实现思想政治教育的入脑入心。

习近平总书记指出，要坚持显性教育和隐性教育相统一，挖掘其他课程和教学方式中蕴含的思想政治教育资源，实现全员全程全方位育人。高校思想政治教育不仅是覆盖思想政治课教师、教材、课堂各环节思想政治课程的显性教育，也是辐射整个师资队伍、科研实践、成果转化等各环节“课程思想政治”的隐性教育，唯有切实做到思想政治课程与“课程思想政治”的有机融合、相向而行、同向发力，才能使思想政治教育在潜移默化中达到价值引领的良好效果。为此，须着力于育人机制的协同创新：聚焦“教师＋课程”，聚焦“学生＋社团”，聚焦“榜样＋氛围”，整合开发各类课程资源，探索“课程思想政治”的体系化建设，以“思想政治教育改革攻坚”为突破口，挖掘整合各学院、各学科中的德育资源，打造由思想政治课、公共选修课、人文素养课、各类专业课、社会实践课等课程构成的思想政治教育课程体系，形成显性教育的全员协同效应；发挥新媒体平台的碎片化学习宣传特点，做到对社会主义核心价值观的全程不间断传播，发挥榜样的力量带动人、鼓舞人、启发人，挖掘校史中的红色文化资源与爱国主义精神，密切与校外革命纪念场馆、爱国主义教育基地的联系，全方位活化各类思想政治教育资源，营造立德树人的“大思想政治”教育氛围，在培养社会主义建设者和接班人的隐性教育上持续用力、久久为功。

第三节　对国内教育的现实意义

一、高校教育工作的现实问题分析

（一）教育管理资源配置不均衡

教育管理是学校领导根据一定的原理，运用一定的手段和方法，对学校的人、财、物、时间、空间、信息等因素进行组织、协调和控制的过程，目的在于更好更快地实现学校预定目标。因此，任何一种学校管理方式都是在一定的教育管理资源这一“硬件”基础之上进行的。离开了这一资源基础，任何的管理手段都难以实施，任何的目标都将变得空洞。当前我国的基本国情是处于并将长期处于社会主义初级阶段，这在一定程度上影响了我国对于教育的投入。国家对重点高校和非重点高校的财政投入不均衡的政策，直接导致了“211”“985”高校获得了更多的财政和政策支持，而一般的普通高校则由于经费投入不足，导致科研仪器设备紧张、学生宿舍条件差、授课教室紧缺、图书资料缺失或陈旧等。同时由于东部和中西部的区域经济的不均衡性，地方财政对高校支持的不均衡性，更加剧了重点高校与普通高校发展的不均衡性。此外，由于高校扩招现象的持续，我国各高校在不同程度上出现师生比例下降，一定程度上影响了高等教育办学质量。

1. 学校内部教育资源分配和利用的问题

高等教育相对于其他教学类型单位不同之处就在于处在整个教育体系的金字塔顶，内部构成复杂，人员众多，学校人数动辄数万，而且学校的主管部门各不相同，办学理念、方式差异很大。在高校中，一个不容回避的问题就是新兴学科和传统强势学科之间的关系，这些学科发展之间的教育资源配置问题历来都是学校发展的“顽疾”，已经严重影响了各高校的健康发展。究其原因，很多高校的传统学科历史悠久，很多毕业生都留在了本校工作，其中部分已经成为中层单位、学校甚至各地区的主要领导，在学科发展、资源分配中占有着其他弱势学科所不具备的发言权。另外，传统学科积累时间长，长期的历史发展为其在科研项目竞争、师资力量分配等各个方面都带来了很强的竞争力，这是弱势学科所无法比拟的。因此，在很多高校都形成了强学科越来越强，弱学科越来越弱，而高校的发展是一个“木桶效应”，任何一个学科的发展迟缓都会影响高校整体的发展。

2. 学校之间教育资源分配和利用的问题

一般来讲，一个市或者一个省（区）都会有若干所高校，这些高校分别隶属于地市或者省（区），甚至还有很多紧邻的两所学校，分别隶属于两个不同的主管部门。而且这两所学校很可能还是同样办学类型，但就是因为是两所学校，其发展的历史、规模、师资力量、经费也许就差异巨大。一边是教育资源过于“丰沛”，另一边却是教育资源的严重“饥荒”，但因为教育体制的问题，他们之间的教育资源也不能随便互补。这种情况有很多，如在河北省保定市，华北电力大学作为全国电力行业的最高学府，是一所隶属教育部的全国重点大学，无论从师资力量、科研实力、硬件设备建设都有着电力学府权威的代表；而同属于一所城市的保定电力职业技术学院是一所隶属于国家电网冀北电力有限公司的高职院校，办学实力较弱，教育资源相对稀缺。两所高校有着相似的学科专业设置，而却因为隶属于不同的部门无法互相有效利用资源，导致资源的严重浪费。

3. 地区之间教育资源分配和利用的问题

地区之间的教育资源分配不均，主要表现在东部地区与中西部地区之间的差异，东部教育资源最为优越，中部次之，西部更差。

(1) 高等教育布局不均衡

我国高等学校总体上呈现出东部地区高校多、西部地区高校少的格局。

(2) 教育经费投入不均衡

部委所属高校大部分集中于东中部地区，中央财政的高等教育经费主要投向东中部地区，西部地区获得的投入很少。同时，地区间经济发展水平的巨大差异，地方政府对高等教育经费的投入水平也极不平衡。

(3) 重点院校和重点学科分布不均衡

国家重点扶持的“211 工程”和“985 工程”院校多数集中在东部地区，这些重点院校得到国家的重点支持，获得了大部分优质高等教育资源，而众多的地方高校尤其是西部高校，很难有同等的机会。

(4) 接受高等教育的机会不均衡

北京、上海、南京、武汉等中心城市集中了大批部属院校，招生政策大幅度地向本地考生倾斜，由此导致中西部地区许多优秀学生接受优质高等教育的机会大幅低于中心城市的学生，造成受教育的机会不平等。最近还有学者提出了高等教育资源分配的“中部塌陷”问题，这也是对我国地区之间高等教育资源分配不合理的又一大佐证。

(二) 教育管理模式存在弊端

高校学生管理工作模式落后，远远没有跟上时代的发展变化。很多高校管理工作模式是传统的管理模式，很少进行改革创新，在新的形势下，学生管理的环境在变化，社会的价值观在变化，学生的思想在变化，现行的管理模式已不适应这些变化，在管理中出现了很多问题，必须要加强管理模式的创新，以应对新时期对学生管理工作的挑战。

1. 高校学生管理工作日趋行政化，学生管理工作者角色错位

高校学生工作日趋复杂，学生工作者除了要完成党建工作、团工作、思想政治教育工作、班集体建设等常规事务外，还要承担大量的诸如学生评优、勤工俭学、助学贷款、就业服务与指导和公寓管理等工作，负担沉重，常常陷于完成上级下达的各种计划和任务中，却不能提供学生所期望的教育。这使高校学生管理工作者在定位上既是教育者，又是管理者，而且随着后一个角色的日益突出，教育者的作用反而日渐削弱。长此以往，使学生管理工作者在学生心目中作为教育者的形象苍白无力，师生之间“亦师亦友”的朋友关系已荡然无存，使学生管理工作者角色错位。

2. 高校学生管理多为“救火模式”，缺乏人本理念

随着高校学生管理工作的日益行政化，学生管理工作者始终处于一种被动状态，没有精力去真正研究学生的思想，这使学生管理工作者往往采用“救火模式”，疲于应付。所谓“救火模式”，即事后才管理的模式，对学生管理侧重于对问题事发后的处理，而放松了对问题的预测、预防工作。具体体现在管理过程中采取以管理者为中心的、独断式的单向活动，片面强调管理者的权威，用较生硬的规章、条例来约束学生，缺乏与学生的情感交流，缺乏对人的充分尊重，导致学生主体意识缺乏以及自我管理、自我教育的意识缺失。

（三）教育管理的主客体缺乏互动

高校教育管理的过程中，教师和学生是作为教育管理的客体存在着的。学校管理资源的运用、目标的制定、管理活动的实施都是围绕这两个群体进行的。因此，教育管理的评价优劣很大程度上是以教育管理中针对教师和学生所进行的活动为标准的。教师作为教育管理领导者和学生之间的连接者在高校教育管理中占据着重要的地位。一方面，随着市场经济在我国的深入发展，人们普遍开始追求金钱、效率。这些不良习气也渗入了高校。一些高校老师无心教学和科研本职工作，却把主要精力投入到校外的兼职上，这在一定程度上影响了学校的办学质量。但是不能否认造成这种现象的原因与我们教育管理人员管理失位存在很大关系；另一方面，高校中一些教师待遇偏低、东部高校与中西部高校，重点高校与普通高校之间的收入不均衡性也同样影响到教师从事教学和科研工作的积极性。教育管理的另一重要客体是学生，学生管理工作成败的好坏甚至是评价教育管理工作的决定性因素。1990年国家教委第一次以"学生管理"为关键词颁布了《普通高等学校学生管理规定》，并指出学生管理就是从学生入学到毕业期间的在校阶段的管理，是对高等学校学生学习、生活、行为的规范。当前我国高校学生管理工作的体制还是一种"旧"的管理体制，学校是主动的教育者、管理者，学生是被动的受教育者、被管理者。这种管理体制忽视了学生的个性发展，影响了学生综合素质的提高。高校教育管理的另一指向性是学生就业。

近年来，高校扩招等诸多原因影响到学生就业，增加了就业压力。此外，由于受家庭、学校和其他一些多重社会因素的影响，一些大学生出现了各种各样的心理问题，因此，创新性的心理健康教育课程和校园心理咨询治疗室也亟待建立。教师和学生关系层面的问题是，在一些高校教育管理过程中，他们仍然是传统的师生关系，教师和学生的互动仍然处在教师作为"说教者"，学生作为被动的"接受者"的层面，他们相互对立，关系疏远、冷漠，沟通甚少。这些都在一定程度上影响了教育管理活动的质量。

（四）学生管理人员工作队伍缺乏

辅导员在高校学生管理工作中有着重要的作用，是管理工作中不可或缺的力量。当前高校辅导员管理队伍力量薄弱，满足不了管理工作的需要。一方面由于高校招生人数的增加，加重了辅导员的工作任务，大部分高校一个年级只有一名专职辅导员，更有甚者两个年级一名辅导员，根本无法在时间和精力上对学生进行思想教育，掌握不了学生的实际情况，不能及时地对学生进行心理问题辅导；另一方面辅导员队伍质量参差不齐，辅导员大部分都是留校的优秀本科生，还有的是高年级的本科生担任，这些辅导员学历较低、学生管理经验不丰富，很少有人专门学习过管理学与心理学方面的知识，往往在实际学生管理工作中不到位，不深入，不能对学生起到正确引导的作用，很难对学生日常行为、生活学习各方面进行有效的管理，不利于学生综合素质的提高。

1. 辅导员工作的新特点

（1）学生个性张扬

现在的大学生大多是独生子女，追求个性张扬，喜欢按照自己的方式生活。不愿意受各种规则的约束；他们自主意识强烈，希望自己有发言权和决策权；他们过多地关注自己的世界，同学关系淡漠；他们有时对自己过于自信，希望独立处理自己的事情，拒绝老师和同学的帮助，缺乏协作意识和团队合作精神。

（2）学生心理问题突出

从高中步入大学，有些学生不能尽快适应大学的学习环境和集体生活。比如，在高中有明确的目标，而进入大学后有时候觉得时间多却不知道怎么支配，时常感到郁闷、无聊，有的会对所报专业感到失望，有的会对集体生活感到无所适从，有的会对理想与现实的差距感到恐惧等，从而出现缺乏自信、学业困惑、人际交往困惑、情感困惑等现象、如果不能得到疏导，就可能导致自闭、抑郁、焦虑、偏执、强迫、精神分裂等心理问题，甚至会出现自杀现象。

（3）新问题不断涌现

网络成瘾问题、校外租房问题、贫困生问题等都是随着社会发展而呈现在辅导员面前的新问题。

2. 目前辅导员工作存在的问题

（1）配备不充足

高校扩招后，学生数量急增，而专职辅导员的数量却没有相应的增加，学生教育管理力量明显不足，很难细致深入地开展工作。有的学生反映，很难有机会与辅导员单独交流思想问题，辅导员没有时间和精力去深入开展大量细致的思想政治工作，造成了当前大学生思想政治教育工作薄弱和不到位的现象。另外，没有一定数量的辅导员，辅导员队伍的质量也很难提高。他们每天只能忙于完成日常工作，甚至完成日常工作都很困难．根本没有时间进修提高，没有时间进行理论研究和科学研究，影响了辅导员的理论水平和工作能力的提高，以至于影响了他们综合素质的提高。

（2）结构不合理

①年龄结构不合理。辅导员队伍年轻化程度较高，有朝气、有活力，但从另一个角度看，具有长期从事学生思想教育工作经历的辅导员比例不高，辅导员队伍没有形成老、中、青相结合的最佳结构。辅导员从事马克思主义理论专业、思想政治教育专业、人文社科专业研究的偏少，而且现在的辅导员开展工作往往多是凭着一腔热情和老辅导员的“传、帮、带”而进行的，对思想政治教育的研究明显落后于形势发展，不能有效地运用科学的理论引导教育学生，对学生提出的一些政治思想问题不能给予完满回答。特别是在当今知识经济初见端倪的形势下，面对学生对新知识、新科技的强烈学习愿望缺乏有力的引导，使辅导员在学生工作中的影响力、说服力、凝聚力受到削弱，不能保证工作的规范性与有效性。

②职责不明确。高校各部门已形成了这样一种观点：只要是学生的事，或者没有具体分工的事，请辅导员解决不会错，因此，辅导员就成了有关行政部门的工作代理者，致使辅导员不仅要做好学生的思想政治教育工作、日常管理工作，还要包揽大量的行政事务工作。就目前辅导员工作来看，涉及的范围远远超出了他们的工作职能范围，核心职能不但没有突出，反而有弱化的倾向。辅导员的工作职责不明确，就很难抽出时间和精力去从事大学生的思想政治教育，既不能潜心研究大学生思想政治教育面临的新形势、新任务，了解学生群体的新特点、新变化，也不能自觉学习、掌握和运用思想政治教育的一般规律，提高自身的教育能力和水平进行创新教育，从而大幅降低了辅导员队伍的战斗力。

（3）待遇不平衡

由于管理机制不合理和岗位职责不明确，使辅导员长期处于学校管理的底层。长期在待遇、职称等方面得不到重视和落实，体验不到工作满足感和事业成就感。有的辅导员从一开始就抱着转行的想法，有的辅导员把岗位当作进入高校的跳板，许多辅导员工作几年就转行或准备转行，致使辅导员队伍呈现出高流动性、低稳定性。

（4）创新精神不足

当前的运行机制对辅导员的导向在于“无事就是功，有事功全无”。形成了只要学生不出乱子，就是做好了工作；反之，出了乱子，即使你辛辛苦苦，很有成绩也是白干的局面。

二、思想政治教育对高校教育工作的重要性

学生思想政治教育是实施素质教育的一个重要教学内容。明确高校学生思想政治教育的重大意义是加强和改进大学生思想政治教育的基本前提。面对所有高校学生是民族的未来和希望，在校学生的培养直接关系到党和国家的前途和命运。思想政治教育要融入高校学生管理工作。

（一）充分认识思想政治工作的重要性

高校思想政治工作的主要对象是在校的大学生，居于较高的文化知识层次。这些青年思想活跃、敏锐，知识面广，对社会问题十分敏感，他们的思想状况在一定程度上对青年学生有着引导性影响。高校的目标是育人，通过课堂进行有系统的教育活动，为社会主义现代化培养各类专门人才；而高校思想政治工作的目标也是育人，通过课余时间进行思想政治教育和共产主义教育，帮助青年学生成长成才，为社会主义建设服务。高校思想政治工作与学校工作互相配合，形成教育合力，共同提高。同时，高校作为培养各类人才的基地，其培养出来的人才素质直接影响我国的现代化进程，关系党和国家的前途命运。学生会作为党领导下的青年学生群众组织，是实现高职院校教育质量和目标不可缺少的重要力量。

（二）重视学生管理工作遵循的原则

现代学生管理本质蕴含着强烈的思想政治教育。现代管理科学把对人的管理看作是全部管理工作的核心，人是拥有思想的、能动的。教学管理理念的核心内容就有效激发学生的积极性和创造性。要学会管理人，就有必要做思想工作、调动和发挥人的主人翁意识。没有管理，思想政治教育工作就很难开展；倘若没有开展思想政治教育工作，管理也会变得缺乏自觉性、暗淡消极。进一步加强学生干部队伍的建设，探讨学生管理的新思路。

引导学生干部意识到所肩负的历史使命，加强学生干部队伍自身建设，提高学生干部的自身素质，是重要的教学任务。高等学校肩负着为国家培养出社会主义建设者和接班人的伟大重任，贯彻党的教育方针，顺利实现教学任务，有计划地实施教育，不仅依靠广大教师和教育工作者，既是教育对象又是教育管理者的高校学生干部，在高等学校各项工作中，也起着重要带头的作用。

学生工作干部应充分把握和利用思想政治教学资源高校思想政治理论课覆盖了高校学生全面成长各种科学理论，加上强大的一支教师队伍，高校思想政治教育能够为广大学生思想政治教育提供强大的智力支持。因此，学生工作干部应该充分发挥思想政治教育在学生管理工作的作用。加强思想政治教育中课堂管理工作。辅导员老师应该配合思想政治教师做好课堂管理工作，建立完善的思想政治教育考核机制。把思想政治教育的考核制度纳入日常学生管理工作中和学生自身发展的各个方面，增强学生学习思想政治课的主动性和积极性，有效地加强对学生的管理和监督作用。

（三）促进思想政治教育与学生管理工作有效结合

树立思想政治教育与学生管理相结合的创新理念。目前，高校学生管理工作面临很多新问题。例如，学生素质状况的多层次性。教学与学生管理工作是学校各项工作的重要工作内容，高等院校应当高度重视，明确职责、抓紧落实工作。

确保高质量顺利完成教学任务，着力做好科学研究、努力培养师资队伍、做好校园文化建设和基础条件建设。学生思想教育工作具有秩序化和规范化，良好的管理有助于建立和维护教育和学习生活的正常化，从而充分激发学生对学习的积极性和主动性。学生思想政治教育要通过、管理最终落实，管理直接影响着学生成长成才的重要性。严格建立考勤制度，加强学生寝室管理，完善和健全学生宿舍方面的管理制度。总之，教育部门要坚持“以人为本”，加强制度建设，加强重视学生工作管理，不断创新工作管理机制强化理论联系实际，提高文化素养和加强学生管理工作实施。结合传统的中国文化思想，继承和发扬中国优秀传统美德。

完善思想政治教育体系。引导学生在思想道德水平上的发展，在学习日常管理上良好的发展。只有这样，学校才能不断为国家提供优秀人才，从而树立良好的社会形象，完成社会责任和历史使命。

三、思想政治教育对维护国家文化安全的重要性

20 世纪 90 年代以来，随着经济全球化的深入，深刻地影响着世界文化走向，影响着国家文化秩序的变动和文化力量格局的重组，国家文化主权受到严重的威胁和挑战；随着我国社会主义市场经济的建立，许多本土文化和传统文化发生着重组和裂变。文化安全已引起人们的高度关注。思想政治教育伴随着各种文化浪潮的冲击，思想政治工作遇到了许多新的课题，如何承担思想政治教育在文化安全方面的责任是我们急需解决的一大问题。

（一）思想政治教育对文化安全的价值

思想政治教育对促进国家文化软实力发展提供理论支持；思想政治教育是保障国家文化安全的手段。这些都被人们广泛接受和认可。目前，关于思想政治教育对文化安全的价值，学界主要有以下三种观点：

1. 引领主流价值观

思想政治教育不是中性的，必须以政治素质培养为中心，宣传占统治地位的思想观念；以传递社会主流价值观为目标，以培养人的政治素养为首要任务；也有学者认为，思想政治教育本质上是一种灌输主流意识形态，开展意识形态教育的实践活动，最终目标是将统治阶级的意志上升为全社会的共同意志，从而维护统治阶级的合法性。当代思想政治教育的根本任务就是用社会主义核心价值体系引领社会思潮；还有学者认为，思想政治教育通过政治教育加强马克思主义指导思想和中国特色社会主义共同理想；通过思想教育，强化民族精神和时代精神；通过道德教育，巩固社会主义荣辱观，推动社会主义核心价值体系的发展，进一步提高国家文化软实力。

2. 增强民族凝聚力

思想政治教育的实质是精神文化（或意识形态）教育，是精神文化传授、认同、运用和创造的活动，它担负着增强民族凝聚力和竞争力的重要使命，通过社会理想教育、爱国教育，把民众在为共同目标奋斗的实践中动员和凝聚起来，为民族精神的形成奠定价值共识；也有学者认为，思想政治教育通过广泛开展群众性爱国主义教育和民族团结教育，点

燃人们的爱国热情，夯实民族团结的基础，提升整个国家的民族凝聚力；还有学者认为，思想政治教育通过在全国城乡开展爱国主义教育活动，弘扬了民族精神和时代精神，增强了民族自尊心、自信心和自豪感；有学者强调，文化安全在很大程度上表现为民族凝聚力，社会主义核心价值体系是社会主义意识形态的本质体现，在文化建设中居于统摄和支配地位，将其融入思想政治教育全过程，是提高国家文化软实力的必然要求。

3. 构成国家文化软实力

思想政治教育是执政党社会整合的一种软权力，其作用主要体现在：传播主流意识形态，扩大政治认同；树立共同理想，进行价值导向；平衡利益冲突，化解社会矛盾；营造舆论氛围，引导政治行为。这种整合是由意识形态、文化和道德诉求而达到的；也有学者认为，社会主义文化大发展大繁荣的战略任务，文化软实力的战略地位日益提高，思想政治教育作为一种国家文化软实力，在提升竞争力中具有重要作用。可见，思想政治教育对文化安全的价值主要表现为教育和启发，帮助人们树立科学的人生观、价值观，提高人们抵御各种错误、腐朽思想的能力，帮助大家正确认识和准确把握社会发展规律，提高认识世界和改造世界的能力，从而提高人们的思想政治素质，调动人们的积极性，为人们的社会实践活动提供强大的精神动力。通过思想政治教育在理想信念上的引导，能够使人们认识到国家文化安全不仅有利于国家的进一步发展，而且能进一步提升人们的生活水平，最终的目的是为了人民的利益。在思想上，能够使广大人民群众充分感受到文化安全是事关全体人民的事情，每一个人都应该主动地承担起一份责任，自主地把共同理想与个人的人生要求和岗位职责结合起来，并自觉地实践。

（二）思想政治教育在文化安全方面应承担的社会责任

在明确了思想政治教育对文化安全的重要价值以后，那么，思想政治教育对文化安全的社会责任就义不容辞了。思想政治教育要做的事是要抛弃那些无休止的哀叹和愤怒，驱除那些不切实际的幻想，理性地面对文化安全问题。在开放经济和网络化等新环境的影响下，教育环境和教育对象状况发生了巨大的变化，要使思想政治教育功能得到充分的发挥，思想政治教育的教育者、教育内容、教育方法等要素就必须根据教育环境和教育对象状况的变化做出相应的调整。

第一，需要思想政治教育工作者应对文化多样性，认识到文化安全的重要性，更加迫切地提高自身素质和修养。

文化多样性是这一时代最大的需求和渴望，也是历来有识之士的奋斗方向和目标。随着全球化、信息化的到来，文化受到的侵袭实难遏止，文化安全在现今时代已经逐渐引起人们的警觉，每一个国家也都出台了诸多文化保护政策。文化安全不仅是一个孤立的个案，它和民族国家的政治、经济、军事等众多安全问题紧密相关。同时，文化安全也不仅是关涉国家政策的单一层面问题，它广泛地涉及每一个人。这就更加需要思想政治教育工作者提高马克思主义理论素养，切实提高马克思主义理论水平，用马克思主义武装头脑，不仅使自己，也让各族群众做到真学、真懂、真信、真用马克思主义，真正用马克思主义的立场、观点、方法分析和应对文化多元性。我们应清醒认识到文化安全问题日益迫近、日益难以应对。要弘扬主旋律，提倡多样化。所以，思想政治教育者要成功地对教育对象进行说服教育并不是一件轻而易举的事情，需要自身具备较高的素质和能力。

思想政治教育者对此必须有充分的认识和足够的重视。要使教育对象心悦诚服地认同和接受教育者的说理，前提条件是教育者的理论分析必须深入问题的实质，抓住问题的根本，进行透彻的说明。这要求教育者有充足的理论准备，运用相关学科领域的研究成果，善于吸收其合理的部分为思想政治教育所用，从而提高思想政治教育的说服力。此外，还要求教育者有超常的人格魅力。如果教育者在人格上为教育对象所认同，就会使教育更具感召力和感染力。但良好的人格形象不是自然而然就能树立起来的，教育者必须具备对本职工作的责任意识和奉献精神、良好的个人思想道德品格修养以及渊博的学识。只有这样，思想政治教育才能对教育对象产生情感的渲染、人格魅力的震撼和知识力量的征服等。

第二，在思想政治教育的内容上，要始终将集体主义、爱国主义、社会主义作为思想文化战线高扬的主旋律。

这些需要与时代形势、时代精神紧密结合。但从目前的现实来看，思想政治教育的内容从总体上来说与改革开放和市场经济的实际结合不紧，与群众的思想实际结合不紧。或者虽然有结合，但结合得不准确、不到位、不科学，没有说服力和现实力量，内容的滞后使思想政治教育枯燥乏味，难以拨动人们的心弦和引起思想共鸣，因而其教育的效果也不高。要提高教育的效果，使思想政治教育的功能有效发挥，对于教育内容来说，就是要适应社会现实的变化，满足主体的需要。思想政治教育的内容，既要坚持马克思主义的基本理论、基本观点、基本立场和基本方法，又要与时俱进，跟上时代和社会实践的发展，积极面对和努力回答时代发展及社会现实提出的热点和难点问题，即思想政治教育的内容要很好地贯彻落实“贴近实际，贴近生活，贴近群众”的原则，要使思想政治教育真正走进群众的思想世界，关注人们的民生问题。要围绕他们的现实问题，有针对性地展开教育，增强思想政治教育的亲和力，让思想政治教育变得更切合实际，把群众的所思、所想、所需、所盼作为思想政治教育的切入点和现实起点。

第三，对思想政治教育的方法也要多加关注。

即在教育、宣传中应当提倡运用生动活泼、多种多样的形式去表现科学的思想内容，切忌千篇一律、一个模式。不同性质的思想，都应该依照法律允许其存在和表现。真善美的东西总是在同假丑恶的东西相比较而存在、相斗争而发展的。要遵循客观规律，做到主导性与多样性的统一，就必须通过理论联系实际的教育，辨析各种社会思潮，引导人们分清马克思主义与非马克思主义、反马克思主义的界限，而不应当让错误思想自由泛滥。只有方法得当，思想政治教育才能立场坚定、旗帜鲜明地教育人们自觉地同那些腐朽的、剥削性的、不合时宜的和扭曲的文化形态决裂，同那些错误的政策划清界限。只有这样，我们的文化才能走向良性发展的轨道，才能迎来新的光明与未来。

第四，思想政治教育的责任还要在思想文化领域，要正确对待和处理继承与发展、借鉴与创新的问题。

在继承中华民族的优秀传统文化中，要处理好继承与发展的关系，做到“古为今用”。中华民族传统文化博大精深、源远流长，具有鲜明的民族特性，在世界各种文明中独树一帜，提高国家文化软实力，必须强化民族文化的自信心，坚持以中华优秀文化传统为根基，以外来健康有益文化为补充，大力繁荣发展中国特色、中国风格、中国气派的优秀文化，不断增强中华文化的魅力和生命力。还要加强当代中国文化的创新力，为维护文化安全提供持久的智力支持。中华民族的优秀传统文化、传统美德，毫无疑问都应当加强研究，好好继承、发扬。但要有批判地继承，取其精华，弃其糟粕，推陈出新。对国外的一切有益的思想文化，都应当努力吸取、借鉴。但要处理好借鉴和创新的关系，做到“洋为中用”。然而，这种借鉴也必须在马克思主义指导下批判地借鉴，并结合中国的实际情况，创造性地恰当运用，而不应不加分析地全盘吸收。更要反对以西方哲学和政治学说作为我们指导思想的“全盘西化”的错误主张。

总之，在当下物欲横流的社会里，我们的文化也就在其中逐渐迷失和消散。作为新时期的大学生，更要警醒、需要改变、需要勇敢地承担起时代与历史赋予思想政治教育的责任和义务，从而让我们的文化不再危险。

第四章　高校思想政治教育创新的必要性

在全球化和改革开放的背景下，社会主义市场经济体制不断完善，日新月异的社会发展，人们对新事物的不断追求和自我满足的提升，赋予了高校学生们强烈的求新意识。旧方法、旧思维、旧形式已经无法满足学生的需求，无法满足日新月异的时代变化。创新成了必要选择，如何在高校学生思想政治工作中改变陈旧的观念，做出全新的创新性研究和实践，对于思想政治工作者提出了更高的要求，也为新时代高校思想政治教育工作汇总了更好的经验。高校学生思想政治工作面临新时代的考验和挑战。

高校是党领导下的高校，是中国特色社会主义高校。办好我们的高校，必须坚持以马克思主义为指导，全面贯彻党的教育方针。学生思想政治教育的创新则成了新时代高校的主要课题，不能总是用老套的教育管理模式，学生会反感、教师会疲惫、生活会沉闷，这就要求我们用发展的眼光，在新时代的背景下，开展创新型的教育教学模式。

第一节　高等教育大众化和招生制度带来的冲击

一、高等教育大众化背景下大学生思想呈现的新特点

我国高等教育在短期内实现了从教学规模到生源数量的快速增长，相对于国外高等教育的自然成长属于“速成型”，快速的吸收国外教育办学的优点，充实壮大加快自身发展的同时，也存在诸多问题且日益突显。在这种大的教育发展背景下，高校思想政治教育工作作为高校管理、育人的重要环节，面临前所未有的机遇和挑战。而高等教育的受众主体大学生首当其冲受到高等教育大众化的冲击，其思想特点日趋多样性，多元化，而影响因素也是错综复杂，为高校思想政治教育的改革、发展和走向给予直接影响。

（一）大学生思想上呈现出多元化、多样性特点

世界格局多极化、文化多元化、信息网络化以及经济全球化使各种社会思潮、学说流派像潮水一样涌向学生，给当代大学生的世界观、人生观、价值观带来了巨大影响。大学生在思想上也已不像过去那样封闭、简单，而变得日益复杂，呈现出多元化、多样性特征。多种思想意识形态并存，思维活跃，接受新事物能力强，喜欢用灵活多样的眼光和心理审视社会，对时代的认识、对金钱的追求都呈现出不同的表现。而高等教育适应社会发展从精英化教育逐渐转战大众化教育，其人才培养目标的多元化和多层次性，也是主导学生思想变化的一个重要因素。大众化教育强调质量标准的多样性，必将为培养多方面发展的多样性人才提供更大的发展空间。同时，在降低人才培养重心的基础上，为社会提供更多类型、更多层次的高级人才。需求不同必然导致目的性不同，这导致大学生的主观意识更强、对待事物更具有目的性和功利性。

1999 年以后，大规模扩招学生使得学生生源参差不齐，导致大学生在思想观念上也

呈现出多元化、多样性的特点。加之不同的经济条件、生活环境、就业机会和未来发展，使大学生们在经济、心理、学习、就业等方面产生了不同程度的危机感，也使他们的思想观念和价值取向呈现出差异性和多样性的特征。

（二）大学生思想呈现不确定性的特点

不确定性是一种不稳定的、易变动的和存在内在分歧与冲突的状态，是与确定性相对而言一个概念。在数学语言里“不确定性”指将来有多种可能状态，且每一种状态发生的概率是不确定的。大学生在思想上呈现的不确定性主要与正处在人生的成长阶段有关。其世界观和人生观正在形成并迅速走向成熟又还未形成成熟、稳定的系统，处于不停地在思考、选择和探索的阶段。

改革开放以来，我国社会政治、经济发展等各个层面发生的急剧变化，经历着全面而深刻的变革。而这种社会转型从来都是与人们观念变化和道德变迁相辅相成的，同时也是“一种心理态度，价值观念和思想的改变过程”。当代大学生正处于社会转型的风潮中，面对着现实生活中的矛盾和冲突，他们在自身需求和价值判断时常常摇摆不定，涉世不深和青年人的心理矛盾又使他们的情绪往往表现得快而强烈、偏激，“不确定性”的增加使大学生的价值认同和内化难度增加，从而出现一些价值偏离。加之对其转型期出现的各种问题和困难，缺乏全面的、系统的、客观的认识和辩证的思考，很容易出现困惑、矛盾、不满、偏激等不确定性强的心理或行为因素。高等教育从精英阶段向大众阶段的转变过程中新旧办学理念的交替所带来的和衍生问题又直接体现在大学生身上。加上思想政治工作不能即时转换和跟进教育改革的步伐，促使深层问题不能得到及时解决。

（三）大学生思想呈现矛盾性特点

全球化、网络化将世界各国间在政治、经济、文化等方面的交流变得很容易。大学生们也将成为拥有国际知识、经验和能力并具备全球参与和合作精神的人才作为追求目标，但不能忽略的是西方意识形态渗透的隐蔽性和欺骗性仍存在。而大学生很容易忽视对这些渗透的防范。对一些重大理论问题存在模糊认识，对社会主义必然代替资本主义信心不足。由于青年学生是感受时代脉搏变化的最敏感群体，所以他们大多存在对吸收外来文化较为热衷而忽略对中国传统文化的学习的现象，尤其有少数大学生崇洋媚外心态严重，对本民族的文化采取全盘否定的态度，出现开创现代与维持传统观念间的矛盾。高校大众化的人才培养目标对青年人才高素质要求的大背景下，竞争意识和心理问题的矛盾日趋明显。一方面，竞争激发大学生的进取心，发挥他们的主观能动性、积极性和创造性，塑造了其勤奋好学、勇于进取、公平竞争、争优创先、建功立业等诸多优秀素质；另一方面，社会转型带来学习生活发生变化和节奏加快以及人际关系越加复杂的大环境中，社会生活中希望与风险同在、成就与挫折并存的矛盾更为突显，一部分大学生由于心理适应能力弱而不能保持良好的心理状态，导致出现各种各样的心理问题。另外，网络社会的出现带来了人际交往障碍，网络上瘾症、网络孤独症等在大学生中开始出现，大学生面临着网络现实化与现实网络化的转换困境。

二、高等教育大众化带给思想政治教育的挑战

（一）高等教育规模扩大，急剧增加的学生人数导致思想政治教育队伍不堪重负

长期以来，高校思想政治教育存在着人手少、任务重的问题。高等教育规模的扩大、在校生数量的增加使这一问题更加严重。大批量、粗放式的大学经营模式，使“精耕细

作”的传统培养模式受到前所未有的冲击。根据教育部有关文件规定，高校从事思想政治教育的教师与学生之比应为1∶120～150，而有的高校目前一线思想政治教育教师与学生数之比平均为1∶300，甚至有的院系高达1∶400以上，师生比例严重悬殊。数量有限的思想政治教育干部面对人数众多、充满青春活力、思维异常活跃的学生，实在是力不从心。

（二）学生多样化给思想政治教育带来压力

高等教育大众化的发展，入学条件的放宽，使高等教育对象由整齐化向多样化转变：年龄类型的多样化、层次类型的多样化、知识背景和心理素质多层次。如何针对多样化多层次的教育个体更加有效地开展思想政治教育，如何更好地协调解决不同教育个体所面临的学习、生活、心理问题乃至婚姻家庭问题，都将给高等教育大众化中的思想政治教育带来新问题。

（三）高校的资源重组导致不同背景的高校大学生思想文化产生矛盾与冲突

由于我国推进大众化的基本途径是内涵式扩大的方针，我国数百所高校进行了资源重组。最明显的情况就是高校的大量合并。合并优化互补了资源配置，扩大了内涵式办学的规模与力量，有力地推动了高等教育大众化的进程。但合并后随即在高校思想政治教育工作中就出现了一些问题，如一些文化背景不同的高校合并后，产生了不同背景下的大学生思想文化上的矛盾与冲突。如理工科院校办学大多更为严谨、理性，侧重于学生抽象思维、严谨品质的培养，艺术学院则奔放、感性、活泼，重在激发学生的创造力与想象力。可以想象，两者的合并必定会带来学生思想文化矛盾与冲突的状况出现，必然要求高校思想政治教育工作推陈出新。

（四）学分制、弹性学制的实行给学生思想政治教育提出了更高要求

学分制、弹性学制可能使学校的教育管理不像传统的班级那样方便，可能造成个别同学班集体观念的淡化，这给学生集中教育管理增加了工作量；学分制、弹性学制带来一些学生学习期限相应缩短或相应拉长，这使得对这些学生的思想政治教育必须做出相应的调整，自然增加了思想政治教育的工作量。

（五）在高等教育大众化的背景下，教育主体模式的变化

高等教育由过去的义务主体的教育模式向权利主体的教育模式转变，学生由单纯的受教育者变成了教育的权利主体，学生与学校间的关系由施教与受教的关系变为平等的法律契约的关系，教育变成了学生的文化消费。高校收学费，特别是独立学院、民办大学、校企联合办学高收费等现象，使一些大学生把接受高等教育不仅仅看成是为了接受教育，而是把接受以收学费为代表的高等教育当作一种消费，普遍产生“我交了学费，学校就应该给我服务”的看法，不少大学生据此从消费者的角度审视学校的一切工作，对学校的教学和服务工作提出了新的更高的要求。这种教育消费者倾向的蔓延有时会对学校的相关教育工作，其中也包含思想政治教育工作，有相当的抵触和对立情绪。

（六）高校后勤社会化改革的推行，特别是学生公寓化的实行，大学生的生活、学习模式发生了相应变化，也给思想政治教育提出新的挑战

大学生的生活、学习模式由单一、集中型向外向、发射型转化，由原来以校园内教室、宿舍为活动中心，逐步转变成以校园外的大学生生活社区、大学城为活动中心；由原来的以院系为管理、生活学习中心，变成以分校区为中心的新型模式，由原来的依靠课堂、书本获取知识、信息，变成依靠网络等新型传媒。如何将思想政治教育的主阵地由班级转移到生活园区，如何将思想政治教育场所由校内转向校内外并重等，都是高等教育大众化背景下思想政治教育面临的一个新课题。同时，生活园区的管理者由原先的教育者转换成经营者，在其实施经营管理的过程中必然带有浓厚的经营性和求利性，在与校方合作实施教育管理过程中难免出现脱节或不到位的情况。而且，现在各高校修建了档次不同的学生宿舍，学生中的阶层观念和阶层意识可能会越来越强，如何引导、教育是摆在大学生思想政治教育者面前的一个难题。

（七）随着“教育成本分担机制”的实行，高校出现了一定数量的贫困生、特困生群体

经济压力给贫困生带来了精神压力，增添了思想包袱。同时，大学生贫富分化显现，大学校园普遍出现了大学生消费观念、消费模式，以至于消费群体的分化。这导致不同经济状况的大学生在一个宿舍和班级里有不同形式的冲突发生，而且强化了贫困生的自卑心理。如何使不同家庭经济状况的大学生和谐相处，帮助困难学生“思想脱贫”成了思想政治教育者急需思考解决的新课题。

（八）就业压力对学生接受思想政治教育的积极性带来冲击

一方面，就业的压力导致学生学习的功利化，一切为了就业，实用成为学习的目的，因而出现了淡化政治的现象，对接受思想政治教育的热情大减；另一方面，我国市场经济尚处于不完善时期，不少用人单位讲究的是投资的经济回报，用人标准基本还停留在“重才轻德”的状态，这样一来，大学生对自觉接受思想政治教育更缺少了一种动力。

1. 当代大学生就业形势分析

随着社会的发展进步，社会需要的人才越来越多，而大学生作为人才的最主要人才输出，自改革开放以来，国家对教育投入越来越多，大学生的数量也越来越多，从而就业压力也越来越大，而大学生的就业，不仅涉及了大学生个人价值的实现，而且对社会的发展、稳定都起到很大的作用。从更大的方面来说，它影响着我国教育事业的发展走向，也影响着我国经济发展的质量。“十三五”战略制定中，人才和就业被定为优先战略，可见我国政府对就业和人才的重视程度。

（1）大学生就业现状

20 世纪 70 年代末，中国高考制度开始恢复，我国由此重新迎来了尊重知识、尊重人才的春天，那时，教育部规定对招到的学生进行统一的分配。那时候上大学犹如千军万马过独木桥。而随着改革开放的进行，国家不断地对教育进行投入，能上大学的人越来越多，且随着经济的增长，工作种类越来越多，于是国家开始实行不包分配制度，不包分配正式施行是从 1996 年开始，在 1998 年后开始大规模施行，到 2000 年全面停止了包分配制度。没有了包分配制度，大学生的工作就要靠自己的竞争力来获取工作，而随着的大学生数量的急剧增加，就业竞争压力也渐渐地增加了，大学生的学历优势也慢慢开始变得不明显了，各行各业职位的激烈竞争可用“千军万马过独木桥”来形容。2016 年国务院总理李克强在人社部召开就业座谈会时公布，除了 765 万的高校毕业生外，还有几百万的中职毕业生，仅这两项加起来毕业人数就已经高达 1200 多万人，根据人社部 2017 年的统计，若是加上 2016 年未就业的，2017 年待就业的人数约 1500 万人之多。对高校毕业生来说，那句“毕业意味着失业”再也不是一句调侃的话语，毕业季也再也不仅仅是一场简简单单的毕业典礼了，而是理想与现实的碰撞。

（2）大学生就业形势严峻的原因

第一，就业观念过于传统。

在改革开放后，有一份稳定的工作，可以说是一辈子都无忧了。于是，“铁饭碗”这种传统的观念就一代代传了下来，在我们这代，父母希望我们后半辈子可以过着无忧的生活，所以都希望我找一份稳定的工作。“铁饭碗”这种工作，如公务员、教师、国企等这类的稳定职业，如果没有什么大的变故，可以说是可以稳定的工作一辈子，然而这样工作目前已经日益的饱和了，需求量大大地减少了：有一部分大学生受传统观念“大学生比其他人都有优势”的影响，不愿意去条件比较艰苦的二三线城市，也不愿意去中小型企业。这种观念导致大学生产生的自我优越感，在一定程度上导致了大学生就业形势的严峻。

第二，严峻形势下的大学生就业心理问题。

盲目从众，逃避就业。考研热的势头下，不少大学生选择了继续深造，2016 年 12 月，中国教育在线发布了这么一个报告《2017 年全国研究生招生数据调查报告》这个报告显示，在谈及考研原因时，有 35%的被调查者选择了“本科就业压力大，考研提升就业竞争力”。

经不起挫折的悲观心理。大学生的心理承受力和自我调节往往比较差，缺乏良好的承受能力，容易遇到挫折而对自己失去信心。进而出现就业懈怠的心理，开始不想去了解招聘信息，觉得破罐子破摔，在家啃老算了。

第三，经济新常态下的就业结构的转型。

经济新常态下，国家从经济从以前高速发展逐渐转成中高速的可持续发展，这使得企业必须进行大规模的整改和部分企业不得不倒闭，在企业升级的过程中，技术水平不断提升，企业开始注重效益最大化，企业开始裁减人员，这也就成了新经济常态下大学生就业难的一个方面。每年待就业的人口数量还在不断增加，市场需求量已经趋于平稳，而大学生在这样的情况下还要与被裁员的下岗人员竞争岗位，相比之下被裁员的下岗人员的工作经验在竞争方面会有比较大的优势，这使就业更加的艰难，就业形势更加的严峻。

第四，就业信息不通畅，造成职场浪费。

我们生活在信息时代，信息的传播可以说是飞速的，各大高校也建立了自己的就业信息网，为大学生提供了大量的就业信息，但信息的真实性、及时性、完备性都有待加强和提高。在就业信息的获取方面，大多数大学生都是通过学校招聘会这种渠道得到消息，只有小部分是通过网络及其他的媒体求职，可见在发达的信息时代，信息的获取相对还是比较落后的。虽然，网络上常常会有虚假的消息，但是，大部分的正规网站的可信度还是很高的，大学生求职应多渠道获取就业信息，找到更多的就业机会。

2. 大学生就业中思想政治教育的缺失

大学生就业中存在的思想问题主要与思想政治教育的缺失有关，表现在：

(1) 大学生就业中理论认知与行为脱节

大学生就业中存在理论认知与行为脱节主要表现为两个矛盾。一是理论的宏大与个人就业难的矛盾；二是精神上的追求与物质上的需要的矛盾。一方面，当代大学生思想状况的主流是积极、健康、向上的。通过十几年的政治思想理论的学习及政治社会化的逐渐形成，大学毕业生们拥护党、热爱祖国，对坚持走中国特色社会主义道路，全面建设小康社会的宏伟目标充满信心，他们的政治参与的热情度极高，有着毕业后投身于祖国建设的伟大事业及在各自岗位上做一番宏伟事业的强烈愿望。他们作为具备了较高知识能力。在自己的专业领域崭露头角，有自己独特风采的新时代大学毕业生，也更急于向社会证实自己的实力，获得社会对他们的认可。正是由于部分毕业生的期望值偏高，使得他们眼高手低，不愿意去广大边远地区、艰苦行业及一些基层单位就业，而纷纷盯着大机关、大公司及大科研所。但这些单位却往往由于人才相对饱和而对新毕业生需求较少，因此，社会需求与学生愿望的强烈反差制约了毕业生就业。另一方面，由于毕业大学生经过了长期的学校思想政治教育，对于马列主义的经典要义及知识框架了然于心，这是思想政治教育长期灌输的结果。在这种思想理论体系的指导下，大学毕业生对于未来与理想有着高层次的精神上的追求。例如，他们一方面看到了西部的落后及各项事业急待他们去开展和改善，在理想、信念的驱使下投身于西部振兴事业，提升个人的社会价值；另一方面毕业生又受到了来自外界物质利益和物质享受的极大诱惑，因而在实际选择职业时，“薪酬和待遇”则明显优于“自我价值的实现”及“为社会主义献身的崇高理想”。在他们的观念中，价值的功利化倾向表现得越来越明显。上述现象表明，在大学思想政治教育中，大学生在思想政治理论上的认识是清楚的。但或因缺乏实践的勇气，心理承受能力差，或因单纯的形而上学。理论与实际相分离，或因人生观、价值观的偏差，最终在现实冲突中放弃了理想而趋于功利化……这些都或多或少地暴露了大学生就业中的思想政治教育自身存在的不足。

（2）就业指导的实用性与人生价值重要性的矛盾

近年来，随着就业形势的日益严峻。不少高校为了短期实现高校毕业生的高就业率，把思想政治教育的重心由思想道德、政治素养的教育移向了实践性、操作性较强，带有一定功利化趋势的就业指导上来。毋庸置疑，思想政治教育和就业指导存在着密切的关系。两者都有利于促进毕业生更好地就业。但是，单纯一味地重视就业指导，在就业指导工作中偏向于强化政策的宣传，信息的服务与媒介功能及就业技巧的培训，认为这是提升大学生就业率的有效途径。至于就业中的道德品质、思想政治素质则可虚化，因为思想道德这种“软指标”对于大学生就业的推动功能难以显示出来，虽然有时也会对就业应聘有用，但比起培养道德品质修养所花费的精力投入来说，时间太长，效果不明显。因此，在就业指导工作中有意无意地将道德品质修养弱化、淡化。但近年来在毕业大学生中存在的道德缺失，诚信意识弱化，频繁跳槽，缺乏脚踏实地的精神，择业时拈轻怕重，排斥西部边穷地区的工作等现象都充分暴露了就业指导中忽视思想政治教育的弊端。

（3）就业压力与心理素质的失衡

心理素质对人的思想素质、智力开发、创新能力的培养是一种基础性因素。传统的大学生思想政治教育在内容上侧重于培养大学生的世界观、人生观、价值观以及爱国主义、集体主义和社会主义精神。“但对于大学生作为一般的人在学习、交往、恋爱、择业、经受挫折等日常生活中所具备的心理素质未予以应有的关注和培养”。特别是在心理咨询机制方面，我国已经远远落后于世界平均发展水平，心理咨询起步晚，体系不完善，对于自我心理调控等相关能力的培养不重视都大大影响了心理咨询这一有效途径在心理教育中的运用和发挥。因此，长期以来，大学思想政治教育方法讲究“服从”，强调“灌输”，忽视个体差异。“实行利差分配的平均化，思想教育的一致化。工作学习的整体化。只能是造就青年学生事业弱化、竞争矮化、创新低能化。”加上“象牙塔”模式的封闭式培养，使得大学生完全没有适应未来社会的风险意识。随着社会的发展，严峻的就业形势，激烈的社会竞争，挫败感也就在所难免。但很多毕业生对即将面临的竞争与压力认识不足，并且大多数毕业生承受挫折和困难的能力较低，就业期望值过高，当现实与理想相背离时，则会心理失衡产生心理误区，各种心理问题也就随之暴露出来，严重影响和阻碍了大学生就业。

三、学分制制度对高校思想政治教育的影响

（一）学分制的概念和特点

1. 学分制的含义

学分制，顾名思义，是一种教育的机制。它起源于德国，在 19 世纪末被美国哈佛大学创造并提出来。它传入中国的时间是 20 世纪初，但直到 1978 年才逐渐被一些有条件的大学所接受并实行，如今它与导师制、班建制合称为中国的三大教育模式，现在已经在国内高等院校全面实行了。它是一种以选课为中心，通过计算所修科目学分的形式来评定课程的学习质量，给了大学生充分的自主性，也方便学校对于学生教学方面的管理。

2. 学分制的特点

学分制具有以下几个特点：

①学生选课的自主性，学生在学好必修课程的同时，可以根据自己的兴趣爱好来选择其他专业、系别的课程，安排自己的学习计划，充分利用好自身的学习时间。

②不限制学习的年限，因为学分制是一种弹性的教学机制，学生可在完成学业的基础上提前毕业和推迟毕业。

③课程的考核形式多样，学分制要求学生必须修满指定的学分才能达到毕业的要求，当课程考核的成绩不及格时，学生可以通过重修或者选修其他课程来获取必要的学分。

学分制是一场牵一发而动全身的教学管理制度变革，是我国高校主动适应社会发展需要，适应市场对高素质人才的需要，深化高校教学改革的一项重要举措。学分制是一种以学分为计量单位衡量学生学业完成状况的教学管理制度，我们提出要积极推行学分制，其目的是改革过去学年制下的人才培养模式，全面推进素质教育，深化教育教学改革，提高教学水平和质量。推行学分制是高等学校教学管理制度的创新，是高等教育主动适应经济社会发展和人的全面发展的需要。目前，全国多数高等学校都实行了学分制。一些高校正在推行的“全面学分制”对于进一步深化高校内部管理体制和人才培养机制的改革有着十分重要的推动作用，但同时也对大学生的思想政治教育提出了新的课题和新的挑战。

（二）学分制条件下学生工作和思想政治工作面临的新情况

学分制的核心是选课制，是以学分作为计算学生学习量的单位。学分制的这一特点，使大学生学习、生活和思想政治工作面临着许多新的情况，通过调研，我们发现这些新情况主要表现为以下几个方面：

1. 自主性的增加

体现在学生学习、活动和生活等方面拥有了更大的自主性。

①学生更注重发掘和发展自己的兴趣和爱好，并自发自主地提高自身的素质。如大部分学生对待选修课的态度是积极主动的，有一定的目的性。

②学生更愿意根据自己的需要和喜好支配课余时间。学生对课余时间主要用于专业课的学习、泡图书馆自习室、做各种兼职、当志愿者参加社团活动、上网、体育娱乐、交友等诸多方面，课余时间的支配上呈现多样化的趋势，而且不同年级的学生对课余时间的需求不同，对课余时间的支配方式也有很大的差异性。

③学生的交往方式逐渐变得主动开放，根据各自兴趣的取向、爱好的差别、性格的不同，自觉或自愿地结成一个个或松散或紧密的交际圈。许多大学生通过社团或自己的交际圈走出校园，接触更为复杂的社会，培养能力，增长才干，或者结成驴友，游历自然风

光，亲近自然。

2. 心理压力增大

这一点更多体现在一年级新生身上，对学分制条件下的学习方式还不适应，选课、选师上表现出盲目性，心理压力增大、精神负担重。实行学分制给学生在一定程度选择课程、专业方向、任课教师的自由。但是我们从另一角度看，大多数学生对高校的培养模式和专业结构要求缺乏了解，对自己的职业规划缺少明确性，尤其是低年级新生的自我意识还比较模糊，对这种自由地使用上还比较茫然，因此结果会没有预期的好。

3. 班级管理弱化

实行学分制后，以班级为组织形式的集体活动转为多样化群体活动的趋势明显增强，以班级为组织形式的集体活动明显减少，班级的概念相对弱化，建立在品德的内化、集体的归属、社会角色的感知等基础上的传统班集体概念走出学生的视野，班集体情感作用难以发挥。班级在开展集体活动时，很难依靠集体凝聚力和节目吸引力聚齐全班的学生都来参加，有的连毕业的“全家福”都是很困难的事。与此同时，学生交往和活动的形式呈现多样化趋势，学生可以根据爱好参与社团、党团、系部等组织的集体活动。还有一些自发组织的活动，依靠网络，基于相同的兴趣和爱好的同学联络提供了极大的便利；有的是在共同完成某些课题或任务的活动中，建立起密切的关系。

（三）学分制的实施对大学生思想政治工作提出了更高的要求

1. 工作思路要改变

在学分制条件下，思想政治教育工作不但要做好以班级、院系为单位的群体工作，还要注意每一个学生个体，注意加强针对学生个体教育模式的研究。并且，更加重视学生自我教育的作用，充分发挥学生的主动性，鼓励引导学生增强自我管理、自我服务、自我教育的意识。

2. 工作方法要更新

思想政治教育工作不但要关注学生日常的学习和生活，而且要关心学生的心理诉求，注重人格的健康成长。在以往的思想政治教育工作中，我们工作的着力点往往停留在学生的日常学习和生活，而对于学生心理状况及心理诉求较为忽视。其实，学生这方面的需要相当强烈。而不少学生的学习、生活、就业等方面的压力非常大，心理负担比较重。但是如何缓解心理压力，学校及有关方面的关注却显得不够。而目前很多高校的现状是为大学生营造的学习生活环境非常好，但对于学生心理健康的教育引导却不够。

3. 构建合力育人的体制机制

在学分制条件下思想政治教育受到更多外在因素的影响和作用，显然，不能仅靠两课教师的课堂讲授和思想政治教师的工作。要倡导和实施教书育人、全员育人的理念，每一位教育工作者，不管是专业教师，还是党政管理人员，或者是后勤服务人员等，都要用自己的行为诠释思想政治教育的内涵。对学生的思想政治教育绝不能仅依靠思想政治教师一支队伍，而需要全体教育工作者的共同努力。同时，学校要充分调动一切积极因素，把全员育人功能落到实处，就应以规章制度作保障，对每一位教育者提出严格的要求，并列为对教师以及服务人员的考核指标。

4. 建立一套与新情况对应的完善的思想政治工作体系

为适应学分制条件下大学生思想政治教育出现的新情况，很多高校不断扩展思想政治教育工作的领域，逐步向学生党团建设、帮困助学、就业指导、心理辅导、网络引导、素质拓展、社会实践、创新创业、生活园区管理等领域延伸，初步形成了覆盖面广、比较完善的思想政治工作体系。因此，既需要做到机构和队伍到位；也需要对具体从事思想政治工作人员的素质、能力、责任心等方面提出较高的要求。只有在硬件和软件匹配完善的情况下，大学生的思想政治教育工作才能深入到位。总之，做好学分制条件下高校学生思想政治工作，要在应对新形势、新问题的时候，应拓展思路，积极探索和研究新的工作方法和工作模式，总结工作中存在的问题，建立健全学生管理制度，提高工作效率和管理水平，为学生成长成才服务。

第二节 市场经济法则形成的挑战

一、“社会主义市场经济”的内涵

习近平同志在党的十九大报告中强调“坚持社会主义市场经济改革方向”“加快完善社会主义市场经济体制”，并指出“经济体制改革必须以完善产权制度和要素市场化配置为重点，实现产权有效激励、要素自由流动、价格反应灵活、竞争公平有序、企业优胜劣汰”。基于此，对于我国社会全面发展来讲，加强社会主义市场经济体制完善十分重要，其不但是保证我国国民经济水平的基本条件，也是提高我国核心竞争力的关键点。为此，相关主体需给予社会主义市场经济体制完善工作高度重视，通过多元化手段，将其存在的实效性发挥出最大化，以期我国在繁杂的国家市场中占据有利位置。

（一）市场经济的历史背景

在世界历史上，从农业时代向工业时代转变，是从西欧开始的。从 14 世纪到 15 世纪，欧洲遇到了空前严重的危机，接连不断的饥荒、瘟疫和战争使整个欧洲经济和社会的发展几乎完全停滞，与当时古代中国和古代印度的繁荣形成强烈的反差与对照，使不少欧洲人冒险探索前往东方的航线。

1492 年哥伦布到达美洲，欧洲列强开始在全球范围内进行大规模的殖民侵略活动，世界市场急剧扩大，刺激英国工场手工业迅速发展起来，大量农田被强行改为牧场，大量农民被迫离土离乡，进入手工业工场，充当雇佣工人，史称“圈地运动”，又名“羊吃人运动”。

1640 年英国爆发了革命，到 1688 年，经过长期斗争，历经三次反复，终于确立了君主立宪政权。

18 世纪 60 年代至 19 世纪 30 年代，英国率先完成了工业技术革命，实现了机器大生产。随后，欧美等主要国家都相继完成了工业技术革命。亚洲的日本在 1868 年明治维新之后，也迅速完成了工业化。

19 世纪末 20 世纪初，欧美国家相继由自由竞争阶段，进入垄断阶段，整个 20 世纪，西方各国经济的垄断程度越来越高，到了 21 世纪，几乎各行各业都形成了一些规模巨大的垄断公司，寡头垄断已经成为占统治地位的市场结构。

20 世纪上半期，列强为争夺势力范围，发动了两次世界大战。1945 年第二次世界大战结束后，美国取代英国成为西方世界的头号强国。

战后至今 60 多年间，世界经济又发生了很大的变化。一般来说，欧洲和北美绝大多数国家，以及亚洲的日本，已经步入成熟的市场经济阶段。而亚洲、非洲和拉丁美洲绝大多数发展中国家则依然处于传统小农经济阶段向现代市场经济过渡中，工业化水平远远落后于欧美日发达国家。

1949年中华人民共和国成立前，中国大陆地区是一个典型的传统小农经济国家，只有微不足道的零星工业生产。

中华人民共和国成立后，首先从1949年到1952年在短短三年内，迅速恢复了战争创伤，然后从1953年开始到1970年，排除重重阻力，克服种种困难，在政府的强力推动下，走计划经济道路，初步完成了工业化。

1978年12月中共十一届三中全会之后，在新的历史条件下，实行改革开放，于1984年中共十二届三中全会提出发展有计划的商品经济，1992年中共十四大提出发展社会主义市场经济。到了21世纪，已经基本上建立了市场经济体系，步入了市场经济国家行列。但总体市场化程度仍然有待提高。

与中国改革开放大约同时，苏联东欧国家也在20个世纪80年代实行各具特色的经济改革，到80年代末90年代初相继和平演变，由计划经济国家向市场经济国家转型。

（二）市场经济的模式

市场经济一经产生，便成为最具效率和活力的经济运行载体。迄今为止，全世界绝大多数国家都纷纷走上了市场经济的道路。这种经济体制的趋同，一方面表明市场经济具有极强的吸纳能力和兼容能力；另一方面也意味着经济模式的多样性和丰富性。

美国、德国、日本市场经济体制是迄今世界各国中比较成熟的市场经济模式，它们各有特点，各具风格。这种市场经济模式的多样性、差异性，既是各国市场经济体制的特殊内容，也是各国相关经济政策、国情和文化历史传统差异的折射。

1991年，世界经济合作与发展组织在《转换到市场经济》的研究报告中提出了成功的市场经济的三种主要模式：美国的自由主义市场经济模式；德国和北欧一些国家的社会市场经济模式；法国、日本的行政管理导向型市场经济模式。

世界各国经济的丰富实践，使得经济模式在多样化的基础上日益走向互相整合。现代市场经济存在着以下共同特点：

1. 资源配置的市场化

资源配置是指为使经济行为达到最优和最适度的状态而对资源在社会经济的各个方面进行分配的手段和方法的总称。市场经济区别于计划经济的根本之处就在于不是以习俗、习惯或行政命令为主来配置资源，而是使市场成为整个社会经济联系的纽带，成为资源配置的主要方式。在经济运行中社会各种资源都直接或间接地进入市场，由市场供求形成价格，进而引导资源在各个部门和企业之间自由流动，使社会资源得到合理配置。

2. 经济行为主体的权、责、利界定分明

经济行为主体如家庭、企业和政府的经济行为，均受市场竞争法则制约和相关法律保障，赋予相应的权、责、利，成为具有明确收益与风险意识的不同利益主体。如果经济行为主体的权责利不界定清楚，那么，主体特别是企业这一微观层次就很难成为真正的自主性市场竞争主体。

3. 经济运行的基础是市场竞争

从市场经济的理念上普遍强调竞争的有效性和公平性。为达到公平竞争的目的，政府从法律上创造出适宜的外部环境，为企业提供平等竞争的机会。如美国的反托拉斯法、德国的反对限制竞争法、日本的禁止垄断法等。只有把各市场利益主体的活动都纳入法律的框架内，才能维护市场竞争的有序性和正常运行。

4．实行必要的、有效的宏观调控

在自由竞争市场经济时期，国家的经济职能主要是保护经济发展的秩序，不直接干预经济运行。但是在现代市场经济条件下，国家对经济的干预和调控便成为经常的、稳定的体制要求，政府能够运用经济计划、经济手段、法律手段以及必要的行政手段，对经济实行干预和调控。其目的，一方面是为经济的正常运转提供保证条件；另一方面则是弥补和纠正市场的缺陷。

5．经济关系的国际化

现代市场经济是一种开放经济，它使各国经济本着互惠互利、扬长避短的原则进入国际大循环。经济活动的国际化不仅表现在国际进出口贸易、资金流动、技术转让和无形贸易的发展等方面，还表现为对协调国际利益的各种规则与惯例的普遍认同和参与。上述的所有市场经济的共同特征，对于发展中国家建立与完善市场经济体制都是值得借鉴的，同时发达国家市场经济的相异特点也应该借鉴。

比如，美国“企业自主型”市场经济强调对企业自主地位的确立和保障，政府对企业的关系真正的含义是服务；德国“社会市场经济”体制的以稳定求发展和实现经济发展与社会发展之间良性循环的做法，对于处理好发展与稳定、公平与效率的关系具有一定的参考意义；日本“政府指导型”市场经济强调市场与计划的有效结合，对于后发达国家发挥政府调节的优势，提高资源利用的时空效率也不乏参考价值。

二、市场经济给思想政治教育活动带来的影响

（一）为思想政治教育奠定了坚实的物质基础，推动思想政治教育的现代化

市场经济的实行，带动了我国经济的腾飞，为思想政治教育提供了有力的物质保障，促进了思想政治教育的现代化。市场经济条件下，文化事业和文化产业更加繁荣，文化产品更加丰富，文化体育设施更加完善，为思想政治教育提供了更多文化载体。同时，广播、电视、电影、录像和网络等电子媒介的迅速发展，也使思想政治教育具有更多更丰富的大众传播载体和网络载体，从而令思想政治教育的影响更加广泛、及时地作用于社会的各个阶层和群体。

（二）改变了人们的思想观念，使思想政治教育面临更加复杂的环境

从国内看在计划经济体制下，由于“吃大锅饭”，人们的利益关系较为简单。而自市场经济体制建立以来，伴随社会利益关系的重大调整，出现了一系列矛盾和错综复杂的问题，对受教育者的心理、心态以至价值取向、理想信念等产生重大影响，也使思想政治教育面临更加复杂的环境。由此可见，经济制度的变革必然带来思想政治教育经济环境的变化。

从国际看市场经济体制的确立，使整个市场体系更加开放，大幅密切了我国与其他国家的联系。西方社会思潮也或多或少地进入我们的视线，对一部分思想政治教育对象的思想造成了一定的干扰甚至误导。拜金主义、享乐主义、个人主义等与社会主义核心价值观背道而驰的思想对人们产生了一定的腐蚀和异化，因此，思想政治教育有必要进行内容的更新，根据新的时代条件有针对性地清理各种思想问题，促进受教育者思想道德水平的提高。

三、市场经济条件下高校思想政治教育特点

（一）理念转变，推崇“人本”情怀

在计划经济条件下，思想政治教育强调的是“社会为本”。那时社会政治氛围比较紧张，思想政治教育主要是作为政治工具，这与思想政治教育促进人的全面发展的价值诉求背道而驰。在市场经济体制的呼唤下，思想政治教育“以人为本”的理念应运而生。

1. 以人为本，是科学发展观的核心要义

市场经济体制破除了人们绝对的“平均主义”思想的束缚，承认个人利益的合理性。邓小平也多次提出，只讲精神奉献、不讲物质利益，或者只讲物质利益不讲精神奉献，都不是真正的社会主义。因此，市场经济条件下的思想政治教育，也开始注重人的需要。只有承认教育对象的个人合理需要应该得到满足，并且引导教育对象通过努力满足个人合理需要，才能激发他们的积极性和创造性，使其满怀斗志地投身现代化建设的浪潮中。

2. 以人为本，是思想政治教育的规律要求

教育与自我教育相统一，是思想政治教育过程的基本规律。这一客观规律要求在思想政治教育过程中必须坚持以人为本，关注受教育者的思想实际。尤其是在市场经济条件下，人们的主体性得到更充分的发挥，参与意识也得以加强，受教育者的主体性表现得更加明显。在教育过程中，受教育者的精神发展需要、思想实际、行为习惯等，都是思想政治教育方法中不可忽略与轻视的重要方面。能否坚持以人为本，对思想政治教育效果的实现具有更重要的意义。

（二）内容创新，强调对症下药

1. 内容更加注重时代性

计划经济条件下思想政治教育方法主要是为政治需要服务，且国际交往没有现在这么频繁，因此，那时思想政治教育的内容大多是革命历程教育、忆苦思甜教育、政治路线教育等，教育内容的视野也主要在国内方面。而如今在市场经济条件下，思想政治教育也担负着为经济发展服务的重要职责。市场经济的洪流极大地改变了国际关系和社会格局，应根据国际形势和市场特点，在教育内容中有针对性地融入全球化、信息化、市场化等重大现实内容，引导教育对象进行国际国内形势的理论学习、市场经济条件下法制内容的学习、正确劳动观的树立、经济伦理的学习，使市场经济条件下人们的经济行为更加理性，市场经济也能更加有序地运行。

2. 内容更加注重针对性

思想政治教育的对象是全体社会成员，具有层次性，因此在对他们进行思想政治教育时，应注重因材施教、对症下药。例如，市场经济条件下的大学生群体，存在着过分注重精神消费的现象，部分学生不顾家庭条件的实际，争相攀比。对于这类群体就要进行勤俭节约精神的教育，告诫他们要艰苦朴素、奋发向上；又如，对劳动者群体，一部分人对其他较为富裕的人怀有嫉妒甚至仇富的心理，或者想要通过不法手段迅速积累财富，对于他们就要进行社会主义市场经济法制观教育，引导他们认识到社会主义初级阶段的贫富差距是不可避免的，必须理性对待，通过诚实劳动和合法经营逐步过上更好的生活。领导干部是思想政治教育的重点对象，对他们教育的重点内容应是廉政文化。

（三）形式多样，注重舆论引导

如前所述，市场经济的发展为思想政治教育奠定了坚实的物质基础，使思想政治教育

具有更多样的形式、更丰富的载体、更鲜活的内容，在市场经济条件下的思想政治教育，既获得了发展的便利，也面临着严峻的挑战。

1. 形式多样，载体丰富

在计划经济时代，受生产力水平和人民生活水平限制，思想政治教育信息只能通过谈话、开会、实践学习，或者广播、书籍报刊来传递信息，传播速度极慢，影响的范围也极为有限。而在市场经济条件下，随着新媒体时代的到来，思想政治教育有了更多、更便利的宣传平台，众多思想政治教育信息可以在短时间内通过微空间互联网送达用户手中。

2. 信息庞杂，有待管控

市场经济条件下的思想政治教育虽然有了更加便利的宣传教育的条件，却也为各种干扰信息提供了可乘之机。国际交往更加频繁，使得思想政治教育面临着尤为复杂的环境。尤其是各种信息通过互联网迅速地进行传播扩散，在这些内容中，不乏虚假信息和错误思潮。各种西方社会思潮源源不断地进入人们的视野，如果不加以管控，就会成为西方敌对势力对社会主义力量进行“和平演变”的工具。因此，思想政治教育必须注意及时对受教育者进行社会主义和资本主义道路的教育，通过比较、研究，澄清疑虑，使人们深刻意识到选择社会主义道路的历史必然性并自觉团结在社会主义的大旗下。在思想政治教育的引导下，在各种纷繁复杂的社会现象中认清本质，提高自身的思想道德素质，成为社会主义现代化建设事业的坚实力量！

第三节　思想多元局面的影响

思想观念作为在一定社会政治经济条件下人们对社会现实生活的反映，由于人们的社会地位、所受教育、所处环境不同而表现出多样化的特征。在我国经济体制转轨过程中，所有制与分配方式形式多样化所造成的利益主体的多元化则促进了人们思想观念的进一步多元化。这种多元化的趋势与我党思想政治教育所要求的马列主义思想一元化的主张是矛盾的。随着十五大有关政策措施的推行实施，这种多元化的张力将使矛盾日益突出。面对这种客观趋势，思想政治教育一方面应当适应多元化的客观情况；另一方面，应坚持用马列主义积极引导多元化思想观念，发挥思想政治教育的一元导向作用。

一、思想观念多元化的表现及原因

（一）思想观念多元化的表现

思想观念多元化趋势具体表现在：

1. 道德取向多元化

有大公无私、先人后己的高尚的共产主义道德；有以集体主义为原则的社会主义道德；有奉公守法、公私兼顾型道德；有资产阶级道德；还有封建主义腐朽道德。

2. 是非标准多元化

随着环境和认识能力的差异，人们对善恶、美丑、荣辱的评价标准不再单一。

3. 价值观念多元化

人们的价值取向功利化与多元化共存，价值主体自我化与社会化共存，价值目标理想化与短期化共存。有追求事业、有理想讲奉献的；追求自我完善、讲享乐图实惠；有追求金钱美色讲求荣华富贵、崇尚不劳而获纸醉金迷的价值观生活观。

4. 思想感情的多元趋向

思想感情具有多元化、多层次性：既有高尚的道德情操，又有低级趣味的腐朽意识；既有进步的思想意识，又有落后的陈腐观念；既有正确积极的思想情感，又有错误、消极的思想意识。

（二）思想观念多元化的原因分析

人们的思想观念是对社会生活的反映，其表现形式的多元化趋向是由一定的主、客观原因决定的。

第一，人们因所处社会地位、环境、所受教育以及认知水平等因素不同构成了对社会生活的不同看法。

对于社会统一客观过程，不同的人会有不同的反映，存在着反应速度快慢，程度深浅的差别，因此思想观念多元化的现象是普遍存在的，它反映着认识主体对社会经济、政治、文化生活看法的差异性，是社会繁荣与进步的基础。

第二，在社会主义初级阶段，多元的经济结构是人们思想观念向多元化发展的客观经济基础。

社会存在决定社会意识。在传统计划经济时代，社会的经济结构基本上是单一的公有制形式，商品经济被作为资本主义经济遭到排斥，个体经济数量较小并呈不断下降趋势，由所有制形式决定的分配形式也较单一。因此人们基本上是在同一种社会主义公有制下工作生活。经济利益单一，利益主体单一，作为利益主体愿望和要求的思想领域也或多或少地被强大的行政力量纳入整齐划一的轨道。作为思想观念核心的价值观念是那种往往忽视或否定个人利益合理存在的集体主义原则。经济体制改革改变了单一的公有制结构，实行以公有制为主体的多元经济结构以及分配方式大大改变了思想领域单一的取向、标准。尤其是党的十五大提出的公有制含义的多种理解以及分配方式进一步多样化更是促进了思想观念的进一步多元化。

第三，对传统文化、计划经济体制的反思以及外来文化的影响也是思想观念多元化的重要因素。

人们思想观念多元化一方面来自经济生活方面对于计划经济时期形成的社会生活模式的全面而深刻的冲击和否定；另一方面也依赖于人们对传统政治和文化的反思。对后一点，文革已经使中国人更为理性地进行历史反思，冷静地看待自己的理想与现实地位，一切定于一尊统于一的观念动摇了，盲从迷信瓦解了，自主选择的倾向在增长。外来文化在开阔了国人视野增加了选择对象的同时，更切合了此时思想文化中滋生着的反对“尚同”和盲从的倾向，得到广泛认同。外来文化鱼龙混杂，中国自己的价值观念也未曾统一过。这样在社会表层上看来，多元选择、多元取向的局面必然是一种潮流，势不可挡了。

二、坚持用马列主义来引导思想观念多元化的趋势

多元化是社会发展中的客观结果。在一定范围和一定程度上它可以通过自身的批判等功能来促进的进步与繁荣。但这种促进作用是有限度的，否则失去社会抑制的多元化思想观念将引起社会和思想的动荡与混乱，社会必须有主导的价值观与评价系统。思想政治教育工作坚持一元导向，其必要性和意义在于：

（一）社会发展的要求

价值取向、道德标准等的多元化无节制的发展，势必导致社会思想混乱，不利于社会的进步与发展。其实在任何一个社会，不管其思想如何纷繁复杂，最终它还是有着主导的价值观、人生观和道德观的，因为社会发展要有合理的思想秩序，就像在经济政治领域中一样，有一个为大多数人所认可的价值观念、评价标准体系，使人们的行为形成一种合力，朝着社会发展的目标努力。同时，这些不同的思想能在同一时空相安于同一政治经济条件下也就说明它们有着统一的基础。

（二）以公有制为主体的经济结构及分配方式的需要

虽然我国实行多种经济成分并存的经济结构，多种分配方式并存的分配结构，但公有制还是占着主导地位的。所以在价值观上还要大力倡导代表公有制的集体主义原则，道德观领域要倡导共产主义社会主义的新道德，是非标准的执行也要有利于广大人民群众利益的原则。

（三）思想政治教育自身的要求

思想政治教育的阶级性要求必须旗帜鲜明地坚持马列主义为指导，为维护广大劳动群众利益服务，克服消除非无产阶级意识在工人群众中的影响。思想政治教育的规律表明，思想文化阵地，若马克思主义不去占领，其他非无产阶级的思想就会去占领。在当前国际国内形势下，放弃一元导向也不符合思想政治教育规律。

三、思想观念多元化对思想政治教育的冲击

我党的思想政治教育坚持马列主义的一元导向，用共产主义、社会主义的思想意识教育和引导广大人民群众，使之形成社会主义的思想意识，并自觉地为建设社会主义、实现共产主义奋斗。显然，上述的思想观念多元化给思想政治教育一元导向带来了很大的难度。

（一）对一元指导思想的冲击

多元化现象及其伴随的怀疑、自主精神会促使人们对一元思想导向进行怀疑，甚至会主张以多元来代替一元。这对以马列主义一元思想观念为指导的思想政治教育是个巨大的冲击。思想政治教育不仅要承认多元现象的合理性，又要否定多元导向，坚持一元导向，宣传一元导向的必要性和重要性；不仅要不断宣传一元化思想观念，还要在实践中健全完善它。尽管思想政治教育的本质就是消除种种非无产阶级思想意识影响，将社会主义意识灌输到人民中去，但是终归与改革之前比较起来，由于多元化思想观念格局的逐步形成和对主流意识形态的批判功能渐渐加强，思想政治教育的难度是加大了。

（二）给教育的方式方法带来困难

处于计划体制下，行政力量由于在经济生活、政治生活中的绝对优势影响，进而在文化、思想领域也衍生出强大的干预力量。思想政治教育曾一度放弃过它开始借助的真理及人格力量，转而凭借其威慑力进行行政干预，力图使人们的思想整齐划一。由此思想政治教育方式方法过于简单粗暴的弊病浮出水面。多元化思想观念的合法存在表明了社会一定程度的民主与开明，显然社会的民主与法制是不允许用行政政策强制措施的方式来对待非己的思想意识的。因此，思想政治教育的方式方法在多元化格局下是有待改进的。

（三）对工作过程控制有影响

思想政治教育是个动态的过程，在这个过程中，教育者为促成教育对象思想观念朝着

拟定的方向转化，必须及时调整那些不利于教育目标实现的因素。教育对象的多元化及其思想观念多元化给思想政治教育的过程控制带来了难度，它的多样性要求不仅要有适宜的多样化的重点控制，又要有能照顾不同思想状况的全局控制；它所体现的自主自立自择的精神更要求教育者不仅要有外部控制、事后控制，还要有能让教育对象实现的自我控制、内部控制、事前控制。这样，思想政治教育过程控制的实现和完善，在队伍、载体等方面须加强。

第五章　高校思想政治教育创新的原则

第一节　将理论教育与实际相联系

理论联系实际是马克思主义的一个基本观点，同样也是高校思想政治理论教育必须坚持的根本原则。搞好思想政治理论教育就必须坚持思想政治理论教育与学生实际相结合、与社会实际结合，并坚持理论联系实际，深化思想政治理论教学改革。只有这样，思想政治理论教育才能有的放矢，取得实效。

一、加强思想政治理论教育，发挥思想政治教育的主渠道作用

思想政治理论教育为大学生树立理想、坚定信念提供了理论基础。理想是精神的支柱，信念是前进的动力。正确的理想信念不是凭空产生的，而是来源于科学理论的武装，来源于对社会历史发展规律和人生价值的清醒认识和正确把握。

当前，而对急剧变化的国内外形势，唯有强化思想政治理论教育，用科学理论武装头脑，才能引导大学生深刻地认识社会发展的规律，正确看待当今世界社会主义运动的暂时挫折和资本主义社会发展的暂时优势；深刻认识社会变革时期的特点，正确对待市场经济发展中出现的一些现象和情况；深刻认识马克思主义理论的科学性，正确应对各种社会思潮和政治观点；正确认识社会主义的本质特征和国家的前途命运，深刻认识自己应肩负的历史使命和社会责任。在此基础上确立的理想信念，才是坚实牢固的；有这种理论信念的人，才能成为社会主义事业的合格建设者和可靠接班人。

思想政治理论课为大学生提高道德修养和法律意识提供了精神支撑。良好的道德情操是立身之本，自觉的法律意识是成才的基础。思想政治理论课通过传授传统美德和道德修养，阐述了国家制定的法律规范和行为准则，启迪大学生认识什么是正义、什么是邪恶、什么是高尚、什么是卑劣、什么是善、什么是恶、什么是美、什么是丑等，引导大学生提升精神境界，培养他们爱国守法、明礼诚信、团结友善、勤俭自强、敬业奉献等基本道德规范。

思想政治理论教育为大学生的全面发展和健康成长提供了支持和保障。全面发展需要具备科学素质，健康成长需要掌握思想方法。思想政治理论课可以加强人文素质和科学精神教育，帮助大学生学习掌握马克思主义的立场、观点和方法，引导大学生既学会做事，又学会做人；既打开视野、丰富知识，又增长创新精神和创新能力；既发展记忆力、注意力、观察力、思维力等智力因素，又发展动机、兴趣、情感、意志和性格等人格因素，促进大学生思想道德素质、科学文化素质和健康素质的协调发展，做到知行统一，德才并进。

二、理论联系实际是思想政治理论教育的根本原则

“思想政治教育工作要行之有效地达到其教育的目的，就要有科学的方法。”进行思想政治理论教育，必须坚持理论联系实际。“理论联系实际是马克思主义的一个基本观点，也是学习和运用马克思主义的根本原则和基本方法”，同样也是高校的思想政治理论教育必须坚持的根本原则。

我们是社会主义国家，我们教育的根本目标就是要培养德、智、体、美全面发展的社会主义合格建设者和接班人，培养坚定地为建设有中国特色的社会主义而奋斗的劳动者。加强思想政治理论教育就在于引导青年学生树立科学的世界观、人生观、价值观，帮助学生掌握正确的立场、观点、方法，增强抵制错误思想和各种腐朽思想侵蚀的能力。这就要求在教育中贯彻理论联系实际的原则，分析学生思想状况，把握其思想特点，密切联系改革开放的生动实践，有针对性地回答和解决学生普遍关注的重要理论和实践问题，做到“有的放矢”，避免思想政治理论教育的空谈、说教，增强针对性，取得良好的教育效果。

三、坚持理论与实际相结合，摒弃理论到理论的教育模式

思想政治理论教育要想深入人心，取得实效，具有永不衰竭的生命力，就要突出体现理论的科学性、实践性、应用性。具体体现在以下几点：

（一）思想政治理论教育要与学生实际相结合

思想政治理论教育，是以学习和掌握科学的政治理论为基础性前提的。这就要求我们在进行思想政治理论教育的时候，必须与学生的实际相结合，要针对学生思想特点的实际，针对学生接受能力、内在需要的实际进行有的放矢的教育，这样才可能取得良好的教育效果。

1. 从学生思想特点的实际出发

这主要是为了了解、把握学生思想的心理特点，以便准确地掌握学生价值取向、认知态度、政治观念、思想意识，提高其针对性。当代大学生缺乏丰富的社会阅历，没有深厚的思想底蕴。尤其是20世纪90年代以来的大学生，以独生子女居多，他们是在以自我为中心的环境中成长起来的，在理解个人与他人、个人与社会的关系问题上，部分学生过分强调自我价值的实现。集体协作观念、服务奉献精神和艰苦奋斗精神比较贫乏，纪律观念较为淡漠。再加之，随着市场经济的发展，对外开放的扩大和各方面改革的深入，市场经济的负面因素、西方的一些腐朽思想观点，对青年学生的影响也日益突出。虽然他们在人生价值趋向上是积极向上的，但价值目标不高，功利主义色彩较为浓厚。

2. 从学生的内在需要出发

这就要求要了解和把握青年学生在不同时期普遍关心的问题，即了解学生想知道什么，要从思想上了解学生存在的问题。因此，我们在对其进行思想政治理论教育时，不能从理论到理论，要从实际出发，把握他们思想变化的脉搏，了解他们真实的内心需要，熟知他们所关心的热点、难点问题。

（二）思想政治理论教育要与社会实际相结合

思想政治理论教育，就是要引导学生树立马克思主义的阶级观、辩证唯物主义和历史唯物主义的认识观，增强认识问题、分析问题、解决问题的能力。引导学生树立良好的社会主义信念，深刻地理解和认识党的各项路线、方针和政策，帮助学生树立正确的世界

观、人生观、价值观，引导学生树立建设中国特色社会主义的共同理想。实践是检验真理的唯一标准。在我国社会主义现代化建设的伟大实践中，虽然走过弯路，有过不少曲折，但是看待事物，首先要把握主流、认识本质。纵观中国几十年，尤其是改革开放以来，社会的健康发展、人民生活水平的显著提高、综合国力的迅速增强等无数雄辩的事实，证明了我党路线、方针、政策的科学性，体现了中国共产党的英明与伟大。这应该成为我们进行思想政治理论教育最好的现实资源。所以，对大学生进行理想信念教育、方针政策教育、基本原则教育必须结合社会实际。

四、坚持理论联系实际，深化思想政治理论教学改革

（一）在教学中坚持理论联系实际

教师是教学工作的主体。在教学中贯彻理论联系实际的原则，就要认真分析青年大学生的思想状况，既要正确把握青年学生的思想和心理特点，又要结合改革开放和社会主义现代化建设丰富生动的社会实践，阐述理论，回答并解决学生普遍关注的重要理论和实际问题。只有这样，才能有的放矢，取得良好的教育效果。

（二）理论密切地指导和服务于实践，做到理论与实践的有机结合

政治理论本身具有较强的抽象性，那么要增强学生学习的可感受性和理解性，就必须使抽象的理论具体化。具体化的最好办法就是理论与实践的有机结合。在教学环节上，可通过增加类似于社会调查的方式，让学生带着问题有针对性地进行调查，对调查中发现的现实问题，运用所学的理论去科学分析，并探讨性地提出解决问题的办法。这样既增强了学生学习的主动性和创造性，又在实践中巩固、丰富和发展了理论。

（三）组织学生亲自参加社会实践，运用所学理论解决实际问题

理论联系实际，还可以在教学过程中，合理安排学生进行一些力所能及的服务性的实践活动。通过这些环节，可以使学生在服务中锻炼自己，检验自己，在实践中增长才干。总之，要提高思想政治理论教育的效果，就应该深化教学改革，坚持理论与实际相结合的原则，以坚持解放思想、实事求是、贴近实际、贴近生活、贴近学生为指导，为社会主义现代化建设培养合格人才。

第二节 重视学生在思想政治教育工作中的主体性

一、新时期大学生思想政治教育创新必须坚持大学生的主体性原则

在新时期的大学生思想政治教育中，我们要始终把大学生放在学校教育的主体地位，在教育教学中时刻把大学生当成思想政治教育活动的主体，在教育中不断培育和造就大学生思想政治教育活动的主体性。在新时期的大学生思想政治教育中，我们还要始终把大学生作为高校思想政治教育的价值主体，在教育教学中真正确立大学生在高校思想政治教育中的主体地位。在大学生思想政治教育教学中，我们一定要转变过去的那种把大学生仅仅作为教育和管理对象的现象，要时刻坚持“以人为本”的教育理念，即在思想政治教育教学中坚持以大学生为根本、为核心、为目的，在思想政治教育教学中一定要尊重、理解和关爱大学生，坚持把促进大学生的成长、成才作为高校大学生思想政治教育的根本价值

取向。

在新时期的高校大学生思想政治教育中，我们要把大学生作为高校教育的动力主体，采取积极有效的措施不断激发大学生自我教育的积极性和创造性。在教育中要注重大学生主体作用的发挥和自我教育能力的培养，要千方百计地唤醒大学生的主体意识，竭力激发大学生的主体热情，努力调动大学生的主体积极性和创造性，把充分发挥大学生的主体作用贯穿于课堂教学、群体文化、校园社团活动及社会实践等各个环节中，最终实现大学生思想政治教育的时效性目标。

在新时期的大学生思想政治教育过程中，我们要把大学生作为思想政治教育的权力主体，确实维护好大学生在教育中所享有的各种合法权益，力争转变已往的那种只重视管理、重视对大学生的义务要求而忽视服务、忽视对大学生权益维护的现象。在教育中，我们一定要高度重视大学生所具有的受教育权和公民权，尽量使大学生思想政治教育的过程，成为尊重和维护大学生合法权益的过程，成为服务大学生成长、成才和全面发展的过程。

在新时期的大学生思想政治教育中，我们要把大学生作为高校教育的发展主体，积极促进大学生的全面发展，力争转变已往的那种只重视知识而轻视素质、只重视灌输而轻视发展的现象。在大学生思想政治教育中，我们要积极构建人文教育与科学知识教育相统一的素质结构及大学生的个性化与社会化相统一的人格结构，不断促进大学生各方面素质的和谐发展。

二、高校思想政治教育的主体

高校作为培养高级专门人才的主阵地，肩负着培养社会主义事业的建设者和接班人的重任。随着高等教育体制改革的深入，学生自主择校、自费上学、自主择业，接受多种文化的熏陶，使得当代大学生自主意识不断增强，思想观念也发生了巨大的变化。在这样的新形势下，思想政治教育面临许多新情况、新问题，单靠以往的思想政治教育工作的经验、知识，已显得力不从心。这就要求高校学生德育工作者必须认真反思并积极探索新形势下学生思想政治工作的创新，以适应新形势发展的要求。

（一）主体教育的科学内涵

所谓主体教育，是指根据社会发展的需要和教育现代化的要求，通过启发、引导受教育者内在的教育需求，创设和谐、宽松、民主的教育环境，有目的、有计划地组织、规范各种教育活动，从而把他们培养成为自主地、能动地、创造性地进行认识和实践活动的社会主体。

1. 价值目标：以学生发展为本

理论界在经历了几十年的争论，最终在教育的价值目标上，达成了“以学生发展为本”的共识。“以学生发展为本”，是指将学生作为一个独立的、完整的个体，在教育过程中充分体现学生的主体性，使学生成为教育主体，从教育中获得全面的发展。高等学校教育的对象是青少年，他们离“社会人”最近，但又区别于“社会人”。他们有自己独立的思想和主张，但又需要给予一定的引导和教育才能使其不断发展完善。“以学生发展为本”的理念，具体概括有以下三个方面：

（1）把学生当作主体

作为教育工作者，首先要摆正自己与学生的位置，真正做到让学生在教育实践活动中成为自觉、能动的主体，在教育过程中变被动为主动，提高接受教育的积极性。

（2）关注学生个体的需要、潜能、个性以及精神世界的发展

马克思论述“人的全面发展”理论是从个人与社会的关系的角度展开的，而将教育活动定义为一种特殊的社会活动。这就要求教育者要关心不同个体的差异，充分引导、挖掘他们的潜力，使学生在精神、文化等各个方面均衡发展。

（3）扩大学生交往，鼓励学生创新

建立一种新型的教师与学生、学校与学生、学生之间的交往方式，切实从学生身心发展的角度去考虑，为学生学习、生活提供一个和谐、温馨的校园环境。

2. 教育过程：在教学活动实践基础上通过平等交往实现发展

在传统的教育过程中，教育者将自己作为教育主体，学生作为教育客体的教育理念是违背主体教育的精神的，它忽视了学生作为教育对象在教学活动实践中的主体积极性的发挥和教育效果的实现。主体教育理念强调在教育教学活动、实践中通过平等、相互的交往促进学生的主体意识的形成。因此，我们应在承认和尊重学生主体地位的同时，要积极发挥教师的引导作用，使学生在实践活动中成为有自主性的参与者，把教育工作者进行教育指引的外在要求变为学生提高自身内在修养的自觉、主动的学习。接受并领悟教育目标，积极汲取教育内容并加以内化，形成正确的思想品德从而外化为有道德的行为，能动的反作用于教育者和整个社会，也使得教育者在道德互动中完善教育方式、方法。

3. 教育目的：培养德、智、体、美、劳全面发展的社会主体

主体教育的目的是培养学生的个体主体性，成为社会建设的主体力量。这包括：增加学生的主体意识、发展学生的主体能力、培养学生的主体人格。在教育活动中，既关注学生现代科学文化知识的掌握和智力的高度发展，也重视培养学生的情感、意志、灵感、直觉等非智力因素，塑造学生健全的人格，使学生成为社会主义事业合格的建设者和接班人。

（二）主体教育在高校思想政治工作中的体现

思想政治工作的根本要求是要“关心人、尊重人、理解人、激励人”，促进人的思想道德素质健康发展，其根本是要保护和激发人的主体性和创造性。高校思想政治教育在面对新形势和新任务的前提下，要积极地转变观念，改进教育教学方法，将培养学生主体意识作为工作的己任。

1. 高校学生的日常管理工作要充分体现学生的主体地位

让学生成为自己的管理者，而教师则退居“幕后”，成为学生自我管理的监督者和指导者，为学生主体性发挥提供足够的空间和条件。首先要拓展学生自我管理和民主管理的渠道，培养学生自我管理的意识和勇于担当的责任感，通过学生积极参与、教师监督和指导，激发学生的创造力，较好地实现学生的自我教育和自我管理。其次，树立“管理育人”的工作理念，强化“服务”意识。高校思想政治工作者要转变传统的“一言堂”“教师是权威”的教育观念，将学生和老师融为一体，建立“教育、管理、服务统一”的管理模式，尊重学生的个性和思想，在互动中实现教学相长。再次，改进和完善学生综合测评体系，充分体现学生综合素质的一般性与多样性、基础性与发展性的有机统一。高校学生综合素质的测评应该在尊重学生主体性的基础上，将学生的“基本素质”和“发展素质”有机结合，将学生的主体性要求得以充分的体现。

2. 通过校园文化引导学生树立主体教育的意识

高校的校园文化在坚持社会主义核心文化价值观的前提下，应积极鼓励形成多元价值的校园文化氛围，激发学生求异、求新、求变的主动性和创造性。首先高校校园文化要以“围绕学生的学术和专业活动”为主阵地，通过形式多样的学术型校园文化活动来增进学生对专业学习的兴趣，增强学生汲取知识的主动性，加强校园学风建设。其次是大力支持和鼓励各类学生自发组织的校园社团活动，充分调动学生的组织和协作能力，扩展学生知识面和交际面，活跃校园文化氛围，拓宽学生发挥主体性的空间。再次是通过多种形式的校园活动，培养大学生的综合素质能力、挖掘学生个体的潜能，提高学生的参与意识、责任意识、竞争能力和挑战精神。

3. 注重在“两课”教育内容和教育方法上突显学生主体性的教育

高校“两课”教育担当着帮助青少年树立正确的三观、培养社会主义合格建设者的重任。在课程内容的设置上要增加学生主体性教育的内容，使学生认识到自身作为家庭、社会主体地位所承担的责任与义务，积极主动地完善和发展自己。在教育方法上要引导学生树立主体人格，变单向、被动地灌输为平等、相互的教育交流，变命令式的训斥、批评为劝导性的说服，重视学生的责任意识和自律意识的培养。通过开展学生心理教育和心理咨询，为学生主体人格的完善成长提供必要保障。

4. 以多种形式的社会实践为载体，激发学生的主体性

高校大学生的社会实践已成为一门必修课，作为教育工作者应该积极动员，组织学生充分利用课余时间深入到现实社会中去体验生活、积累经验、感悟人生，通过活生生的社会体验，使理论与实际、课堂与社会紧密结合。通过深入工农，了解国情、体察民情，分析社会实践需要，发现自身的不足，获得自我完善的动力，树立正确的人身价值观。加强学生的主体教育事实上是师生相互作用的过程，主体教育对于学生主体性、创造性的发挥有着重要的意义，对思想政治工作者更新教育理念、顺应时代发展也是一种积极的推动。

三、高校思想政治教育客体

自20世纪80年代以来，人的“主体性”问题成为哲学和社会科学界关注、研究的重要命题。在教育学界，我国的著名教育专家顾明远教授率先提出“学生既是教育的客体，又是教育的主体”的重要观点，引起了教育学界的一场大讨论。1984年以后，在思想政治教育学领域，关于主体和客体问题的研究成果越来越多，认识逐步深化，对思想政治教育学的学科建设产生了积极而重要的影响。

（一）高校思想政治教育客体的研究现状

在探讨我国新时期思想政治教育的主体和客体理论时，不少专家学者和教育工作者从不同的角度诠释了这一对哲学概念，特别是对教育客体提出许多新见解。有的认为受教育者是客体，有的认为教育者和受教育者以及教育的其他要素都是客体，有的认为教育内容是客体，有的认为教育者和受教育者在教育过程中互相转化为客体。概而言之，有代表性的观点主要有以下几种。

1. 关于单一客体的基本观点

“单一客体论”与“单一主体论”，即“教师单一主体论”和“学生单一主体论”相对立而存在。

（1）“受教育者单一客体说”

“教师单一主体论”认为，教师是教育过程中的主体，学生是教师加工塑造的对象，始终处于客体地位。这就意味着受教育者是单一客体，这是传统的普遍的看法。有种观点认为，“构成思想政治教育过程的因素主要有四个，即教育者（主体）、受教育者（客体）、思想政治教育的内容和方法（介体）、社会环境及其所提供的教育支撑条件（环体）”，“思想教育的客体，是指思想教育工作的对象，就是被教育者。可以说，在中国共产党领导下，一切人和一切团体都属于‘思想教育的客体’范畴”。“思想政治教育的主体就是从事思想政治教育的教师和人员……思想政治教育的客体就是指接受思想政治教育的对象或人。”

（2）“教育者单一客体说”

“学生单一主体论”则认为，教育过程是学生认识教师所传授知识的过程，真正的主体只能是学生，学生始终处于主体——内因的地位，而教师始终处于客体——外因的地位。这就意味着教育者是单一客体。

2. 关于双客体的认识

教育者和受教育者都是客体，两者互为主、客体。这是目前较为普遍的看法。在思想政治教育活动中，教育者和受教育者相互把对方作为自己认识和活动的对象，因此，他们双方既是主体，又都是客体，两者的关系是一种主、客体的转换关系。一方面，就特定的教育情景而言，两者的主、客体关系是确定的，如对开展思想政治教育活动而言，教育者无疑是主体，而受教育者则是客体；另一方面，两者的主客体关系又不是严格确定的，就接受思想政治教育而言，受教育者是接受主体，而教育者则是客体。在思想政治教育过程中，教育对象具有教育客体和教育主体的双重性质。当他作为接受影响的对象时，是客体；当他（个人或团体）在自我教育或对其他教育对象发生影响时，便又是教育主体。受教育者即使在作为教育客体时，也不是完全消极被动的，而是具有能动性的人。教育主体是指教育过程中有目的地施加教育影响的教育者，教育客体则是指施教过程中的受教育者。两者的界限既明确又相对。

3. 教育者和受教育者以及思想政治教育的其他要素都是客体

“从思想政治教育的角度看，人格既是主体，又是客体。人格作为主体，具有选择性，任何人不能代替。人格作为客体，又是被教育、被塑造、被完善的对象。”“思想政治教育主体，是指在思想政治教育过程中具有主动教育功能的组织或个人。按照这个定义，教育者是思想政治教育的主体。受教育者在接受教育过程中，也进行自我教育，具有主动教育功能，因而既是教育的客体，又是教育的主体。”

著名的思想教育家陈秉公教授认为，教育者和受教育者都是主体。而所谓思想政治教育工作客体，是指在思想政治教育工作过程中教育主体的行为对象，包括这一过程中的全部要素：教育者、受教育者、教育环境、教育目的、教育内容、教育手段和教育活动。“在思想政治教育过程中，教育者和受教育者都是主动行为者，都具有主动教育功能，因而都是思想政治教育过程的主体……所谓思想政治教育客体，广义上是指在思想政治教育过程中教育主体的行为对象。思想政治教育客体包含思想政治教育过程的全部要素。这主要可分为两部分：一部分是在思想政治教育过程中被当成行为对象的教育者和受教育者。

在思想政治教育过程中，教育者或受教育者既是教育的主体，也可以成为教育的客体。当教育者或受教育者进入行为者（教育者和受教育者）行为对象性系统，成为行为对象时，他便居于行为客体地位，进入客体系统，成为客体……另一部分为思想政治教育的其他要素则只能充当行为对象，作为思想政治教育的客体。这些要素包括教育环境、教育目的、教育内容、教育手段和教育活动。在思想政治教育中，教育环境、教育目的、教育内容、教育手段和教育活动只能充当教育主体的行为对象，成为教育客体。”这种说法与陈秉公的观点相同。

4. 思想政治教育的客体是教育内容

华中师范大学万美容认为，教师和学生都是主体并结成主体际师生关系。那么客体是什么呢？她认为：“作为客体的道德教育内容，能够在多大程度上被转化到主体的道德品质结构中去，一定取决于某种作用机制。这种机制就是‘接受’，正是有了道德接受机制这个中介，才使得反映客观社会道德关系、道德要求的社会道德准则、规范能为学生所认识与理解、吸纳与接受，而这些规范、准则也只有在被作为道德行为主体的学生接受后才能真正地转化为道德品质，实现‘他律’向‘自律’转化。”

由此可见，她把教师和学生当作主体，把“道德教育内容”当作客体。及海龙认为：“所谓思想政治工作的工作客体，是指作为原始扩散源或滋生扩散源的物化体，以及作为思想政治问题的物化体，因而具有某种角色缺陷的社会成员个体和社会成员群体的总称。”并认为，工作客体只能是作为原始扩散源或滋生扩散源的思想政治问题的物化体，没有任何思想政治问题“物化”其身的社会成员个体和群体不能称为工作客体；不具有角色缺陷的社会成员个体和群体也不能称为工作客体；凡是工作客体必然同时具有接受、萌生思想政治问题并向外扩散思想政治问题这样两种身份和使命。

（二）思想政治教育客体的特点

思想政治教育的主体和客体与其他范畴的主、客体是完全不同的，思想政治教育的主、客体是人，而人是有思想、有情感、有知识、有政治觉悟的，这就构成了思想政治教育主、客体的显著特点。

1. 思想政治教育主体的客体性

思想政治教育的对象是具有主体性的大学生，大学生这个特定群体就成了主体活动的客体，成了思想政治教育工作的对象，成了主、客体统一的特定群体。在人类活动当中，人是主体，在特定的领域范围内，人又是客体。就思想政治教育对象来讲，学生就是客体，是受教育者。学生的客体性，决定了客体学生的某种被动性，在一定意义上，主体传授什么，客体就接受什么，主体影响着客体的思想和行为，这便是客体的受动性。但客体学生是有着主体意识和主体能力的现实的人，从接受、消化理解思想理论及外化行为上讲，客体学生又是主体。客体在多大程度上接受主体传授的理论，并将其转化成个体意识，外化为现实的行动等，都主要取决于客体学生自身。思想政治工作的客体具有客观现实性、广泛分布性、角色缺陷性、类别多样性、转化可能性、对工作主体的选择性。

2. 思想政治教育客体的主体性

传统思想政治教育视教育者为唯一主体，思想政治教育被理解为教育者的活动方式，忽视受教育者在思想政治教育过程中的主动性，忽视个人的物质文化需求和自由民主权利，把受教育者仅仅视为消极被动地接受教育的教育客体。这必然导致思想政治教育中的命令主义、强制压服和单向注入，受教育者成为没有独立、没有自主、缺乏创造性的教育客体。教育对象过于客体化不能发挥思想政治教育激发人的内在积极性的功能，严重地挫伤了受教育者在思想政治教育中的积极性。思想政治教育客体的基本特点是具有主体性，具体表现为思想政治教育客体的受动性、受控性和可塑性。但思想政治教育客体与一般的物质客体不同，作为有思想、有情感、有意志的人，他们在接受教育时，不是完全被动的，也具有主动性。这是思想政治教育客体不同于一般物质客体的根本特点之一。思想政治教育客体不仅具有被动性，而且在一定条件下还具有主体性，并转变为主体。

四、高校思想政治教育主体和教育客体相互联系

当前主体间性这一范畴引起了各界学者广泛的关注。思想政治教育学领域也不例外，但人们对思想政治教育主体间性并没有弄清或者说没有完全弄清。笔者认为，思想政治教育实现主体间性是教育者与受教育者在教育实践基础上的有机联系；是教育者和受教育者在交往实践过程中的相互影响；是对思想政治教育主体性的积极扬弃。

（一）思想政治教育主体间性是教育者与受教育者在教育实践基础上的有机联系

思想政治教育活动是由教育者、受教育者、教育中介和教育环境四个基本要素构成的，离开了这些基本要素的有机联系，我们就无法开展思想政治教育活动。那么，它们之间又是如何联系的呢？马克思主义哲学认为，千差万别的事物之间可以通过无数中介或过渡环节联系起来，构成一个无限的总体系列。这里所说的“中介”就是指两个事物之间的中间联系、中间层次。任何事物之间不论存在多大的差异，都可以通过中间联系沟通起来。联系又与“差别”这一范畴相关。唯物辩证法所理解的联系是以承认事物之间的差别即其确定的界限为前提的。因为，否认了事物之间的界限，就不能区别事物，就无法知道究竟什么事物在联系着。

根据这一原理，我们可以更好地厘清思想政治教育主体间性的内在含义。首先，教育者和受教育者都是主体，他们都有主体性，这是他们的共同特点。但他们又是两个有区别的主体，他们的主体性也是有差别的。其次，联系教育者和受教育者的中介是思想政治教育实践。也就是说，思想政治教育是“人为的”和“为人的”社会实践活动，是教育者与受教育者作为完整的人发生相互作用的行为。因此，思想政治教育主体间性是教育者与受教育者在实践基础上的有机联系。

（二）思想政治教育主体间性是教育者和受教育者在交往实践过程中的相互影响

思想政治教育就是建立在交往实践基础上的一种认识活动。因此，我们在理解思想政治教育主体间性时，必须把它放在交往实践的视域下。思想政治教育主体间性是教育者和受教育者在交往实践过程中通过相互影响、相互作用而形成的一种关系。交往是人的一种普遍生存方式，任何人类社会实践都离不开交往。交往是一个总体性范畴，它指一个系统，包括物质交往、精神交往和语言交往三个层次，而“物质交往”是多极主体间物质交换过程，它构成精神与语言交往的基础。思想政治教育作为一种实践活动，当然也离不开交往。国内首次提出交往实践观是任平先生。他的论述对于我们理解思想政治教育主体间性具有重要的启发意义。

思想政治教育主体间性要克服传统思想政治教育的弊端，实现教育者、受教育者之间的多向互动。它既强调了要充分调动教育者和受教育者两个方面的积极性和主观能动性，又明确指出教育者和受教育者是两个不同的特指概念，不容混淆，不能平分秋色地对待他们。

思想政治教育主体间性要回归生活，树立新的教育理念，体现教育者和受教育者之间平等、和谐的关系。教育者与受教育者的关系是建立在共同中介客体——教育资料（有形

客体)、教育方法、手段（无形客体）和交往主体的人际交往关系（交往实践）之上的“参与—合作”关系。它强调的是教育双方的平等、差异、自主、开放关系，在教育者的价值引导与受教育者的自主建构过程中实现个体思想政治品格的提升。这样，思想政治教育实践活动就成为一种教育双方共享知识、情感共鸣、智慧共建、意义生成、精神觉解的过程。

（三）思想政治教育主体间性是对思想政治教育主体性的积极扬弃

思想政治教育主体间性是由思想政治教育主体性发展而来的，因此，思想政治教育主体间性既不是对思想政治教育主体性的全部肯定，也不是对它的全部否定，而是既克服又保留，是一种积极的扬弃。为此，我们就要对思想政治教育主体性进行认真研究和实事求是的分析，找出其对理解思想政治教育主体间性合理的因素，同时也要克服其弊端。那么，思想政治教育主体性的观点和核心理念到底是什么呢？依照众多学者的观点，我们可以发现，主体性思想政治教育抑或思想政治教育主体性对克服传统思想政治教育主客二分的弊端，尊重受教育者的主体地位无疑是一个历史性的进步，具有积极意义。把人的主体性理论作为立论基础，这也是值得肯定的，而且有些探讨已经包含了思想政治教育主体间性思想的萌芽，认为教育者和受教育者是一种建立在实践基础上的交互主体关系。

在思想政治教育主体间性思想的视域里，思想政治教育成为一种交互活动，教育者和受教育者同样作为思想政治教育的主体，相互影响、相互作用、相互渗透，他们在活动过程中各自展示的是个人交往主体性，而不是占有性个人主体性。在教育实践中，教育者和受教育者相互埋解、双向交流，达到主体间的互识共识，从而成为教育的有效主体和能动主体。所以，我们在强调尊重受教育者的主体性时，绝不能顾此失彼，忽略了教育者的主体性。无论在什么时候，教育者在思想政治教育过程中的作用都是不能代替的，关键是发挥什么样的作用和如何发挥作用。二者之间需要的是真诚的交流、深刻的反省和积极的对话，以达到认识上和情感上、需求和价值取向上的共识和融合。思想政治教育者与教育对象之间是一种以共同客体为中介的主体际关系，即“主体—客体—主体”的关系，那么，在思想政治教育过程中所体现出来的人的主体性就不再是占有性个人主体性，而是体现为交互主体性。

第三节　高校大学生思想政治教育创新的实践性原则

新时期大学生思想政治教育创新所坚持的实践性原则，是指新时期的大学生思想政治教育应该在开放的基础上，通过师生互动和活动体验，使思想政治教育过程成为激发大学生道德思维和创造的过程，在动态中实现德育的内化、提升。

一、思想政治教育的实践性特点

思想政治教育是对人们进行政治教育、思想教育和道德教育的总和。从本质上看，思想政治教育也是一种“主观见之于客观的活动”，即实践活动。如果将实践活动区分为生产实践、社会实践和科学实践三大类的话，思想政治教育应归入社会实践活动，是其中的教育实践形式之一；如果将实践活动对象区分为自然、社会、人的话，它属于以人为对象的实践活动。以人为对象的实践活动，包括对现实的人，也是客观存在对人的主观世界与行为认识与改造。而“所谓主观世界，是指人的意识、观念世界，是人的头脑反映和把握物质世界的精神活动以及心理活动的总和，它既包括意识活动的过程，又包括意识活动过程所创造的观念，即意识活动的成果”。因而思想政治教育是关于人的思想观念与行为的发展与改造的实践活动，一定现实人的主观世界，也是在一定客观条件下形成并对客观条件产生反作用的存在，改变人的主观世界也是一种对象性活动，并且这种改变最终是为了实现对客观世界的改造。

与其他实践活动形式相比，思想政治教育具有政治性、形而上、渗透性等特点。

（一）思想政治教育具有政治方向性特点

思想政治教育总是按照特定时代、特定社会占统治地位的阶级、政党的政治要求、社会理想和道德规范，来培养、塑造个体的思想、品德、信念和行为习惯的。古今中外，任何社会的任何国家，其思想政治教育都体现着统治阶级的意志。“统治阶级的思想在每一时代都是占统治地位的思想。这就是说，一个阶级是社会上占统治地位的物质力量，同时也是社会上占统治地位的精神力量。支配着物质生产资料的阶级，同时也支配着精神生产资料……占统治地位的思想不过是占统治地位的物质关系在观念上的表现”。所有国家的统治阶级，都会充分利用其手中的各种工具，对其社会成员进行有目的、有计划、有组织的教育，力图使社会成员形成符合其阶级意志的思想素质与能力。思想政治教育这一鲜明的特点，不仅体现在这一实践活动的实施者代表着一定的阶级意志，而且使其表达的思想内容也与其他的教育实践形式相区别。与智育侧重于文化科学知识、技能和发展学生智力，体育传授健身的知识技能、增强体质、培养自觉锻炼身体的习惯，美育培育受教育者的美学观点和鉴赏美、创造美的能力，劳动技术教育培养人们在劳动中掌握和运用专门技术的能力不同，思想政治教育是按照一定阶级的要求，把一定的社会政治、思想和道德转化为个体的政治观念、思想意识和道德品质。因此，思想政治教育是在“知”的基础上，主要解决的是“信”与“不信”和“行”与“不行”的问题。它通过一定的政治与道德机制，使受教育者达到其思想、观念与道德的“信”与“行”的目标要求，产生自觉的“信”与“行”。

（二）思想政治教育具有形而上的特点

思想政治教育是以塑造人的思想政治品德为任务的，这决定了思想政治教育必然广泛地涉及人的精神世界，决定了思想政治教育对作为意义存在物的人的精神家园的关注，突出强调人的精神家园的建设。一方面，精神生产是一定社会形式的意识生产，确切些说，是意识社会形式的生产。马克思和恩格斯认为，精神生产就是意识的生产，它是在物质生产的基础上产生的，“思想、观念、意识的生产最初是直接与人们的物质活动，与人们的物质交往，与现实生活的语言交织在一起的。人们的想象、思维、精神交往在这里还是人们物质行动的直接产物。表现在某一民族的政治、法律、道德、形而上学等的语言中的精神生产也是这样”，那些“发展着自己的物质生产和物质交往的人们，在改变自己的这个现实的同时也改变着自己的思维和思维的产物”。物质生产属于社会存在的领域，精神生产属于社会意识的领域。

物质生产生产出主要满足人们物质需要的物质产品，而精神生产是满足人们精神需要的精神产品，表现为教育、科学、文化知识的发展和人们思想、道德水平的提高；另一方面，精神生产反作用于物质生产，对物质生产具有能动作用。马克思指出：“……但是理论一经掌握群众，也会变成物质力量”。恩格斯也指出：“政治、法、哲学、文学、艺术等等的发展是以经济发展为基础的。但是，它们又都互相作用并对经济基础发生作用”。这表明，思想政治教育也是“一种生产力”，也能改变外界，对人与社会的存在和发展有着强大的反作用。这种改变对人是直接的，对社会与自然的改变是间接的，是人们的精神（包括意识、思维活动和一般心理状态）通过人们的行动，产生对外界事物的推动作用。它要经过两次转化，即受教育者将教育的内容内化为自己的思想观念，首先改变自己，而后再外化为行动改变客观世界。两次转化或改变都具有客观现实性或实践性。

（三）思想政治教育具有渗透性的特点

思想政治素质，就是人的思想素质、政治素质与道德素质的总和，它在人的素质体系中居于核心地位，是一个人的世界观、人生观、价值观的综合表现。思想政治教育“在社会生活中表现为与其他实践活动的结合与渗透，它是思想政治教育显著的本质属性”。从学校各门课程教学来看，思想政治理论课是对学生进行思想政治教育的主渠道、主阵地，其他课程教学也担负着加强学生思想政治教育的责任与义务；就整个社会而言，思想政治教育渗透于生产实践、社会实践与科学实验之中。因此，对受教育者进行思想政治道德素质的培育，不仅仅是思想政治教育工作者的责任，也是社会全体成员应尽的义务。在这个意义上，我们可以说思想政治教育应由全社会成员共同担当，而不能为思想政治教育者独家专营。

二、新时期的大学生思想政治教育课堂要贯穿实践性

大学生思想政治教育课堂的实践性就是培养大学生分析问题和解决问题的能力，使实践的过程成为大学生思想政治道德自我完善成熟的过程。为突出大学生思想政治教育课堂的实践性，我们在教育教学中一定要彻底革除传统的观念，打破思想政治教育课堂的固定、静态、纯理论的教学模式，要将课堂融入现实生活，使大学生思想政治课堂成为大学生真刀实枪解决实际问题的大舞台。在大学生思想政治教育教学中，首先要突出教师与学生、学生与学生间的互动，在互动中交流、探讨、内化、提高；其次要突出学生动手、动脑能力的培养，使大学生在面对现实生活中的思想政治道德问题时，能够从容地运用自己的思想政治道德经验去解决处理这些问题。

（一）思想政治工作贯穿教育教学全过程的理论必要性

强调把思想政治工作贯穿教育教学全过程是思想政治工作本质特性的根本体现，是思想政治工作基本规律的深刻把握，还是思想政治工作实践经验的深刻总结，更肩负建设中国特色社会主义使命的内在要求。

1. 把思想政治工作贯穿教育教学全过程是思想政治工作本质特性的根本体现

思想政治工作的本质特性主要体现在其思想性即意识形态性及突出的政治性方面，这是区别于其他教育形式最根本的属性。一方面，思想政治工作是以人为基本对象而开展的工作，“人的本质是一切社会关系的总和”，这其中最为核心的莫过于对人思想的把握和引导。而思想的外化则是思想意识本身及特定思想意识指导下的上层建筑各方面关系的物质表现形式。正如列宁指出：“全部的上层建筑都是各种思想意识及其关系指导下的，构筑于一定经济基础之上的把握，这也是思想政治工作的逻辑始点。”

另一方面，社会主义意识形态性是思想政治工作最为直接的体现，意识形态是集中体现统治阶级根本利益的思想观念和价值取向的统称，我们开展思想政治工作就是在主流意识形态的引导下进行教育，从而完成说服、引导、团结人的相关工作。这其中最根本的就

是夯实和筑牢马克思主义在我国意识形态领域的主导地位，始终坚持用马列主义和中国特色社会主义的智慧结晶来武装全党、开展工作、教育人民。主流意识形态的重要性不言而喻，高校作为开展主流意识形态教育的主渠道，肩负着思想政治教育和工作开展的重要职责。

高校思想政治工作的开展必须坚持和巩固主流意识形态，将其融入教育教学的各个环节，渗透学校党建、科研及服务的各个领域，使马克思主义中国化的最新理论成果贯穿教育教学全过程，用科学的理论精髓武装青年大学生，确保高校发展的大方向正确。与此同时，要深化广大教职人员对思想政治工作的认识，增强高校教师教书育人的责任感和使命感，率先垂范、言传身教、夯实政治素养，把“教书”和“育人”相结合，真正实现全方位育人。只有在主流意识形态和价值取向一致并形成合力的情况下，才能真正促进社会的进步与发展。

2. 把思想政治工作贯穿教育教学全过程是思想政治工作基本规律的深刻把握

“思想政治工作的基本规律是贯穿于思想政治工作开展始终诸多因素和关系中基本关系的集中反映，人们思想的形成与发展与之密不可分”。思想政治工作要以人们思想品德的形成、发展的规律为依托，同样人们思想品德的形成与发展要依靠思想政治工作供给精神养料、把握正确方向。

①就人们思想品德的形成发展规律而言，马克思曾指出：“人类思维客观性的评判标准并非来源于理论，相反却是一个实践性的问题。”这里特别强调实践的作用，只有通过实践才能催生认识的需要，更好地指导思想的形成与完善。基于这一规律要求，思想政治工作必须贯穿教育教学全过程，更加注重“以文化人，以文育人”，使校园文化实现真正意义上的蜕变，创建良好舒适的校园环境。

②根据列宁提出的“灌输理论”认为：“工人本不可能具有社会民主意识，这种意识只能依靠外部灌输。”即强调了学习、教育的重要性，在当今思想政治工作开展过程中仍具有普遍适用性。高校思想政治工作的开展需要紧紧围绕马克思主义理论树立正确的世界观，这种世界观不能不学而自知，这就要求我们要充分利用好高校课堂的主渠道，遵循思想形成发展的规律，不断推进高校思想政治工作全方位、全领域的系统构建。因此，在全面推进思想政治工作过程中既要遵循人们思想品德形成、发展的规律，又要重视思想政治教育全方位的灌输，使理论与实践相结合，坚持用正确的理论指导实践，正确利用灌输途径，从而更好地发挥思想政治工作为政治服务的作用，为国家培养思想政治素质一流的接班人。

3. 把思想政治工作贯穿教育教学全过程是思想政治工作实践经验的深刻总结

思想政治工作在我们党的历史发展过程中历来都是全党齐抓共管的事情，毛泽东就特别强调：“思想政治工作是需要各个部门协同配合的工作系统，不仅仅是共产党的责任，更是青年团体、政府和学校教职人员都需要承担的责任。”九十多年的奋斗历程证明了中国共产党的思想政治工作和教育在整个中国革命、建设、改革的过程中发挥着极其重要的历史作用，我们党依靠思想政治教育调动和激发起了广大干部群众干革命的激情，同时取得了新民主主义和社会主义的胜利果实。现如今，在社会主义现代化建设过程中，更应该大力弘扬我们传承已久的政治优势，从历史中总结经验、吸取教训，使各部门协同配合，把思想政治工作贯穿教育教学全过程，形成纵横交贯的思想政治工作网，为广大青年营造良好的社会政治环境。实践证实，要想做好、做实思想政治教育工作，就要充分调动所有可调动的因素，掌控所有可运用的手段，充分利用各种场合，借助各种方式，组建一支强大的、具有专业素养的思想政治教育团队，开创社会各界积极参与思想政治教育的新局面。

4. 把思想政治工作贯穿教育教学全过程是肩负建设中国特色社会主义使命的内在要求

思想政治教育作为思想、政治、道德、心理等教育的集合体，共同形成思想政治教育的工作体系，极具中国特色，这种鲜明的特色主要体现在其社会主义性质和方向上，同时是符合中国国情、世情的普遍要求。高校思想政治教育工作的开展，其核心就在于为中国特色社会主义事业发展培养人才、提供保障、引领方向，这就要求我们在开展思想政治教育时坚持马克思主义的理想信念教育，将思想政治教育贯彻教育教学全过程，为其注入中国特色社会主义的政治灵魂，从而更好地承担起培养中国特色社会主义事业建设者和接班人的历史使命。

习近平总书记在庆祝建党 95 周年大会上回顾了我们党走过的艰辛历程，深刻阐明了“不忘初心、继续前行”，必须牢牢把握的八方面要求，为开创中国特色社会主义新局面奠定了坚实的基础，同时为今后全党开展各项工作指明了方向。各高校党委以此为基点，用高度的责任感和使命感引领各项事业向前发展，充分发挥中国特色社会主义高校的政治优势，扎根中国大地，办好中国特色社会主义大学。

习总书记强调：“我国高等教育未来的发展方向应紧密结合当前和今后我国社会主义事业发展的具体目标，不断提升为人民服务、为构建新型国家治理体系与治理能力现代化服务，为全面深化改革服务，为不断增强完善中国特色社会主义制度的自信和自觉服务。”注入中国特色社会主义的政治灵魂，必然要求思想政治工作贯穿教育教学全过程。

（二）思想政治工作贯穿教育教学全过程的现实必要性

把思想政治工作贯穿教育教学全过程不仅是新时期习近平总书记对高校人才培养的新指示，同时是中国特色社会主义事业发展的必然要求。尽管如此，仍有一些现实问题亟待扭转和化解，归结起来突出表现为以下几个方面：

1. 观念意识淡薄，轻视思想政治工作

“事物总是会产生固定的磁场，思想政治工作同样如此，在长期社会发展过程中人们对思想政治教育的认识和理解所形成的观念性的因素构成了思想政治工作的‘磁场’”。受固化思维的影响，一些人对思想政治工作的认识仍然停留在思维惯性中，加之国际意识形态领域斗争激烈，“去意识形态化”和“泛意识形态化”使得一些人对高校加强意识形态工作不够理解，甚至轻视思想政治工作。殊不知，撇开意识形态势必会造成非马克思主义有机可乘，严重消解思想政治工作的解释力。因此，当前和今后思想政治工作务必引起高校足够的重视。

2. 教育教学中弱化思想政治教育

在开展思想政治教育的过程中，教师应充分挖掘其中所蕴含的思想、道德因素，通过教育教学引起学生的共鸣，同时应以言传身教感染学生，实现其道德情操的升华。然而现实却不尽如人意，一些教师“只教书不育人”，认为自己的职责就是传授知识，思想政治教育是“两课”教师和辅导员的任务，与己无关。与此同时，高校思想政治研究不能很好地与现实接轨，一些教师与社会脱节，讲课只是照本宣科，无法提起学生的兴趣。我们必须深刻认识到教师所担负的使命和担当，“传道者自己首先要明道、信道，担起学生健康成长指导者和引路人”。

3. 边缘化思想政治工作在高校中的核心地位

思想政治工作是具有核心教育、引导功能的社会综合体系，但在相当长的时间里，基于维护社会安定的需要，一些思想政治工作更多侧重政治功能而忽视育人功能，致使思想政治工作因忽视社会群体利益而被边缘化。随着社会科技的不断发展，多元社会思潮相互激荡，时代赋予了思想政治工作新的内涵，社会发展对其提出新的诉求，新时期重塑思想政治工作在高校的核心地位显得极为重要。

三、新时期的大学生思想政治教育活动要突出实践性

思想政治教育活动的实践性，应该注重大学生在思想政治教育活动中的亲身体验，强调大学生通过实践活动获取直接经验。可以通过对新生军训、社会实践、希望工程等活动，充分调动大学生的感觉器官与心灵的双向交流，把交流中获取的感觉、感知、感情通过思想的过滤、提炼，升华到理性认识，凝结成自己的思想道德观点。

（一）思想政治教育与主题教育活动的关系分析

1. 思想政治教育是主题教育活动的核心

开展主题教育活动的最终目的就是要实现思想政治教育。就目前大学生的现状来看，他们之中有很多人明显没有达到社会对于他们的基本要求，部分大学生在思想上呈现出了道德标准多元化、自我化、功利化、庸俗化等诸多消极现象。提高大学生思想政治教育工作水平迫在眉睫，高校需要通过它来实现大学生综合素质的提高、需要利用它来实现大学校园精神文化生活的开展。谈到综合素质，它通常包括身体素质，心理素质，道德品质，专业素质，学习能力等方面内容，通常是在人分析、认识、处理事务时所表现出来的各种生理的、心理的和外部形态方面的以及内部素养等方面比较稳定的综合素质。就业的本质其实是社会对求职者综合素质的需要和认可，人的综合素质的提高是社会发展的必须要求和必然趋势，而开展思想政治教育是大学生综合素质提高的非常重要的途径之一，由此可见思想政治教育工作的重要性与其不可动摇的核心地位。

2. 主题教育活动是思想政治教育的表现形式

大学校园都在急切的寻求精神文化生活的丰富多彩。优良的校园文化是当今高校“软实力”的体现，它对高校的长期教育成效具有重要的作用，也是保证高校形成优良风气与活力的关键性因素，由它衍生出的凝聚力与优良的学风也正是当今高校最重要的竞争实力。优良的校园文化对高校的思想政治教育的全面、协调、可持续发展具有重要的作用。集中力量开展大学校园文化建设不仅仅是加强和改进大学生思想政治教育的重要途径，也是提升高校综合办学水平和层次建设最可行的办法之一。大学校园精神文化是一所高校所拥有的思想政治观念及价值体系文化的重要产物，它是一种精神形态的文化氛围，是学校的灵魂所在，是校园文化的核心要素。大学校园精神文化对大学生的思想道德观也有着潜移默化的影响。大学生主题教育活动是大学校园精神文化建设体系的重要组成部分，它包括德育、智育、体育、美育四个方面，通过它们的有机结合，进而开展更多丰富多彩、积极向上的、形式多样的学术、科技、体育、艺术和娱乐等校园活动，不仅在很大程度上丰富了大学生的课余文化生活，在大学校园中产生浓厚的学习与实践氛围，而且对于宣扬优良校风、教风和学风，引导大学生树立正确的世界观、人生观、价值观，提高大学生综合素质，加强大学校园文化建设也具有重要的作用。通过开展主题教育活动可以最大限度，最快速度的实现思想政治教育工

作的开展。所以主题教育活动是思想政治教育的重要表现形式。

（二）实施主题教育活动促进思想政治教育的现实紧迫性

1. 主题教育活动促进思想政治教育实效性的集中体现

主题教育活动促进思想政治教育的实效性集中体现在增长知识、提高能力、提升素质三个方面。它提升了思想政治文化影响力，引起了强烈的反响；磨炼了团队意志，提升了学生之间的团队协作能力，促进了工作进程，构建了学生成长、成才的精神家园。但是当前大学生思想政治教育实效性的不足主要就是因为部分学校将大部分注意力集中到了硬件设施与师资力量的建设上，而忽略了作为“软件设施”的思想德育工作，没有给大学生的思想政治教育以足够的重视，没有将其贯穿于教育教学的全过程中，高校团委（领导者）、各学院分团委（组织者）、具体各学生组织部门统筹策划的主题教育活动不够充分，导致学生管理工作与形势发展要求不相适应，少数教师不能做到以教书育人、为人师表为己任，学校思想政治理论课实效性略显薄弱，忽略了对大学生心理的了解，授课更偏向于照本宣科，思想政治教育与大学生的思想逐渐产生偏差。再加上国际环境的复杂多变使思想政治教育面临更加严峻的形势，以往的思想政治教育模式渐渐难以适应当今时代的飞速发展。另外，在市场经济条件下的一些负面影响的多元文化冲突下，思想政治教育工作开展的难度正在逐渐加大。这些都无一不影响着高校主题教育活动促进思想政治教育的实效性。

2. 主题教育活动促进思想政治教育实效性的现实问题

高校主题教育活动思想政治教育促进作用达不到预期的效果主要是因为大学生求职择业时思想行为上出现的偏差。第一，对“就业难”认识的偏差。第二，择业观念趋向功利化。第三，求职择业时的诚信缺失。第四，择业过程中的负性心理。

近几年，高等教育逐渐步入大众化，再加上大学生就业制度改革、金融危机等因素都造成大学生就业压力的加大，大学生不知不觉地产生了功利性的就业观，把是否有利于就业、能否帮助就业作为衡量各种问题的准则。大学生也存在选择问题上的严重盲目性，思想上存在一些误解和困惑，导致一些错误的思想和行为。这些都造成当下大学生在就业时产生的随波逐流的现象。

要想解决这些问题，必须着重加强思想政治教育的开展。毫无疑问，高校应该坚持把坚定正确的政治方向放在第一位，最重要的就是在大学生思想政治教育中坚定不移地坚持党的领导，认真贯彻落实党的十八大精神，坚持党的基本路线，坚持把准确的政治方向放在首位，始终坚持为社会主义服务，为广大人民服务。高校党委同时要统一领导大学生思想政治教育工作，制订思想政治教育的总体规划，对大学生思想政治教育做出全面的安排和策划，而且必须坚持用马克思主义意识形态占领高校思想文化阵地，加强高校党委对意识形态工作的领导。最根本的是要用中国特色社会主义理论体系占领高校思想文化阵地，努力构建社会主义核心价值体系。

如何才能进一步提高思想政治教育活动的实效性？首先，应该进一步制定活动的管理激励机制。因为要想成功开展主题思想政治教育活动，必须加强领导，强化管理，整合资源，彰显特色，如此才能提升德育工作的效率与实效，激发参与者的积极性。其次，加强对活动的宣传力度。主题思想政治教育活动要加强宣传，可以联合多种媒介，对不同群体选择对应有效的宣传方式，带动各方面力量积极参与其中，为即将开展的活动“造势”，营造良好的氛围。将活动的宣传做到最细致的加工，确保其具有最强的针对性，广泛性。

再次，实现活动的多元化，新鲜化，告别单一，枯燥的主题形式。不但要从活动组织形式上进行改进，还要通过提高活动对社会的影响力逐步积累活动市场。最后，在完善活动保障机制方面要做进一步加强。意思就是要进一步加强队伍建设，培养一些思想政治工作经验丰富，思想政治素质高的优秀人才。

（三）高校主题教育活动何以实践

《中共中央国务院关于进一步加强和改进大学生思想政治教育的意见》指出："学校教育要坚持育人为本、德育为先，把人才培养作为自己所奉行的基本准则，把思想政治教育摆在首要位置。随着高校教育教学改革的不断发展，大学生思想政治教育的改革也在不断加深并且正在分工细化。毋庸置疑，思想政治教育工作在每一所高校的各项工作中占据极其重要的地位。高校思想政治教育活动要以理想、信念、育人为核心，以爱国主义教育为重点，以思想道德建设为基础，以大学生全面发展为目标。从组织形式上讲，有课堂教学、课外教育等活动，有全校、院（系）、年级或班级等大小规模不同的活动，有工会、党团、社团等不同组织主办的活动，有学术的、科技的、艺术的、体育的、和娱乐的等不同内容的活动，有社会调查、生产劳动、志愿服务、公益活动、科技发明和勤工俭学等社会实践活动等。有如此丰富的内容与组织形式，突出重视实效性就显得尤为重要。为了避免因缺乏新意而使组织者与参加者产生心理倦怠感，所以教育工作者有必要开展以学年度为一个完整周期的主题教育活动，以统筹全校思想政治教育工作。

主题教育活动作为学校校园文化软环境建设的重要组成部分，对全校师生员工，特别是大学生的思想政治品德的形成具有潜移默化的作用，而且主题教育活动因其内容丰富和形式的多样性，对大学生综合素质拓展起到重要的辅助作用。举一个例子，如钻石作为一种奢侈性消费品，正因它对人们而言是可有可无的，价格低人们就会多买一些，而一旦价格很高，能够买得起的人就会少很多，因此其需求价格弹性非常大，也就是说人们它的价格十分敏感。同时因为钻石在地球上的含量少以及开采难度大，无论其市场价格多高，其供给也相对有限，因而供给的价格弹性非常小。因此极大的需求价格与极小的供给价格弹性共同作用，就促使钻石的市场价格非常昂贵。由上面的简单的经济概念的理解，就可以了解到，如果教师只是按照教材讲述的方式向学生教授的话，学生最多只能知道课本中有这么个经济概念，如果教师能通过拿生活中学生容易接触到的便于理解的案例进行讲述就会起到事半功倍的作用，一来加深概念的理解，二来也可以提高学生学习的兴趣。当然，要做到这些，对教师提出了较高的要求，要求教师本身对相应的知识现象有所认识和了解，也要求教师有较广泛的经济学知识。

目前的思想政治教育活动主要存在两大矛盾：一是加强大学生思想政治教育的重要性和大学生对传统思想政治教育存在排斥心理之间的矛盾；二是大学生成才愿望强烈和成才方向模糊之间的矛盾。如何更好地体现思想政治教育的时代性，增强其实效性，并且解决上述两大矛盾，关键在于将思想政治教育工作和成长成才教育相结合，根据大学生的身心特点、成才规律和实际需求，制订更为适宜的教学计划，更好地挖掘思想政治教育的新途径、新办法，正是本次研究要着力解决的问题。思想政治教育要适应时代的发展，不能一味满足于现有的教育教学模式。它在当代大学生的素质培养与人格养成上有着举足轻重的地位。主题教育活动与思想政治教育实效性的结合，要坚持以学生为本的原则，充分肯定学生的主体性，把人作为管理中的首要因素，把关心人、尊重人、激励人、领导人、发展人放在首要地位。只有这样才能最大限度地实现高校主题教育活动，提高思想政治教育的实效性。

第六章 新媒体在高校思想政治教育中的创新应用

第一节 新媒体对高校思想政治教育的开展带来的影响

当今社会是一个信息社会，作为这样一个社会当中的一分子，在这个信息时代是离不开媒体这个介质带来的改变的。总之，各大高校都应密切关注大学生的思想政治教育状态，了解学生在学习上的需求，让新媒体教育与之进行融合，以更有效的教育方式丰富大学生思想政治方面的知识，提升学生的个人素质，增强国家的综合国力。在这个漫长的思想政治教育历程中，需要不断地完善教育制度，以提高学生的思想政治水平为教育目标，完成教书育人的使命。

一、新媒体时代高校思想政治教育的变化和特征

新媒体是指利用数字技术、网络技术，通过互联网、宽带局域网、无线通信网、卫星等渠道，以及电脑、手机、数字电视机等终端，向用户提供信息和娱乐服务的传播形态。在目前的经济技术条件下，互联网是新媒体的主体，手机媒体的发展也比较迅速。新媒体除网络和手机外，还包括数字电视、直播卫星电视、移动电视、交互式网络电视、网络电视、楼宇视屏、户外大屏幕、温暖触媒、网上即时通信、虚拟社区、博客、播客、搜索引擎、简易聚合等。新媒体作用的发挥呈现出多元性、交互性、个性化、虚拟性等特点。新媒体的广泛应用，不断冲击着人们对传统大学生思想政治教育模式的理解与认知。面对新挑战，应认真研究新媒体时代大学生思想政治教育的新规律和新特点，实现思想政治教育的现代化。

（一）新媒体时代高校思想政治教育的特征

1. 注重追求自由个性

新媒体是一个具有海量信息的传播平台，大学生可以根据自己的兴趣爱好选择想要的信息，而不受时空的限制。同时，大学生不仅是信息的接受者，而且可以自由地参与信息的制作和传播，成为信息的输出者。在新媒体提供的虚拟空间里，大学生获得了现实世界无法提供的自由表达言论和观点的机会。特别是随着手机上网、聊天的普及，新媒体显性地或潜移默化地影响着当代大学生自由个性的形成与发展已是不争的事实。

2. 重视虚拟空间的沟通交往

BBS、E—mail、QQ、博客、手机短信等新媒体为大学生的人际交往提供了更轻松和便捷的途径和手段。在新媒体提供的虚拟空间中，由于交流双方多以匿名的方式进行，减少了来自其他个体或社会因素的干扰，有利于保护个人隐私和言论自由，也有助于更好地

交流思想传递情感，因此，互联网成了大学生表达思想观点和倾诉心声的理想选择，他们希望通过在线交流充分表达自己的想法和意愿，获得他人的尊重，同时期望与他人尤其是老师和学校管理者平等对话，解决他们遇到的问题。

3. 价值观念趋于多元化

新媒体介入后，校园信息化在某种程度上处于一种“时间、空间、资讯无屏障”状态，信息的发布和使用比以往更加自由，具有不确定性和难以控制性，一些落后腐朽的思想、违反社会公德的信息，甚至资产阶级消极思想趁机进行传播和渗透。由于大学生尚未形成稳定的价值观念，缺乏理性的判断能力，因而很容易被动接受外界信息，导致理想信念迷失、价值观混乱、价值主体自由化、价值导向多元化等问题，抵消了高校思想政治教育的部分效果。

4. 部分学生出现信任危机和人格心理障碍现象

新媒体超越了时空的界限，形成一个虚拟的空间。因此，对受众而言，就存在现实世界和虚拟世界两种生存空间。手机短信、博客、网络论坛、社区等都具有明显的虚拟性，大多数学生在新媒体空间里都以匿名或化名的方式进行交流，言行得不到规范，真实性难以保证，容易使其摆脱现实社会诸多人伦、道德等约束，放纵自己的行为，忘却社会责任，呈现出道德弱化现象；还有部分学生沉溺于虚拟空间，容易造成紧张孤僻、厌倦生活等问题，进而产生逃避现实的心理倾向，引发信任危机和人格心理障碍。新媒体时代大学生思想状况的新特点新变化，给传统的思想政治教育提出了新的考验和挑战，必然会引起传统思想政治教育方式方法的变革。

（二）新媒体时代增强大学生思想政治教育实效性的原则

新媒体时代大学生思想状况的新特征，需要教育者全面推动思想政治教育的创新，探索新的教育方法和原则。

1. 虚实结合原则

新媒体技术的发展为大学生思想政治教育的现代化开辟了广阔的虚拟空间。新媒体技术具有信息量大、资源丰富、传输便捷、不受时间和空间的限制等优势，这就克服了空间和时间的限制，打破了传统思想政治教育阵地相对固定、覆盖面窄、影响力小的局限，极大地拓展了思想政治教育工作的空间，成为开展大学生思想政治教育的新阵地。但是新媒体技术环境下建构的虚拟空间不是一个与现实世界完全割裂的独立王国，而是以现实为基础的，是现实社会的拓展与延伸。虚拟空间的思想政治教育不是对现实物理空间思想政治教育的简单否定和取代，其有效开展离不开现实物理空间思想政治教育的有力支撑，二者应紧密配合，实现虚拟空间教育和物理空间教育的有机互动，共同推动大学生思想政治教育的发展。一方面，所有现实思想政治教育的内容、方法与途径都可以通过有效转换，在虚拟空间中组织实施。应根据虚拟空间信息丰富性、交往隐匿性等特点创新思想政治教育的载体与形式，不断加强思想政治教育虚拟与现实空间的有效互动；另一方面，虚拟空间的问题归根结底是现实世界的折射。因此，在占据虚拟空间思想政治教育阵地制高点的同时，现实物理空间阵地绝不可放弃。虚拟空间反映出来的一系列问题要靠思教工作者在现实生活中认真去解决。

2. 交互主体原则

新媒体环境中信息的选择与利用实现了个体自由化和自主化。在新的环境中开展大学生思想政治教育，应改变传统思想政治教育中重理论“灌输”而形成的教师主体和学生被动接受的局面。一方面，思想政治教育过程是教育者主体作用发挥的过程。教育者代表了社会的教育要求，在坚持马克思主义理论指导的前提下，根据时代的特点，结合人的思想品德发展规律和教育规律，制定出符合现实和能够促进个人全面发展的教育目标。同时，教育者也是教育过程的组织者，在新媒体环境下教育者应根据时代特征和大学生的思想特点，积极探寻新的教育手段和方式，创造性地对受教育者进行思想政治教育，促使受教育者全面协调发展；另一方面，思想政治教育过程也是受教育者主体性作用发挥的过程。针对新媒体时代的特点以及大学生思想政治教育的内在规律与要求，教育者应帮助大学生学会认识和分析各种复杂的社会现象，积极鉴别纷繁复杂的信息，引导大学生树立受教育者的主体地位与自我教育和学习的观念，引导其积极自主参与整个教育过程，接受教育内容和要求，自觉地将其内化为自己的思想意识，从而达到受教育者不断提高和完善自我道德水平和思想境界的教育目的。因此，大学生思想政治教育应努力增强教育者的服务意识，树立民主化观念，尊重学生的主体地位，在充分发挥教育者主体作用的同时，着力激发和引导受教育者的主体性，使师生互为信息的传播者和接受者，同时互为思想政治教育的教育者和受教育者，形成教育者与学生协同学习的模式，构筑起和谐的师生互动关系。当然，在整个思想政治教育过程中，两个主体性体现在不同方面。教育者的主体性体现在对教育过程的控制和引导，而受教育者的主体性主要体现在教育的目标指向上。从教育本身来看，教育者的主体性作用更为突出。

3. 渗透引导原则

新媒体时代，媒介主体的活动具有虚拟性、隐蔽性等特征，大学生的媒介活动尤其是网络活动非常活跃，作为思想政治教育的组织者应积极主动参与到学生的网络活动中去，通过与网民的互动交流，把教育的内容渗透进去，从而发挥对教育对象的言行的引导作用。首先，高校思想政治教育应主动占领网络阵地。高校应加强以校园网建设为核心的校园互联网建设。学校网络应遍布宿舍、图书馆、教室等生活和学习区，校园网内容上应突出主题，坚持以社会主义核心价值体系为指导，充分发挥其引领学生思想，传播先进文化，倡导科学精神，塑造美好心灵，弘扬社会正气的作用。其次，不断创新和大学生的虚拟空间交流方式。应善于综合运用多种现代网络信息交流方式，

如建博客、播客、QQ 群，有效导帖、适时跟帖、及时结帖等方式，积极参与到网上交互性较强的栏目中，以平等的身份交流，在民主和谐的氛围中渗透和传播思想政治教育的教育信息，以加强对学生思想和言论的引导。最后，充分发挥网络“舆论领袖”和评论员队伍的作用。传播学研究表明，那些在网络人际传播中经常为他人提供信息，同时对他人施加影响的“活跃分子”，他们在大众传播效果的形成过程中扮演着重要角色。因此，在以网络为主体的新媒体空间中，应有意识地培养一支以思想政治理论课教师和辅导员为主体及部分优秀学生参与的网络舆论评论员队伍，充分树立其在信息交流空间中的威望，利用“舆论领袖”的影响力，引导和强化主流言论，发挥虚拟空间对学生的正面引导和教育功能。

二、新媒体时代对高校思想政治教育的挑战

新媒体是基于技术进步引起的媒体形态的变革，尤其是基于无线通信技术和网络技术革命基础上出现的媒体形态，如数字电视、手机、博客、电子杂志等，也包括已经不算新的网络媒体。新媒体具有信息覆盖面广、信息传播速度快、信息交互性强等特点，直接影

响着人们的生活方式和思维习惯。特别是当前我国处于社会、政治体制改革的关键时期，各种矛盾比较突出，各阶层的利益诉求以及西方敌对势力文化观念借助新媒体广泛快速传播，冲击着人们的人生观、世界观和价值观，给思想政治教育带来挑战。

（一）信息覆盖面广，观念多元，必须始终引领思想政治教育“主旋律”

以前，信息获取途径比较单一，主要通过报纸、电视和广播等传统媒介，教育者很大程度上掌握着信息的主导权，控制着“信息阀”，拥有独特的信息优势，思想政治教育的“主旋律”就十分明显。新媒体时代，随着手机、互联网等新兴媒介的出现，微博、聊天工具等交互软件的广泛使用，人们获得信息的渠道在得到极大扩展的同时信息的覆盖面也随之扩大。面对泥沙俱下、铺天盖地的信息，我们以往高扬的“主旋律”就容易丧失原有的优势。一方面，人们具有了平等获取信息的相对条件，同样的观点，既有正面的声音，又有负面的反应，这就给主流意识的传播带来了挑战；另一方面，鱼龙混杂的信息使原有思想文化阵地受到冲击，对搭建新平台，构筑新阵地带来了挑战。近年来，不良信息的泛滥和传播已经成为一个大的社会问题，灰色、黄色和黑色等不健康的段子和短信，已经形成一股浊流，成为人们茶余饭后、聚会聊天、娱乐消遣的素材。这些不健康的短信和段子犹如“语言鸦片”，在欢声笑语中不知不觉地污染了思想环境，降低了语言格调，侵蚀着人们的理想信念。

1. 提高教育者媒介素养

作为教育者，要不断增强自己应对媒介、使用媒介的素养，紧跟潮流的律动，确保自己的思想意识既不能落后于时代要求，又不能被时代大潮任意裹挟；既要增强正确的媒介认知能力，又要增强对媒介信息的良好反应和批判能力，从而在社会责任、公民道德等方面获得极大教益。

2. 强化政治引导

要主动面对新媒体时代思想政治教育出现的新情况、新特点，把以党的创新理论为主的政治理论教育与现代媒介手段结合起来，把唱响主旋律与人们生活娱乐结合起来，采取人们喜闻乐见的形式，引导人们树立正确的政治观念。

3. 加强教育力度

坚持用党的创新理论武装头脑，用事实说话，以真理服人，确保广大群众在杂乱的信息世界中，实实在在地感受到党的政策强大的吸引力与生命力，从而更加坚信党的领导，保证思想领域高度集中统一。

（二）信息交互性强，身份隐蔽，必须着力提高人们自身的“免疫力”

当前，我国经济建设快速发展，各种社会矛盾也随之出现。收入分配、法治建设、住房、医疗、教育、社会治安等与老百姓利益息息相关的问题，成为媒体争相报道的焦点和人们讨论的热点。微博、论坛等交互媒介的广泛运用，成为思想文化信息的集散地和社会舆论的放大器，成为各阶层言论表达、情感宣泄、利益诉求和思想碰撞的重要舆情平台。一方面，由于信息发布者身份的隐蔽性，在时下公众浮躁心态的驱使下，对社会各类突发事件、敏感问题的讨论，难免会出现一些偏激观点甚至与事实不符的报道，严重损害了党和政府形象，降低了党和政府的公信力；另一方面，西方反华势力和分裂势力，为了达到他们“西化”“分化”的目的，制造和利用各种社会突发事件，并通过网络不遗余力地传播自己的价值观、信仰、生活方式，进行意识形态领域的渗透，增加了人们在是非鉴别和行为选择上的复杂性。

1. 加强政策法规教育

要反复强调国家有关规定，对人们进行持久的政策法规教育、网络安全常识教育、反面典型教育，从思想深处增强广大群众的法纪意识，避免造谣、传谣等事件的发生。

2. 增强人们的鉴别力

通过教育引导，确保人们了解网络信息存在虚假性和欺骗性，要加以正确的区分，尤其是对于网络交友、各类“网络社区”“群”要增强辨别力，防止在不知不觉中误入歧途，防止谣言的传播，防止各类案件的发生。

（三）信息传播速度快，难以控制，必须及时有效有力地回应热点问题、敏感问题

在过去的思想政治教育中，教育者对人们接受的外界信息，能够进行有效的控制，使得信息比较“纯净”。然而，新媒体凭借开放、自由、平等、互动、即时等传统媒体无可比拟的优势造成网络舆论的形成非常迅捷。一方面，新媒体信息传播速度快，给信息“过滤”带来很大难度，各种各样信息都可能通过新媒体进行传播，特别是信息垃圾的泛滥和谣言的传播，对人们的思想造成严重的侵蚀；另一方面，人们使用网络的要求日益强烈。当前，网络已经成为人们日常生活中不可缺少的组成部分，上网途径多样又便捷，很多人甚至患上了“网络依赖症”。但由于网络等新媒体缺少抵御不良信息的“天然屏障”，西方“反华”势力的政治、经济和文化理念的渗透，各种腐朽思想、错误言论，不经过任何“过滤”，直接进入人们的视线，涌入人们的头脑，影响着他们的价值观念。因此，思想政治教育的可控性受到了严峻挑战。

1. 建立“红色”评论员队伍

要充分发挥“意见领袖”作用，成立评论员队伍，弘扬社会正气，通达社情民意，搞好舆论监督，积极回应广大群众关心的热点难点焦点问题，对社会各类突发事件、敏感问题做出更为及时有效地回应，有力驳斥错误思想观点，把人们情绪引导到健康、理性的轨道上来。

2. 加强对信息源的管控

要加强对网站和运营商的管理，通过法律和技术手段，制定行之有效的措施，使不良信息得到“过滤”。对在论坛、微博等平台发布信息的网民进行实名认证，追究不良信息发布者的法律责任，从而有效的“清洁”网络环境。

三、新媒体时代给高校思想政治教育的机遇

高校思想政治教育过程从某种意义上讲就是信息的获取、选择和传播的过程，也就是用正确、丰富、生动的信息，影响、熏陶大学生的思想观念、价值观念和精神世界的过程。网络时代的到来给高校思想政治教育工作提供了一个崭新的天地，同时也带来了新契机。

（一）突破了传统思想政治教育家校互联的困境

构建新型的高校思想政治教育模式，就需要将家庭教育、学校教育与社会教育有机地结合在一起。在传统的高校思想政治教育中，实现家校互动存在以下的困难：

1. 家校联系途径匮乏

传统的面见式的交流活动好处很多，但是高校学生分布范围广，只有少量的学生家庭处在高校所在的城市，大部分的学生家庭离学校的距离较远，高校教师无法像基础教育教师那样进行家访活动，在实践层面上面对面的家校交流活动是不可行的。电话联系经济成

本大，还受制于通话双方的时机，因此通常只有在紧急或重要的状况下才会利用电话进行家校联系，信技术在家校联系中充当了应急交流工具的角色。书信等联系方式也因为速度慢、效率低、内容单一等因素而难以成为搭建家校联系的合适桥梁。

2. 家校交流存在误解

由于家校之间缺少交流的通道，在实际生活中家长很容易对子女在校情况形成片面认识。家长主要通过子女来了解学校的基本情况，学校通过学生来了解学生的家庭情况，消息传递的通道过于狭隘，会导致信息的失真。曾经发生的子女向家长撒谎以学校组织活动需要经费为名义向家长要钱，学生将学费挪走他用却告诉学校家里没有钱来交学费等就是这种情况下发生的。在家校联系通道不畅的情况下，无论是家长还是学校，都没有足够的通道来核实学生信息的真假，使得家长和学校之间在相互理解上容易产生误解，妨碍了高校思想政治教育的顺利进行。

3. 高校缺少交流宣传的渠道

虽然现在高校都有门户网和报纸来进行宣传，但是学校门户网站版面有限，而且受到既有格式内容的限制，无法完全满足高校思想政治教育的需要；报纸发行量小、流通范围有限、发行周期长，通常只是在学校内部进行流通，难以跟上信息时代的传播速度，宣传效果有限。家长不能通过门户网站了解自己子女的基本情况，难以对他们形成客观的评价；学生在学校门户网站上难以获取到足够信息，而更加依赖外部网络。这样高校不仅不能及时将事业发展宣传出去；把学校学生的精神面貌展现出来，也不能根据外部世界的变化而及时调整思想政治教育策略，还将自己置于外部网络宣传的包围中，外部网络的不实信息一定程度上妨碍高校思想政治教育工作的顺利开展。

（二）网络技术的运用为拓宽思想政治教育手段提供了可能

网络思想政治教育可以利用网络的多媒性使枯燥的理论教育变得生动活泼、可以增强思想政治教育的吸引力、感召力，有利于提高实效性。借助网络载体可以将大量的、针对性强的思想政治教育内容迅速得到传播，并通过沟通与配合实现网络资源共享，形成网络资源的合力。同时，利用计算机及网络技术强大的功能，对思想政治教育信息进行定性、定量分析，横向、纵向的比较，对思想政治教育主题决策提供有力的数据，从而提高思想政治教育的工作效率和工作水平。

（三）网络技术的运用拓展了思想政治教育的载体

网络的“大信息量”功能为思想政治教育提供了丰富的信息资源，使得我们无须从报纸、文件、书中寻找收集资料，借助网络，我们可以在有关大量信息资源中精选有针对性的、最新的时事材料、理论成果、典型事例供教育对象下载阅读。网络汇集的信息成果极大地拓展了思想政治教育的内容，也有利于开阔教育对象的视野，提高境界，有助于达到更好的教育效果。

1. 高校思想政治教育网络载体构建的必要性

（1）高校思想政治教育网络载体的构建十分重要

网络信息的传播有其独特的优势，尤其是现在人们与网络的关系日益密切，通过网络的传播来拓宽思想政治教育的影响是十分必要的。高校思想政治教育网络载体在运行的过程当中能够充分借助网络信息传播的优势，以一种比较新颖的方式吸引大学生的眼球，使大学生能够耳濡目染地接受思想政治教育，同时也增强了高校思想政治教育的影响效力。

(2) 高校思想政治教育网络载体构建中存在不少问题

虽然运用网络载体的方式使高校思想政治教育的发展不断增强是不错的方式，但高校思想政治教育网络载体在运行中仍旧存在不少问题。

首先，由于在管理方面存在漏洞，高校思想政治教育网络载体在运行的过程中往往存在形式主义的倾向，在具体的运行操作中涉及的广度与深度都不够。许多的高校在对网络载体的监管方面存在诸多不足之处，许多的负面信息没有得到很好的处理，产生很多消极影响，从而也会进一步影响到思想政治教育网络载体实际的施行效力。其次，高校思想政治教育网络载体建设中还存在着人才资源缺失的现象。就高校思想政治教育的主体而言，他们往往缺乏专业的网络知识，掌握较少的信息技术，不能将自己所掌握的思想政治教育理论与现代科学技术相结合，运用网络载体展开高校思想政治教育活动。没有将网络信息教育平台很好的利用，使得教育的资源没有得到有效的整合，运行成效不明显。

2. 高校思想政治教育网络载体构建的措施

(1) 提高高校对思想政治教育网络载体构建的重视度

随着信息化时代的来临，高校要强化对大学生的思想政治教育必须要借助网络这一载体。高校思想政治教育网络载体的构建有利于提高高校思想政治教育的运行，因此，提高对高校思想政治教育网络载体构建的重视度，运用网络载体来强化高校的思想政治教育的新思路是非常必要和迫切的。首先，要坚定运用网络载体来牢固高校思想政治教育的信念，改变传统的灌输式的教学方式，利用信息化技术加强校园网络建设，将其教育的内容通过网络载体呈现给广大师生，使其在潜移默化中接受思想政治教育。其次，作为高校的管理者要重视网络载体的建设，聚焦于不断挖掘高校思想政治教育网络载体在运行过程中会出现的问题以及如何运用网络载体来开展高校思想政治教育，充分发挥高校思想政治教育网络载体的效力。高校的思想政治教育工作者要科学地运用网络载体的方式开展思想政治教育，结合个人对知识理论创新的认识，在网络载体新形式中开展思想政治教育，不断拓展思想政治教育的传播途径。

(2) 利用高校网络平台拓宽思想政治教育网络载体的影响效力

高校可以利用网络信息技术开展多姿多彩的网络思想政治教育活动。网络技术在丰富人们的生活的同时也可以丰富教学工作，而高校网络平台则为高校思想政治教育的开展提供了很好的媒介，所以为了加强思想政治教育活动的运行效力，应稳固发展高校网络平台的建设，将思想政治教育活动穿插其中，不断丰富其内容，创新其方式。运用网络这一载体开展高校思想政治教育，必须做好充分的准备工作。首先，要不断强化对高校思想政治教育网站建设的监督和引导，坚持正确的舆论导向，及时对信息进行过滤处理，屏蔽不利于思想政治教育运行的信息，及时更新网络信息，确保走在时代前沿，为高校思想政治教育的发展营造一个良好的网络环境。其次，要利用高校网络平台的建设来推动思想政治教育的发展。思想政治教育网站的建设要有明确的指导思路和原则，这是一个循序渐进的过程，必须有足够的耐心和耐力。高校在巩固思想政治教育网站建设的过程当中，应该充分考虑当前大学生的思想状况和个性追求，来进行思想政治教育。再次，要不断丰富其内容，对其方式进行创新。我们应当考虑到时代的发展和人们需求的变化，彰显社会需要。可以利用大学生钟情于网络社交平台和聊天软件的特点，将思想政治教育的内容穿插其中，使大学生在良好的氛围中接受思想政治教育所学到的知识，提高其工作效率。此外，网络思想政治教育活动开展的过程中，教育主体可以利用网络内容和网络信息的多样化，摒弃单一的文字形式，增加一些教育性较高但又很有趣的案例，并且适量增加图片，视频等音像资料，使学生更好地理解和吸收思想政治教育的内容。

（3）不断完善思想政治教育网络载体方面的规章制度

合理、有效的规章制度是高校思想政治教育网络运行的防卫军。高校思想政治教育网络载体要充分发挥功效，必须建立健全思想政治教育网络载体方面的规章制度。首先，在高校思想政治教育网络载体运行的过程中要建立明确的权责管理制度，明确高校思想政治教育网络载体的管理地位和权限，使网络管理员各司其职，规范而有效的发挥其职能，使高校思想政治教育网络载体的运行有序地进行。其次，要注重信息的交流与反馈，确保高校思想政治教育网络载体在运行的过程中信息交流的通畅，有利于思想政治教育信息的管理者吸纳良策，深化网络思想政治教育工作的内容和形式，提升高校思想政治教育网络载体的运行效率。最后，要建立有效的运行效果评估机制，及时的回馈高校思想政治教育网络载体运行的数据分析，对高校思想政治教育运用网络载体运行发挥的效力进行监测，从而根据评估结果不断丰富高校思想政治教育网络载体的内容和方式，使高校思想政治教育通过网络载体的途径保持旺盛的生命力。

（4）要注重高校思想政治教育网络载体专业队伍的培养

现代科学技术的不断发展和网络信息的快速更迭对高校思想政治教育主体运用网络载体开展思想政治教育活动提出了更高的要求，而高校思想政治教育网络载体的构建也离不开丰富的人才资源和人力资源。因此建设一支具有高素质的专业队伍，有助于推动高校思想政治教育网络载体的创新。高校思想政治教育的主体是思想政治教育活动的主要践行者，他们身上肩负着重任，他们所具有的专业能力和素质影响着高校思想政治教育的施行效果，因此必须建设一支高素质的专业队伍，推动高校思想政治教育活动的顺利开展。首先，思想政治教育主体必须掌握丰富的理论知识，提高自身的政治理论素质，借鉴习近平总书记提出的一系列新思想新观点，不断积累理论方面的学习。其次，要注重提升思想政治教育主体处理网络信息能力，让思想政治教育的主体掌握一定的信息技术、网络知识和技能，使得他们能将思想政治教育的内容通过网络建设和网页设计等活动有效地运用到网络工作中，不断地充实网络正能量，不断深化思想政治教育的影响效力。再次，网络环境是十分复杂的，思想政治教育主体在运用网络载体开展思想政治教育的过程中要坚持职业操守，注重师德的培养与巩固。要不断转变教育形式，增添教育内容的趣味性，做到言传与身教相结合，稳固思想政治教育的建设。

高校思想政治教育的客体在构建高校思想政治教育网络载体的过程中也发挥着不容忽视的作用，提升思想政治教育客体运用网络载体的能力也势在必行。高校思想政治教育网络载体的运行中要强化对其客体的理想信念的教育，鼓励思想政治教育的客体在接触网络的过程中要坚定自己的马克思主义信仰，用网络道德规范来约束自己的行为，不断充实自己的理想信念，培养健全的人格和高尚的情操。网络信息的高速发展为高校思想政治教育的开展提供了新的发展契机。加强对高校思想政治教育网络载体的构建既顺应了新时代大学生的需要，也突破了思想政治教育传统载体的局限性，因此，高校必须不断完善有关思想政治教育网络载体的相关制度，更好地发挥思想政治教育网络载体的功能，培养学生正确的思想观念、政治观点、道德规范，促进学生的全面发展。

四、新媒体时代加强和改进大学生思想政治教育的重大意义

大学生思想政治教育的实效是指思想政治教育实践所取得的实际效果，大学生思想政治教育的实效性贯穿于思想政治教育工作体系的各个环节和运行的全过程。虽然高等学校投入了大量的人力、物力和财力，积极推进大学生思想政治教育工作，但由于教育者一定程度上主体意识不够，受教育者一定程度主动不足，加上思想政治教育的内容陈旧与教学方法单一，当前大学生思想政治教育实效性不强，大学生群体在政治观念、价值观念、道德观念和心理素质方面还有待转变和加强。应对新媒体对大学生思想政治教育的挑战，必须全面了解新媒体的内容与特点，充分发挥新媒体的独特优势，使之成为大学生思想政治教育新的平台，提高大学生思想政治教育的吸引力、感染力和战斗力。

（一）利用新媒体创新大学生思想政治教育的主体

1. 更新思想

要以思想政治教育理念的现代化作为先导，切实转变思想政治教育者的思想。一方面，教育工作者要充分认识到新媒体在思想政治教育工作中发挥的重要作用，有效利用新媒体引起人们思想观念、思维方式和生活方式的现代化转变；另一方面，也要意识到新媒体时代对教育工作带来压力和挑战，必须培养一支具有较高的政治水平、教育经验、掌握新媒体技术、熟悉新媒体特点的思想政治教育工作者队伍，才能从容面对新媒体带来的挑战。

2. 学习传播学知识，掌握传播学技巧

所谓传播技巧，是指在传播活动中为有效达到预期目的而采用的策略方法，它是为传播内容、传播谋略服务的。通过运用相应的传播技巧可以将要传播的信息意图传给大学生，对于政治倾向性、社会性较强的思想政治教育工作，灵活运用传播技巧来组织思想政治教育，更是十分重要。作为信息时代的思想政治教育者要充分巧妙利用新媒体优势，增强教育效果。要求广大的思想政治教育工作者学习传播学知识，掌握传播学技巧，结合实际特点开展生动形象、具有吸引力、影响力和感染力的思想教育，多渠道、多样化地开展思想政治教育工作。

（二）利用新媒体拓宽大学生思想政治教育途径

1. 主动拓展高校思想政治理论课教育教学主渠道

在新媒体环境下，应积极主动利用网络载体创新高校思想政治教育教学。一是努力实现思想政治理论课课堂互动。充分利用新媒体技术，将文字、声音、图像、视频等媒体元融于一体，并且应用在思想政治理论课课堂教育实践中，增强理论教学的吸引力和感染力，提升高校思想政治教育实效性。二是努力实现思想政治理论课课下互动。主动利用新媒体技术将思想政治理论课的教学直播、视频课堂、网络课堂、课题研究等教育内容通过校园网进行传输和覆盖，扩大教育教学内容的覆盖面和辐射面，增强教育教学效果的影响力和吸引力。

2. 主动巩固校园网络论坛大学生思想政治教育新平台

首先，依托校园网建立服务于大学生思想政治教育的网络舆情疏导机制。采取“疏堵结合，及时沟通”的办法，通过校园网密切关注大学校园中出现的焦点、难点和疑点，及时做出判断、答复、澄清，帮助大学生树立正确的世界观、人生观和价值观。其次依托校园网建立一支思想教育工作队。要积极建立一支由教师、辅导员、学生网络管理员、校园

网版主、学生干部等组成的思想教育工作队，队伍成员要积极活跃在校园网各个论坛板块中，对于违反国家方针政策和学校规章制度的错误信息，要及时予以屏蔽或删除；积极发布健康向上的，有利于大学生思想政治教育的帖子。

3. 主动探索大学生思想政治教育新手段

首先，高校思想政治教育工作者要积建立班级“QQ群”，主动将大学生思想政治教育功能扩展到网络中，克服课堂教学的时间限制。其次，打造学生班级“博客群”。班级博客是一个班级学生思想交流、资源共享的平台。大学生们在班级博客群中可以自由发言，交流学习，分享感受。最后，打造学生班级“短信群”。大学思想政治教育工作者要善于利用手机短信传播信息，即时把握大学生的学习、生活和思想动向。如遇突发事件，要及时向学生“短信群”发短信，让学生在第一时间了解到正确信息。

第二节　新媒体时代高校思想政治教育方法创新策略

一、根据新媒体环境特点，更新教育教学观念

（一）树立运用新媒体载体为高校思想政治教育服务的新理念

在新媒体载体的运用上，高校要转变观念，树立新媒体载体为高校服务的指导思想，并引导广大思想政治教育者正确认识网络，接受网络，使用新媒体载体，利用新媒体载体更好地为高校思想政治教育服务，进而引导大学生树立正确的网络观。

新媒体载体是信息时代催生的新生事物，是高校对大学生进行思想政治教育的新载体、新手段、新工具，虽然高校运用新媒体载体进行思想政治教育具有传统载体无法比拟的优越性。但新媒体载体的运用，也使高校思想政治教育遭遇前所未有的挑战和困难。因此，高校要充分挖掘新媒体载体的积极作用，大胆使用新媒体载体这一新载体，牢固树立运用新媒体载体对大学生进行思想政治教育的新理念。

（二）树立运用新媒体载体以广大师生为本的新理念

新媒体载体的运用使思想政治教育呈现“教育主体客体化，教育客体主体化”的鲜明特点。高校运用新媒体载体进行思想政治教育就必须根据这一特点，坚持以人为本的主体性原则，充分发挥人的主体作用，树立以广大师生为本的理念，做到网络管理制度规范化、人性化，使得高校运用的新媒体载体能被广大思想政治教育者把握。

另外，新媒体载体承载的内容要喜闻乐见，容易被广大师生接受。不断增强新媒体载体的凝聚力和影响力，促进广大师生的全面发展和进步。由于新媒体载体缺乏能动性，依然还是一种被动的存在，因此，“以人为本”的意义建构，需要充分考虑人类感性和理性的需求，充分考虑传者和受众，受众与受众的协商与对话，在高校思想政治教育环境中树立以广大师生为本的新理念。使广大师生从思想深处愿意接受和使用新媒体载体，从而加速高校思想政治教育网络化的进程。

二、借助新媒体活跃思想政治课课堂氛围

（一）高校要用新媒体载体弘扬主旋律，用积极、健康的思想文化占领网络新阵地

新媒体载体要弘扬主旋律即“正面宣传”，这是社会发展和进步的需要，也是新媒体

载体适应社会发展的体现。不论是校园文化、校园活动、校园管理、传统的校园传媒等各种载体都要进行正面的宣传，新媒体载体也应该弘扬社会主导价值观。只有这样，新媒体载体才能承载正确丰富的思想政治教育信息，才能成为弘扬民族精神、传播社会主义道德、传播先进文化的强有力阵地。

高校要在校园网和思想政治教育主题网站上加强马克思主义文化和中国优秀传统文化的宣传，用马克思主义文化和中国优秀传统文化占领网络阵地，大力宣传社会主义核心价值观，抵制西方的文化霸权主义，并充分利用新媒体载体这一新工具，结合网络时代的新变化，调整对大学生进行思想政治教育的思路，使思想政治教育内容和信息进网路，从而进学生的头脑，提高他们对不健康的网络文化的抵制力，引导大学生树立正确的价值观和道德观。

（二）积极构建健康向上的新媒体育人环境

习近平总书记指出："要运用新媒体新技术使工作活起来，推动思想政治工作传统优势同信息技术高度融合，增强时代感和吸引力。"一方面，高校要善于开发、利用、建设和管理微博、微信等网络媒体平台，通过网络途径用中国话语阐释马克思主义意识形态内容，提高校园媒体的舆论引导力，确保马克思主义意识形态在高校以学生喜闻乐见的形式和话语有序传播。高校思想政治教育已紧跟时代步伐，纷纷建立了自己的校园网，各种类型的主题教育网站也层出不穷，高校要结合实际情况，充分利用新媒体载体，创建对大学生进行思想政治教育的新平台。

1. 积极为大学生搭建教育平台

通过音频、视频等新媒体技术将思想政治理论经典著作、党和国家领导人重要讲话等文献资料上传网络，并成立网上党校和网上团校。通过专题网站创新网络教育模式，将思想政治教育由"权威压服""简单说教"变为"循循善诱""丰富多彩"。

2. 为大学搭建服务平台

高校已建立就业信息网页、开辟信息专栏，根据学生需要，向学生发布各种信息，同时设立 E—mail、创建校友录、建立 QQ 群等多种交流平台，为学生成长成才服务；再次，积极为学生搭建管理平台，通过建立学生信息数据库系统、建立起完善的制度平台和日常管理平台，营造良好的网络育人环境，为大学生学习和生活提供全面、优质、高效的服务，及时了解大学生的学习、思想状况。

三、建立运用新媒体载体进行思想政治教育的长效机制

（一）建立高校党委统一领导，各部门相互协调的新媒体载体管理工作机制

新媒体载体的运用已遍布高校的每一个角落，高校应顺应网络时代的要求，深刻了解新媒体载体给大学生思想政治教育工作带来的机遇和挑战，大力加强校园网络管理工作队伍建设，积极推进思想政治教育工作队伍和网络技术工作队伍不断融合。

当前，各高校对网络实行统一管理，也建立了网络信息管理的常设机构，来统一协调网上信息的管理工作，人员由网络技术人员和思想政治教育工作者共同组成，各司其职，明确责任。一般说来，高校网络中心"网络技术部门"负责建设和维护校园网络与信息安全技术平台，保证校园网络安全平稳进行。党委宣传部、学生工作部、团委等部门负责专题教育网站和主网站建设，建立高校党委、党委宣传部、网络中心、网络技术人员、思想政治教育工作者、辅导员互联互通的层级管理机制。

(二) 完善高校使用新媒体载体的相关制度，规范大学生网络行为

新媒体载体连接着现实社会和网络社会，它并不是独立存在的，它所构建的网络社会仍与现实社会有着千丝万缕的联系，需要用现实社会中的管理制度对其进行约束。高校结合本校实际情况所制定的管理网络的相关制度是广大思想政治教育者利用新媒体载体对大学生进行思想政治教育的前提和保障，高校制定相关的网络管理制度有利于推动网络思想政治教育的健康发展，有利于对大学生的网络行为进行规范管理和正确引导。

但目前，大部分高校只是建立了相应的管理机构来对大学生网络行为进行监管，但监管收效甚微，虽制定管理制度规范大学生上网行为，但制定的制度因操作性不强，仅仅停留在理论层面，被束之高阁，在实践中并未付诸实施，有些高校是过于重视网络技术层面的管理，而忽视对大学生上网行为进行规范和引导。因此，高校应多管齐下，从技术管理和制度管理，从加强对网络的管理和对使用网络的大学生的管理等不同层面，不断完善网络思想政治教育管理制度，改变传统的学生管理制度的“管理本位”模式，消除网络文化对大学生的负面影响，积极探索制订出台一系列《校园计算机网络管理暂行规定》《大学生网络用户行为规范》《校园网络 BBS 站管理规则》《BBS 用户身份认证办法》《校园网络接入安全保证书》《学生使用计算机网络违纪处分规定》等管理规定和办法，使大学生的网络行为和高校的网络管理有章可行，有据可依。

在互联网飞速发展和信息全球化的时代背景下，利用网络管理制度对大学生网络言行进行有效引导和约束、对恶意扰乱、破坏、危害网络正常秩序的网络行为主体实施有效惩戒和教育实属必要，部分高校为维护网络安全，采用安装防火墙软件或网络安全认证系统（如身份认证技术、数字签名技术）等措施，能比较容易地实现对网上信息的例行检查，截获、监测进出的通信信息，或者采用有害信息过滤软件等方法，阻碍不良信息的进入，为校园网营造了良好的氛围。有些大学校园实行“一卡通”系统，登录校园网后，网络中心通过对用户登录站点和浏览内容的监控，能够及时发现并提醒、警告用户不得浏览黄色站点和内容，或者对每日上网时间和信息流量进行限制，达到上限时，提出警告或封锁 IP 地址的方式进行有效控制。

(三) 积极构筑新媒体载体管理体制，发挥新媒体载体的积极作用

高校要积极构建高校要积极构建“法律监管、伦理制导、技术屏障”三位一体的网络管理机制，从国家对互联网进行法律监管、构筑网络伦理规范体系、网络技术屏障等层面加大对新媒体载体的监控、管理力度。高校一定要从思想政治教育的高度向广大师生宣传囊括计算机信息系统安全、网络安全、域名注册、电子商务、网络信息传播等多个领域的法律文件、司法解释、行政法规及各部门颁发的规章制度，以期高校广大师生能够正确使用思想政治教育新媒体载体，严格遵守国家网络法律相关制度，从而实现对大学生的网络行为进行规制和引导；高校要结合师生的实际，在遵循网络伦理原则——“无害原则、知情同意原则、公正原则、以人文本的原则”和倡导“不准”“应该”“提倡”三个层次的网络道德规范基础上构筑高校网络伦理规范体系，不断提高广大师生的网络信息素养，从而为正确使用思想政治教育新媒体载体奠定良好的基础；高校网络技术主管部门要从技术层面广泛使用数字加密、访问控制、过滤、漏洞扫描等技术，来对思想政治教育的内容及信息进行检测和警告，严格实行网络用户实名注册和登记制度，加强对校园网、校园网络论坛的规范和管理。近年来，我国高校都积极按照“因特网内容分级平台”使用过滤技术，运用过滤软件对色情、暴力、不良语言、破坏民族团结、危害国家安全等网页内容进行分

级过滤，对过滤发现的不良信息进行及时删除，防止有害信息的扩散和蔓延，积极维护网络安全、建立控制网络信息的技术、管理互相补充、相得益彰的防控体系等。同时，坚持以加强校园网管理为核心，以网络管理技术为手段、与时俱进，对校园网进行大胆管理，使校园网真正成为宣传政策、学习传播知识、教育学生的最佳阵地，确保思想政治教育新媒体载体发挥应有作用，并结合学校和大学生实际情况，积极建立网络管理中心、思想政治教育工作部、辅导员、学生四级联动体系，共同防控各类有害信息在校园内广泛传播。

（四）积极建立和完善责任追究和激励制度，提高网络思想政治教育者运用新媒体载体施行教育的主动性

建立网络思想政治教育信息岗位责任追究制，做到明确岗位职责，责任到人，落到实处，形成一个网络思想政治教育领导和管理体制，使全校上下，全员参与，党政工团齐抓共管，广大师生员工齐参与的网络思想政治教育的新局面。同时，制定网络思想政治教育的激励措施，具体来说，要全面考核和评价网络思想政治教育工作，在网络技术人员、网络思想政治教育工作人员、大学生网民、网络信息安全员等人员中，坚持公开、公正、公平的评价原则，把网络思想政治教育的绩效与工作人员的待遇、学生的评优等挂钩，对工作突出、工作实效性比较突出的要大力表彰奖励，以吸引更多的网络工作者和网络爱好者，共同维护网络环境，不断提高思想政治教育者运用新媒体载体施行教育的主动性，引导大学生健康上网，促使网络思想政治教育工作开展得有声有色，增强网络思想政治教育工作的实效性。

四、增强运用新媒体载体的对策

（一）不断完善和拓展思想政治教育新媒体载体建设，实现思想政治教育网络化

随着网络信息技术的快速发展，人类社会已逐步向网络社会迈进，网络社会也是人们交互活动的产物，网络媒介正在迅速地改变着高校广大师生的学习方式、工作方式、生活方式，新媒体载体的运用给高校思想政治教育带来严峻的问题和困难。高校对思想政治教育新媒体载体的认识经历了三个阶段：

①对思想政治教育新媒体载体认识不清，只是被动接受这一新事物，在教育教学过程中并未积极倡导运用新媒体载体。

②已充分认识到新媒体载体对高校思想政治教育的影响，主动适应网络环境，逐渐运用新媒体载体对大学生进行思想政治教育。

③积极运用新媒体载体，为大学生思想政治教育营造良好的网络育人环境。

目前，高校对新媒体载体的认识比较到位，已积极从各个层面完善和拓展思想政治教育新媒体载体建设，加大对网络基础设施的建设力度，不断扩大校园网的覆盖面，建立健全各种类型的思想政治教育网站、加大对网络技术投入力度，注重网络技术人才的引进和培养，加大了对网络技术人员、思想政治教育课教师、辅导员网络技术和信息培养的力度，逐渐建立网络中心、网络思想政治教育者、学生网络管理员、大学生网民联动体系，并把校园各种网站、网页、管理平台、服务平台集成链接，形成强大的思想政治教育信息库，为大学生营造浓郁的积极向上的网络文化氛围，注意及时收集大学生中出现的一些不良信息和舆情，通过网络论坛、QQ 群或微博等交流形态和方式，与大学生进行深入交流，为大学生释疑解惑。利用新媒体载体优势，采用电视、图片、动画、直播等形式使思想政治教育打破时空限制，消除思想政治教育的盲区和空白点，把枯燥的教育内容变成大学生乐于接受的鲜活形式，使大学生在教育内容的不断拓展中受到先进文化潜移默化的感染和熏陶，从而实现思想政治教育内容、对象和覆盖面的新拓展，为大学生努力营造一个温馨活泼的网络思想政治教育环境，满足大学生的需求，不断提高思想政治教育内容的吸引力。同时，要加强各高校之间的合作交流，实现各种网络信息资源的共享，最大限度地实现思想政治教育网络化。

（二）充分挖掘和拓展新媒体载体在高校思想政治教育中的功能和作用

新媒体载体的运用使得思想政治教育的功能得到一定程度的发挥，但由于高校对新媒体载体建设人员、经费投入不足，使得网络覆盖率、点击率极低。因此，高校要加大对新媒体载体建设的经费投入，通过硬件设施建设，确保思想政治教育新媒体载体的良好运行，使得新媒体载体的功能得到有效发挥。

要增强利用新媒体载体进行思想政治教育的实效性，光靠学校的经费投入是远远不够的。高校应在搞好网络建设的同时，充分考虑高校思想政治教育的实际，积极挖掘新媒体载体为广大师生提供的丰富的“显性”和“隐性”思想政治教育资源，对大学生进行思想政治教育，使得利用新媒体载体对大学生进行思想政治教育具有吸引力和感染力。但目前各高校都建立了思想政治教育专题网站和各种理性的网络互动平台。但这些网站和网络新形态的功能并没有得到充分发挥，仅仅停留在宣传、管理和教学应用层面。新媒体载体的功能和潜能并没有得到充分发挥，主要归因于以下两点：

第一，新媒体载体的建设和运用与学生日常的思想政治教育与管理、学生的校园文化活动、学生的学习生活是脱节的，存在各自为政的缺陷，没有把各种资源进行有效的链接，当然形不成强大合力，最终影响新媒体载体功能的发挥。

第二，各种网站及交流互动平台因缺乏经营与管理，存在内容枯燥、更新缓慢等问题，这在很大程度上也影响了新媒体载体的使用效果和功能的发挥。截至 2018 年我国网络用户总数已经超过 8 亿人，而且上网人数还呈逐年上升趋势。而大学生知识丰富、思想活跃，是目前最大的网络受众人群。新媒体载体已成为对大学生进行思想政治教育的一个非常重要的渠道和有效载体。高校应充分认识到，在网络文化充斥整个校园的社会背景下，新媒体载体的运用已经深入到高校的各个领域，也使思想政治教育主客体发生变化，在大多数学生已掌握基本的网络知识和网络技术的新形势下，高校应把握好网络思想政治教育信息入口，多采用音响、图像、声音、视频于一体的表现形式来承载海量的思想政治教育信息对广大学生进行思想政治教育。高校思想政治教育要取得实效，就必须不断挖掘和拓展新媒体载体的思想政治教育功能，将思想政治教育的信息融入新媒体载体千变万化的功能中去，充分发挥新媒体载体的积极作用，努力把思想政治教育内容传递给大学生，不断增强对大学生进行思想政治教育的实效性。

（三）建立思想政治教育主题网站，拓展新媒体载体的功能

从高校层面讲，校园管理、校园文化、校园活动、校园广播、校报等载体虽也在自己使用的范围积极的传递着思想政治教育的内容和信息。但由于受时间、空间、场所、技术、成本等因素的制约，根本无法适应广大师生对瞬息万变的思想政治教育信息的需求。而网络的出现使得新媒体载体成为高校思想政治教育的新载体。

高校要实现思想政治教育的功能，就必须运用好新媒体载体，而运用好新媒体载体就必须建立和完善符合大学生思想特点、符合高校思想政治教育规律的思想政治教育主题网站，并从网站的建站目的、网站的设计目的、网站设计的功能、网站定位、网站形象策划等方面确定好网站的主题和名称、设计好网站形象、确定栏目和板块、网站的整体风格、网站的层次结构和链接结构，使思想政治教育主题网站能够成为“教育功能的标志、管理功能的平台、服务功能的基地、宣传功能的载体”，并结合大学生的思想政治素质现状和大学生关心的学业、职业生涯规划不断创新网站的内容，把网站建设成为特色鲜明、权威性强、服务全面的融知识性、思想性、服务性为一体的思想政治教育网站，通过塑造网站良好形象，不断提高网站的点击率、使用率，提高网站知名度和影响力，积极推进思想政治教育的现代化、信息化、系统化和示范化，努力增强思想政治教育的效果，使网络思想政治教育工作真正落到实处。同时可以积极帮助大学生推荐好的网址、好的思想政治教育网页、并注意加强思想政治教育网站与知名网站的链接，为广大师生创造浏览思想政治教育网站的机会，使大学生通过浏览网站获取丰富的思想政治教育信息，使主题网站能真正成为大学生聚集的精神家园，成为大学生健康成长的乐园，成为引领大学生思想的新阵地和新坐标。

（四）积极动员思想政治教育理论课教师在教学中广泛使用新媒体载体

思想政治教育理论课是高校对学生进行思想政治教育的主渠道，广大思想政治教师掌握着丰富的思想政治教育资源，而传统的课堂教学因受上课时间、上课地点等多种因素的制约，使得资源未得到充分利用，造成教育资源的浪费，高校应积极倡导广大思想政治教师使用新媒体载体进行教学，鼓励教师把自己的教学资料集结、制作成软件上传到网上，以方便学生学习；同时，高校应鼓励思想政治教师利用新媒体载体创新教学方法，利用新媒体课件进行教学，用图、文并茂，影音俱全的时尚元素激活枯燥的思想政治理论课教学的课堂，变抽象的理论为可感可看的具体内容，不断提高思想政治理论课的课堂效果和课堂感染力，实现新媒体载体教育功能的最大化。

（五）积极鼓励辅导员熟练使用新媒体载体，实现对学生的思想引领

辅导员既是思想政治课教师，又是大学生日常思想政治教育和管理的工作者、组织者和指导者，是大学生的人生导师和知心朋友，他们工作在大学生思想政治教育工作的第一线，是对大学生进行思想政治教育的骨干力量，肩负着对大学生进行思想政治教育的神圣职责。

辅导员要通过各种主题教育活动和日常管理工作对大学生进行理想信念教育、爱国主义教育、公民道德教育。然而，网络信息技术的发展改变了大学生的学习、生活方式，也改变了大学生的学习生活空间，网络日益成为大学生获取知识和信息的重要渠道，网络已经成为大学生生活中不可或缺的组成部分。网络正在潜移默化地改变着大学生的价值观和道德观，辅导员作为对大学生进行思想政治教育的主体，理应主动适应网络新环境，积极掌握网络技术。通过建立班级 QQ 群、班级博客、班级微博等社交平台及时就社会当前发生的重大事件或人们关心的社会问题发表具有一定倾向性的言论，鼓励辅导员积极充当网络论坛的版主或管理员，及时了解大学生的思想状况和呈现出来的新特点。及时发布信息，快速回答并解决同学们集中反映的问题，将自己的邮箱、QQ 号码等信息公布给学生，密切关注学生思想动态。配合学校校园网络管理部门和网关，按照 IP 地址管理办法，建立 IP 地址使用信息数据库，了解校园 IP 地址的分配情况，配合学校加强对校园 BBS 的规范和管理，尽可能封堵使用新媒体载体给不法活动带来的空间和机会，最大范围地震慑网络破坏活动的肆虐。

（六）搭建各种新媒体互动平台，切实运用好思想政治教育新媒体载体

新媒体载体要在高校思想政治教育过程中发挥积极作用，就必须依托新媒体载体的强大优势，为学生成长成才搭建各种交流学习、沟通平台。

①高校应从学校层面通过网络论坛、在线交流咨询等互动化的交流平台，积极帮助大学生努力解决思想方面的问题。

同时积极号召辅导员建立班级 QQ 群、飞信等平台有针对性的与大学生进行深入的交流，真正了解大学生的所思所想，从而把握其思想动态和思想状况，并对其进行认真梳理和研究，通过新媒体载体对大学生进行思想政治教育。

②高校应通过新媒体载体为大学生建立服务平台，为大学生学习、就业进行导航。

学习、成才、就业等一直是大学生最关注的社会问题，高校在没有运用新媒体载体以前，大学生主要是通过向老师、高年级学生咨询等渠道获取相关信息，由于各种原因，使得大学生不能对上述问题形成正确的认识，但这些问题又与大学生的思想政治观念、社会交往能力、人际关系适应、心理健康状况、专业知识学习、专业技能培养、情感等存在千丝万缕的联系，而新媒体载体的运用，使得高校可以充分利用新媒体载体的优势，积极帮助大学生排忧解难，为大学生在学习、生活、就业等方面答疑解惑、提供便利。

③要积极支持大学生建立个人微博、个人主页、个人博客等网络交流新形态，满足他们实现自我价值的需求，充分信任大学生，让大学生担任网络版主、网络评论员、网络管理员，充分利用朋辈心理，发挥同心圆作用，不断增强思想政治教育的吸引力和实效性。

④积极搭建网络学习平台，为大学生提供全面、及时、精彩的网络信息，还可以通过新媒体载体积极组织开展热点问题讨论，使大学生通过新媒体载体获得丰富的思想政治教育信息。

（七）不断加强网络思想政治教育队伍建设，着力提升网络思想政治教育队伍使用新媒体载体的能力

新媒体载体是由人来使用，并由人对其进行管理，而对新媒体载体施行管理的主要人员是网络技术人员和广大思想政治教育者。而广大网络技术人员和思想政治教育者的政治素养和信息素养的高低及对新媒体载体的掌握、熟悉和运用程度，直接影响着思想政治教育的实效性。高校要积极顺应网络时代的要求，加大对网络技术管理人员、思想政治理论课教师及辅导员的培训力度，通过定期举办理论培训班和网络使用技术培训班等有效途径。对广大网络思想政治教育骨干进行培养和培训，让广大网络技术人员和管理人员、思想政治理论课教师及辅导员成为网络思想政治教育队伍的主体。使他们从思想上充分认识到运用新媒体载体开展思想政治教育的重要性和必要性，积极融入网络环境。主动学习网络知识和网络技术，积极熟悉网络语言，掌握网络话语环境，以平等的心态与大学生进行交流。

在网络信息技术日益发展的今天，新媒体载体成为大学生获取知识的重要渠道，这就要求高校要加强网络思想政治教育队伍建设。

1. 高校要积极采取各种措施，提高思想政治教育者运用新媒体载体的政治理论素质

在网络化的今天，高校思想政治教育要取得实效，就必须提高这支队伍的政治理论素质，高校要积极组织广大网络思想政治教育工作者认真学习党的基本理论和基本知识，系统学习社会主义理论体系最新理论成果，同时注重加强对网络思想政治教育的理论探索和研究，并能恰到好处的运用这些基本原理解决对大学生进行思想政治教育的思想问题和实

际问题，同时还能深入研究探讨分析运用新媒体载体对思想政治教育带来的问题，并对其进行正确、客观、全面的判断和研究，并提出相应的切实可行的处理办法和应对措施，真正实现对大学生思想教育的目的，让广大网络思想教育工作者能够胜任日益繁重、复杂的教育管理工作，确保思想政治教育的先进性和实效性。

2. 高校要加大对网络思想政治教育队伍进行信息素养培养的力度

在各种网络信息纷繁复杂的今天，高校网络思想向政治教育工作者要对各种信息进行筛查、处理和鉴别。这就要求广大的网络工作者必须密切关注网络信息，并将最新的网络信息与思想政治教育信息结合起来，尊重网络信息法规，尊重学生个人隐私，不断培养网络思想政治教育者高尚的信息道德。通过建立QQ群、个人博客、班级博客、微博交流平台迅速掌握网络浏览、下载工具和有关新媒体载体建设和网页设计的工具。而这些能力的获得，既要靠高校从理论和技术层面加强对这些人员的培训和指导，又要靠网络思想政治教育者主动学习，通过个人实践和摸索不断提高自己的信息能力和素养，积极熟悉网络文化、熟练运用网络语言、了解大学生上网规律，来提升自己的网络信息素养。

高校要从理论层面和技术层面积极培养既懂思想政治教育工作理论和方法、又有思想政治工作的实践经验、熟悉网络博客技术的高素质专职队伍。同时，还要积极调动高校广大网络思想政治教育工作人员的积极性，并适当吸纳政治立场坚定、网络技术和素养高的学生骨干参与网络思想政治工作，着力打造一支素质过硬的网络思想政治工作队伍，并逐步实现这支队伍的专职化、职业化，形成网络技术人员、网络管理部门工作人员、高校思想政治教育理论课教师、学生管理工作人员、辅导员和部分大学生网络管理员共同参与管理的强大有力，通过提升网络思想政治教育工作队伍的整体素质，来增强网络思想政治教育的实效性。

五、以微博为载体开展大学生思想政治教育的实例分析

近几年，随着微博客的迅速发展，其影响力不断扩大，受到了人们的极大关注和追捧，特别是受到了思想活跃、易于接受新事物的大学生群体的青睐，逐渐成了大学生重要的生活方式之一。因此，高校应该在不断完善大学生思想政治教育学科理论体系的同时，也要适应时代发展与大学生生活实际的要求，增强自己的时代意识，创新意识以及责任意识，积极探索微博的特点及其运行规律，使微博为大学生思想政治教育服务。

（一）微博发展现状及对高校思想政治教育的影响

1. 微博发展现状

（1）微博概念界定

微博，即微博客是一个基于用户关系的信息分享、传播以及获取平台，用户可以通过WEB、WAP以及各种客户端组建个人社区，以140字左右的文字更新信息，并实现即时分享。微博最早起源于2006年美国的Twitter，其核心概念以及140个字符的通信规则都是由“推特”发明和制定的。国内率先给出微博定义的是知名新媒体领域研究学者陈永东，他认为微博是一种通过关注机制分享简短实时信息的广播式的社交网络平台。主要有五方面的理解：第一，关注机制，可单向可双向；第二，简短内容，通常为140个字符；第三，实时信息，最新实时信息；第四，广播式，公开的信息，谁都可以浏览；第五，社交网络平台，即把微博归为社交网络。

（2）微博使用特点

①在传播方式上，微博将QQ的“一对一”、论坛和博客的“一对多或点对面”与社交网“一对一、一对多”的传播方式有机地融为一体，形成了比现有几种网络应用更大范围的传播功能。传播者不仅可以向其关注者传播信息，而且其关注者也有选择转发信息、评论信息甚至取消关注，拒绝接受被关注者所传播的信息。这使得微博从一个“点”连接互联网上的无数个“点”，形成了“一对多”“一对一”“多对多”和“多对一”等多种传播方式。

②在信息内容方面，微博的字数限制稍逊于QQ、论坛、博客和社交网等网络应用的不限字数与其丰富的编辑功能。但是，微博140个字的限制，一方面极大地降低了内容产生的门槛，使任何人都可以简短发布信息而不是长篇大论；另一方面加快了用户更新微博的频率，使越来越多的用户开始选择这一应用。同时，增强了信息的即时性。

③在人际关系模式上，微博兼具了QQ和社交网以熟人圈子为主与BBS和博客以非熟人圈子为主的人际关系模式，可以实现更大范围的“关注”和更广大群体的沟通交流。只要注册了微博账号，用户就可以随时关注任何感兴趣的个人用户、政府用户、企业用户。

④在信息发布渠道上，QQ的发布渠道主要是客户端、WEB、手机客户端；论坛和博客的发布渠道是WEB或手机WAP；社交网的信息发布渠道主要是WEB、手机WAP、手机客户端、API。而微博不仅可以通过客户端、WEB、手机WAP发布信息，还可以通过手机短信彩信、Email、API等发布。推出微博的最初目的是为了通过移动设备发布信息到互联网上，实现通信和互联网的互通，而手机为其提供了最佳渠道。当今社会，手机几乎是生活必需品，手机用户基数的广泛性，为微博客提供了更多的潜在用户。

⑤在即时互动性方面，QQ可以通过绑定移动设备做到信息产生与信息发布同步。它是基于一对一的熟人关系网络建成的，只要对方在线就可以与其进行同步交流，因此，其互动性非常强。博客囿于其篇幅较长、发布信息渠道的限制，导致其信息比较滞后，博文的更新频率较低，互动性也不强。BBS在即时性和互动性上与博客相仿，在此便不再赘述。微博兼具了QQ和社交网的功能，同时可通过手机短信更新信息，即时性非常强，而其互动性介于QQ和社交网之间，体现了人与人之间的微妙关系。

2. 微博对大学生思想政治教育的影响分析

微博是一种新兴的网络应用工具，在其发展的短短几年之间就以独特的优势显示出了巨大的影响力，受到了广大青年大学生的青睐。微博在大学生中的广泛应用对高校的大学生思想政治教育带来了机遇。因此，要充分认识微博对大学生思想政治教育产生的积极影响，它有助于我们全面了解将微博载体运用于大学生思想政治教育的优势，并在具体运用过程中充分发挥这些优势，使其最大限度地发挥思想政治教育功能。

(1) 丰富了大学生思想政治教育载体

所谓思想政治教育载体，是指在实施思想政治教育的过程中，能够承载和传递思想政治教育的内容或信息，能为思想政治教育主体所运用，促使思想政治教育主客体之间相互作用的一种活动形式和物质实体。目前，课堂理论教学、校园网站的宣传教育以及各种座谈会、报告、讲座、社会实践活动等，都是高校开展大学生思想政治教育活动的主要载体。无论是何种载体的思想政治教育都对大学生产生着积极的影响，其中课堂的理论教育发挥的主渠道的作用是其他载体所无法取代的。但是，基于各种原因以往思想政治教育载体也存在着教育效果不佳的问题，如课堂教学存在着固定教育时间与地点的限制，大学生处在一种被动的地位，忽视了大学生在接受教育时的心态，在某种程度上影响了大学生的接受度；思想政治教育专题网站也存在着内容枯燥死板、形式单一的问题，尤其是缺乏互动。而微博的出现，可以成为以往思想政治教育载体的有益补充。一方面，微博蕴含着丰富的教育内容，不仅包括直观的思想政治教育内容，还包括许多隐性的思想政治教育内容，能够极大地增强思想政治教育内容的趣味性与丰富性；另一方面，微博信息发布方式的多样化也有助于教育内容形象生动地展示在大学生面前，能够创新大学生思想政治教育的形式。此外，微博不仅能够对以往的教育效果进行监督，还能进一步拓展大学生思想政治教育的时间与空间，为随时随地传播教育信息提供了便捷渠道，有助于形成课上教育与课下教育相结合的教育模式，增强思想政治教育的实效性。

（2）促进了大学生思想政治教育社会化

传统的大学生思想政治教育局限在课堂与校园环境中，即使是思想政治教育网站也因使用不方便与缺乏互动而无法使社会与家庭参与进来。对大学生进行思想政治教育不单单是高等院校的责任，它与社会、家庭的教育也密不可分。但是，目前全社会关心、支持大学生思想政治教育的意识还不高，全方位参与到大学生思想政治教育的体制机制还不够完善。微博的登录方式、创建和发布内容的途径与其“关注”机制等，为人们的使用带来了极大的方便。这为统筹家庭教育、学校教育与社会教育提供了较好的相互交流与互动平台，促进了大学生思想政治教育合力的形成。

一方面，微博的平民化与大众化特征为广大家长加入微博的行列提供了极为有利的条件，它对家长的文化水平没有过高的要求，只要会发短信，会简单地表达思想就可以在微博上与大学生或者与学校教师进行交流与互动。

另一方面，随着政府机关单位及其领导开通并使用微博、社会各类媒体与企业精英人士、知名学者的参与为大学生思想政治教育营造了良好的社会环境与舆论氛围，丰富了大学生的精神食粮。总之，微博为广大的家长与社会各类机构的应用提供了平台，促进了良好教育环境的形成。

（3）增强了大学生思想政治教育效果

影响思想政治教育效果的因素是多方面的。汪晓丽曾指出，在思想政治教育信息化背景下影响思想政治教育效果的因素主要是信息可接受度、信息接收对象的差异性与自主性三方面。从这个意义上来讲运用微博开展大学生思想政治教育能够极大地增强教育效果。一方面，微博多样化的信息内容与信息呈现方式，符合当前以“80后”和“90后”为主体的大学生心理特征。微博上生动活泼的信息与多样化的表达方式，更易于被大学生群体所接受。思想政治教育工作者通过在微博上创建时事政策、就业信息、心理信息、学业发展、社交活动、放松娱乐等与大学生普遍关心的问题相关的信息，可以满足大学生对信息的多样化需求；另一方面，微博的即时性有利于思想政治教育信息紧扣时代，促进思想政治教育工作者根据大学生不同群体的特征与需要开展有针对性的教育工作，正确引导大学生在微博上的行为，提高大学生应对各种不良信息的免疫力。因此，运用微博开展大学生思想政治教育不仅使其更具活力与亲和力，并且通过教育者与大学生在微博上的沟通交流在具体实践层面强化了传统思想政治理论教育的效果。

（4）满足了大学生的多样化需求

在学校教育这种特定的环境下，由于大学生在知识经验方面的缺乏、独立思考能力不强，在接受教育时受到以往思想政治教育中教育者权威性的影响，会对教育者产生一定的依赖性和向师性。这种权威性也是教育者向大学生进行教育活动并使其产生良好教育效果的重要条件。但大学生对教育者的依赖并不是说大学生会盲从的、无条件地授受教育者施加的教育影响，因为每个学生都是独立的个体，具有不同的生活背景、不同的兴趣爱好和追求、独立的人格和精神世界。他们会根据自身的条件，如目标、能力等选择符合自身需求的教育内容、方式及接受的态度与努力的程度，从而调整自身的学习过程，进而影响教育的效果。囿于传统思想政治教育在内容与形式上的一些局限，大学生会根据自身需要寻求其他渠道达到个性化掌握教育内容的目的。马斯洛需要层次理论认为人的基本需要从低到高依次为：生理需要、安全需要、情感和归属需要、尊重的需要和自我实现的需要。微博的多种功能不仅满足了大学生的这种求新求异、追求个性的心理需要，而且满足了大学生自我表达与沟通交流、尊重与自我实现的需要。具体体现为，大学生通过在微博与其他博友的情感交流，可以得到博友的关心与照顾，建立友谊甚至把这种友谊延伸到线下即现实生活中；大学生通过发布高质量的信息内容，树立了威信，赢得了他人认可与高度评价，体验到了自己的用处和价值，从而对自己充满信心；在微博中尽力展现自己的潜力，如发挥自己的想象力、创造力以及良好的道德情操和问题解决能力，使自己越来越趋向于自己所期望的人等方面。总之，微博成了大学生满足自身多种需要的平台。

（二）微博在开展大学生思想政治教育中的创新应用

利用微博开展大学生思想政治教育不仅有一定的群众基础，而且大多数大学生也表示有兴趣浏览并关注与思想政治教育相关的微博。利用微博开展大学生思想政治教育，并非开通了各种类型的微博就可以发挥其思想政治教育功能，还应针对其自身存在的问题制定一系列切实可行的措施，才能确保思想政治教育微博及其各个子平台良性运行。

1. 合理规划思想政治教育微博内容

（1）坚持主流思想，创建思想政治教育信息

在大学生思想政治教育过程中，思想政治教育信息发挥着连接教育者与受教育者的纽带作用，并且为思想政治教育目标的实现服务。对大学生进行思想教育、政治教育、道德教育、心理教育是为实现大学生思想政治教育目标而服务的主要教育信息。利用微博开展大学生思想政治教育，就是把这些思想政治教育信息发布到微博中，以微博为中介对大学生实施思想政治教育活动的过程。然而，利用微博开展大学生思想政治教育的各高校，其微博所显示出来的信息内容中有关思想政治教育信息的内容非常少。一方面，这是由于在整个互联网信息系统中，我国科研机构的网站极少，思想政治教育信息在整个网络信息中的比重也极低，另一方面，由于思想政治教育工作者受到传统的教育模式的束缚，对如何创建生动活泼易被大学生接受又能达到教育目标的思想政治教育信息还存在一定的困难。因此，它将是一个不断完善的过程，而不是一蹴而就的。思想政治教育内容是随着时代发展而不断丰富完善的。因此，紧跟时代的步伐，坚持主流思想，创建丰富多样的思想政治教育信息是增加微博中思想政治教育内容的主要途径之一。

在具体教育活动中，首先，高校相关部门要制定相关政策，建立思想政治教育信息资源数据库，使思想政治教育信息在整个网络信息中占有量的优势。

其次，思想政治教育工作者可以根据当今时代的主题与社会热点问题，自主创建思想政治教育信息，增强思想政治教育信息的时代感与吸引力；可以把握社会重大事件与重大节日的契机，创建各类“微活动”，增强思想政治教育信息的感染力，以吸引大学生群体的广泛参与。与此同时，思想政治教育工作者要注意把握其教育信息的数量，同时还要保

证其具有一定的质量。只有如此，才能使其在众多的微博信息中占有较大的优势，起到良好的思想政治教育效果。

（2）提供多样化服务，增强教育信息吸引力

微博的特性使其内容多种多样，不仅涉及了国内外时事政策及其相关评论信息、相关行业发展动态、学术专家学者观点；也包括人们普遍关心的生活问题，如健康常识、心理常识、社交常识、休闲娱乐信息等各方面的内容。微博登录方式与获取信息的便捷性更是使人们趋之若鹜。因此，在增加微博思想政治教育信息的同时，要坚持以学生为本的原则，充分考虑到大学生的多种需求，提供多样化的服务，从而将教育学生与服务学生有机地结合起来，增强微博中思想政治教育信息的吸引力与感染力，增强大学生对本校各微博平台的关注程度。如针对大学生普遍关心的就业问题，建立就业信息服务板块，为大学生及时提供就业信息服务、就业政策解读、并对自主创业者提供专业辅导与相关扶持，这在满足大学生就业需求的同时利于大学生树立正确的就业观与成才观。针对部分家庭较困难的大学生，建立勤工助学岗位版块与国家、地方及各类企业的奖助学金资助版块，为这些大学生提供经济支持促进其顺利完成学业。还可以根据大学生的心理诉求，建立类似“打开心灵之窗”的微博版块，满足大学生在恋爱、学习、社交、生活等方面的诉求，促进大学生心理健康发展。除此之外，还可以针对大学生对学习、宿舍、餐厅等各方面存在的问题建立相应的服务体系，以此达到对大学生进行教育引导的目的。

（3）分级负责，加强微博信息管理

微博信息安全与否直接关系到微博在大学生思想政治教育中作用的发挥。争取把微博作为大学生思想政治教育的阵地，挖掘微博在大学生思想政治教育工作中的作用，消除微博中有害信息的负面影响，维护高校校园和社会的和谐与稳定，是当前高校利用微博创新大学生思想政治教育的重要途径之一。但是，微博信息源的复杂多样、信息的网状传播特性导致了微博信息的不可控性，如果不对其信息加以管理，那么运用微博对大学生进行思想政治教育的实效将受到影响。因此，若要把握运用微博开展大学生思想政治教育的全局，就要建立一整套由思想政治教育相关部门统一领导的信息管理机制。

在具体工作中，要在学校及各院系党团组织的统一领导下，构建包括各级党政宣传部门、学生工作部门、校园网络中心、心理辅导中心、学生辅导员、哲学社科专业教师以及学生党员等在内的微博信息分级负责管理机制。在学校、各院系党团组织的领导要统筹规划，根据各级部门与工作人员职能的不同分解职责，各司其职的同时注重各部门与工作人员之间的联系，创造运用微博对大学生进行思想政治教育的良好环境。如校园网络中心主要从技术手段负责校园内各微博平台的建设与维护工作，确保微博的畅通运行；宣传部门要做好对思想政治教育信息、形势政策等信息的宣传工作；学生工作部门要本着解决思想问题与解决实际问题相结合的原则，负责全面了解学生的诉求与困难；高校辅导员在微博中要发挥其教育引导作用；各科教师负责具体的传道、授业、解惑工作；学生党员则可以在微博中发挥模范作用，发挥同辈群体的教育影响力等。如此往复，将任务分解到具体的部门、岗位和人员，并落实到具体的工作环节，方能确保微博信息的安全。

2. 建立健全思想政治教育者微博平台

（1）建立政工干部微博平台

高校开展思想政治教育工作的骨干力量是各部门政工干部。他们在长期的工作实践中，通过辛勤的劳动，积累了宝贵的工作经验。但是，在大学生生活方式与成长环境日益

网络化，特别是近几年微博在高校校园中得以广泛应用的背景下，高校政工干部出现了与其不相适应。为应对时代的变化与大学生思想观念的变化，有效发挥政工干部的作用，就应该建立与新的育人环境相适应的微博平台。在具体操作层面，有以下几点：

①积极学习，掌握微博知识，提高运用微博的能力。

大学生是社会中最敏感和前卫的群体，在对各种新事物的认识与接受程度上远远高于社会其他群体。因此，在大学生群体中广泛应用微博也是理所当然的。大学生的微博使用率较高，主要是为了关注并浏览社会新闻与业界精英人士的思想观点，其次才是表达自己的情绪情感，记录生活作用。由于微博对话语权的下放，每个人都可以随意发表自己的言论，又由于微博上缺乏传统意义上的“把关人”的角色，使得微博处于一种无序的状态。尽管部分政工干部也参与到微博中，但由于其在能力与经历上的限制，掌握的信息无论在即时性上还是数量上，往往没有学生掌握得快、多。因此，政工干部要积极深入到微博社区中并与学生互动，不仅能引导大学生积极看待社会生活，而且其对某些问题的观点会起到真正的作用。

②主动发掘并创建形式多样的内容，增强其微博的感染力。

以往的开会、讲座、报告会等形式的思想政治教育活动是单向式的，其教育效果不明显，微博的出现能够弥补这一缺陷。政工干部可以利用微博声文图并茂的强大功能，即时发布政策、热点新闻及理论学习资料、用相关的网址链接大学生身边的先进人物与先进事迹。特别是要善于抓住重大事件所形成的教育资源，利用其有针对性地开展主题教育活动，营造良好的舆论环境和教育氛围，以增强大学生思想政治教育的感染力。

（2）建立专业教师微博平台

在对大学生进行传统的思想政治教育过程中，思想政治理论课教师往往只负责课堂教育，而极少涉及课后的教育工作。从本次问卷调查结果来看也有近半数以上比例的大学生表示思想政治理论课教师在课后基本不与学生交流或从不交流。课堂教育之外的内容则通常由高校辅导员负责，其涉及的内容丰富、外延广泛，包括党团组织建设、社会实践活动、校园文化建设、心理健康教育等领域，这加重了高校辅导的工作量，致使其往往处于一种事务应付状态，难以发挥教育作用。因此，将专业教师纳入大学生思想政治教育工作队伍十分必要。特别是在大学生受到各种新思潮、新观念影响的网络技术迅速发展的信息时代，促进专业教师加入思想政治教育工作队伍，能够改善目前高校辅导员工作的不足，为高校思想政治教育注入新的力量。促进专业教师开通微博，使其加入大学生思想政治教育的原因主要在于：一方面，相比较专业教师与其他思想政治教育工作者，与大学生相处时间最多的应属专业教师。因此，他们对学生的了解也比较全面和深入。专业教师通过开通微博可以将自身的学术魅力与人格魅力展现在广大的学生面前，可以起到一种潜移默化的教育效果；另一方面，专业教师与大学生之间比较单纯的教与学的关系，利于其以一个学生顾问或者学生导师的平等角色对大学生进行传道、授业、解惑。

专业教师微博的具体教育过程主要是：

第一，要利用微博的“关注”功能，主动关注学生微博，随时随地了解学生们的所思所想、所情所欲、对国家与社会重大决策与事件的态度等，促使教师有针对性地开展教育工作。

第二，要利用微博的“评论”功能，对学生所反映出的问题进行深入交流并正确引导，使大学生感受专业教师的人文关怀。

第三，专业教师可发布或转发利于大学生成长成才、全面发展的原创性内容，包括学习资料，新闻评论、社科哲学的文章、图片、视频等。还可以发起对当前某一热点问题的讨论，引起大学生的注意。在讨论中充分发挥思想政治教育的导向作用，以积极正确的世界观、人生观和价值观去影响学生的成长。

第四，教师还可以在微博上发起爱心接力、环境保护、公益服务等一系列志愿服务活动，以培养大学生高尚的道德情操。总而言之，专业教师微博不仅利于提高学生日常教育与管理的效率，而且能对学生进行积极的思想引导。此外，教师应不断提高自身的教育理论素养、教育专业素养与网络操作能力，在微博中避免空洞的政治说教，并注意将专业知识与社会实际、学生实际及思想政治教育有机地结合起来。

(3) 建立校辅导员微博平台

高校辅导员工作的根本任务与目标就是促进大学生成长成才。当前，高校辅导员承担着“大包干”的工作任务，涉及了大学生校内外学习与生活的各个方面。工作量大，无法深入，加之激励机制欠缺，使高校辅导员处于事务应付状态，这与高校专业化、科学化的特点以及大学生成长的需要不相适应。因此，建立高校辅导员微博平台，可以在一定程度上减轻辅导员工作的压力，弥补辅导员自身的不足，充分发挥每个辅导员的专业优势。

在具体实践中，根据每个辅导员所擅长的方面，分别建立不同内容的辅导员微博平台，如擅长学生心理辅导的辅导员可以创建心理辅导微博，在内容设置上可以有心理测试、心理训练、心理辅导、心理培养、心理咨询、心理诊断、心理治疗等专题，有针对性地指导大学生的人际交往、自我意识、情绪情感、学习困惑等，解决大学生存在的心理问题促进其养成良好心理素质。与此同时，对大学生在该平台上表现出的不良情绪与心理状态予以及时疏导。

再如，擅长大学生就业指导的辅导员可以建立就业辅导微博，在主页面上发布和企业、事业单位、国家公务员等的招聘信息，国家及地方就业政策、应试策略、面试技巧、职业道德，就业权益的保护等与就业相关的各类信息，还可以与各企业合作，举办校园微博招聘会，方便同学利用课余时间兼职或就业。同时，设立讨论专区，解答大学生在择业与就业过程中存在的问题。只有做到辅导员的专业化、分工协作并采取适当的激励政策，才能使辅导员增强主动施教的意识与能力。

第七章　高校大学生思想政治教育的创新途径分析

第一节　满足模范需求，充分发挥教师的榜样作用

当代大学生普遍存在着迷茫的心理，并且有着较强的自主意识，在开展思想政治教育工作时，如单纯依靠理论教育往往无法发挥有效的作用，这就需要给予大学生一个明确的典范。这一典范的树立，能够为大学生提供学习和自我改变的榜样与目标。这就需要高校的思想政治教师及工作者自觉承担起这一责任，以身垂范，严格约束和规范自己的思想及行为，以高尚的道德情操积极的人生态度，强大的人格魅力吸引和感染当代大学生，并通过亲切和蔼的态度与学生进行沟通交流。在日常生活及工作中，教师通过自己的行动处处给学生以指引，真正成为学生的良师益友，从而赢得学生的尊重、信赖与爱戴。在为学生做出表率的同时，教师也能够通过拉近与学生的距离，为工作的开展创造有利条件。

一、发挥教师学生优良道德示范者的作用

教育活动是一种人影响人的社会活动，言传身教则是教书育人的基本方法：以人格培养人格，以灵魂塑造灵魂。因此，思想政治教育的实效性不仅取决于教师所讲理论、道德观念的正确性，还取决于教师自身品质的示范性。在思想品德素质教育中，我们重视发挥教师自身的道德力量，言传身教，示范引导。

（一）教师要有崇高的理想和坚定的信仰，言行一致，以身作则

“己所不欲，勿施于人”，崇高的理想和坚定的信仰是“真传播的基础，是传授者对接受者的真诚，有了真诚的传授者才有真诚的接受者”。故思想政治教师要把马克思主义内化为学生的思想武器必须先正己、先教己，从严要求，先把自己培养成为坚定的马克思主义信仰者，自觉维护社会主义事业的教育者，才能为人师表，使学生感到可信；同时努力提高自身的思想道德修养，教学中平易近人，耐心细致地指导学生，才能使学生感到可亲。“亲其师，信其道”，是规律，也是经验总结。

（二）教师要以科学的态度对待思想教育工作，积淀塑造健康的人格

育人是一项具有政治倾向和道德伦理性的实践活动，思想政治教师，无论在课上还是课下，都在承担着对学生进行思想政治教育的特殊角色。当代大学生的一个突出特点就是善于观察和思考，他们不但看老师怎么说，更要看老师怎么做。一个道德高尚、治学严谨的教师所给予学生的绝不仅仅是知识，对学生影响最为广泛、深刻和持久的是思想道德观念。教师崇高的人格魅力和感召力会使学生产生敬爱感、信赖感，从而建立良好的师生关系，这种良好的师生关系所形成的氛围会进一步提高教育的效果。教师的学识渊博，勤奋

钻研，恪尽职守，敬业爱岗，使学生感到可敬、可佩，在接受知识的同时也在通过教师的“形体语言”获得思品方面的信息，从而修正自己的思想和行为。“随风潜入夜，润物细无声”，一位极具人格魅力的可信、可亲、可敬、可佩的教师能随时随地影响学生，使学生不仅学到科学文化知识，还学会怎样做人。这就要求我们的思想政治教师既要“学为人师”，更要做到“行为示范”；既要有学术水平，还要有品格、有人格，用博学和人格魅力去吸引学生。

二、发挥教师教材的整合者的作用

教师是教材内容的更新者和补充者。思想政治教育是一门最讲求时效的学科，在知识经济时代，科学技术爆炸似的突破和发展，党和国家路线、方针、政策的与时俱进使教材具有相对滞后性。作为思想政治课教师如果忽略其时效性而照本宣科、死抱教材，不进行信息的收集、资料的整合、不对教材进行再创造，事例陈旧、说课古板，远离生活、远离实际，以理论说理论，这样的课肯定缺乏说服力；丧失时代气息，教育教学效果肯定会大打折扣，政治课的吸引力越发会降低。在实际教学中要求教师不断地补充新知识，引用新事例、新材料，并且要求教师在教学中超越学科界限去建立各科知识之间的联系点、共同点、综合点，帮助学生建立各学科间、学科和社会热点间以及一些社会热点问题间的知识联系，使教材紧跟时代和学生的思想开放的实际与时俱进，来增强思想政治课的魅力。

素质教育是系统全面的教育体系，包括思想道德素质教育、身体素质教育、心理素质教育和审美素质教育。而我国高等教育阶段的思想政治教材受编写体系、课本内容等因素的制约和影响，不能满足诸多学生的需要。这就要求教师在注重学生品德形成、系统地传授马克思主义基本原理、党的路线、方针、政策的同时，用自己丰富的知识，充分发挥其弥补的作用，满足学生各方面知识需求，使学生在领略理论知识的同时，各方面都可以得到全面发展。教师要充分发挥其弥补作用，既要有渊博的知识，又要有良好的系统素质。因此，思想政治教师必须努力学习，不断提高自身的政治素质和业务水平，开拓视野，使自己适应于超前于教材内容的飞速发展的社会形势的需要和学生全方位发展的需要。

教师是教育点的发现者与沉淀者。任何教材都有“教育点”，思想政治课教材中的教育点与其他学科的“知识点”不完全相同，它更侧重于思想道德教育方面，注重思想政治课的育人功能。教师抓住“教育点”，也就抓住教材的重点，抓住了对学生进行思想品德教育的“魂”。思想政治教师在教学中要找准了“教育点”，才能卓有成效地向学生灌输马列主义的世界观，人生观和价值观，坚持爱国主义、集体主义和艰苦奋斗的教育，引导学生树立正确的政治方向，提高思想道德素质。

在教学中我们要求教师既有系统的大局意识，打通思想教育四门课的限制，高屋建瓴的总结沉淀，即“把高校思想政治理论课程看作一个整体，从系统思维的角度，全面分析高校思想政治理论课程的体系构建、内容安排、方法选择、手段更新、队伍建设等问题”，以避免教学内容的重复来增强高校思想政治理论课教学的精炼性和思想性；又要善于捕捉学生思想中的热点和社会现实中的“疑点”，有针对性地来确定教学内容。热点问题是社会生活焦点在学生思想上的集中反映，也是思想政治课教学的难点，解决好这些问题就会收到事半功倍的教学效果，当代大学生涉世面广，思想活跃，而社会正值转型时期，有许多新问题，新情况不断涌现，并渗透和冲击着学校教育，造成学生的思想困惑，这就需要运用马克思主义的世界观和人生观剖析种种复杂的社会现象，从而使他们把书本上的理论、观念和准则，内化为自己的思想品德素质。

三、发挥教师课堂教学的优化者的作用

课堂教学是素质教育的主阵地，而课堂教学过程涉及面广，教学要素繁多：它既包括教学方法的设计、教学手段的运用，又包括学生成绩的考核、教学实践环节的安排，尤需要教师的优化。优化既是反思、沉淀、发现的过程，也是整合、组织、搭配的过程。课堂教学的优化就是充分调动教学诸要素积极性，增强教学关联性、综合性和实效性。课堂教学的优化要坚持“把握精髓、优化内容、改进方法、重在入脑”的原则。教师课堂教学的优化者的作用主要体现如下。

（一）优化教学目标。

教学目标是教学和评价的依据，教师应按照素质教育的要求，结合教学大纲、教科书和学生的认知水平优化教学目标。教学目标要体现科学性、全面性，方向性和引导性，知识目标、理论目标、能力培训要体现内在递进性和统一性。

（二）优化教学内容。

选择重点、热点、疑点讲解，教师应针对大学生的思想实际，选择最有影响的内容进行分析，以加深学生印象，达到育人的功能。

（三）浅化、形象知识。

思想政治课理论抽象性和概括性是学生学习的主要障碍，教师对理论概念、术语、论述加以浅化和形象化。“任课教师要把规范的教材语言转换成生动的教学语言，把科学严谨的政治理论内化为学生的共识”“让政治理论课精彩起来”。

（四）优化教学过程。

教学过程是以教学目标为导向，以教学内容和教学媒体为中介、教学相互作用的过程，优化教育过程是在优化教学目标和教学内容的基础上优化教育活动和教学媒体、教学方法，进而实现教学结构模式的整体优化。

第二节　寻找心理动因，突出思想政治工作的人文性

以人为本是我国科学发展观的核心理念，也是当前各项工作开展所要遵循的基本理念，对于高校思想政治工作而言，学生是工作开展的对象，同时也是高校各项教育活动的参与主体。因此，必须要将学生放在最根本的位置上，从大学生的思想特点着手，改变以往生硬刻板的思想政治工作开展方式，转而实施以情感染、以心沟通的人性化管理模式，加强对大学生的人文关怀，运用激励理论寻找学生出现情感矛盾的心理动因，真正急学生所急，想学生所想，从学生在学习生活及未来发展的实际需要角度出发，通过思想政治教育工作的开展及多方面措施的运用，帮助学生解决学习、生活中的实际问题，并为学生解答思想上的困惑。与学生贴心交流，让思想政治教师与工作者成为学生真正的知心朋友，并适时给予学生思想上的鼓励与支持，帮助学生克服困难，培养坚强的意志，树立积极的人生态度，及时纠正和消除学生思想上的负面情绪，从而为学生未来的长远发展打下良好的基础。

一、高校思想政治教育中“以人为本”理念内涵分析

（一）人的需要是思想政治教育的出发点

满足人的需要既是“以人为本”的必然要求，也是思想政治教育所追求的价值。所谓人的需要，是人对客观事物的欲求，是人的生命存在、发展和延续的客观要求。在现实世界中，人的需要全面丰富和无限发展的。人的发展的重要表征是需要的不断丰富，这种丰富性包括物质、精神和政治需要等。马克思曾精辟地指出：“人们奋斗所争取的一切，和他们的利益有关”这一观点。从根本上说，思想政治教育就是要用先进的理论武装人们的头脑，提高人们的思想认识，调动人们的积极性，激发人们的主体性和创造潜能，教育和引导人们为实现自己的物质、精神和政治利益而奋斗。

人的需要是人对其生存、享受和发展的客观条件的依赖和需求，是人反映现实的一种形式和积极行为的内在动因。人同时具有双重属性，即社会属性和自然属性。人的社会性是本质的属性，人的自然属性受到社会性的制约。人的某些需要来自自然属性，即生理、心理的需要；有些需要来自社会属性，即社会发展和人的事业成就的需要。来自生理的需要是低层次的需要，来自社会性的需要是高层次的需要，自我实现的需要则是最高层次的需要。马克思把需要划分为社会需要和个人需要两大类。把人的需要又分为物质需要、精神需要等若干方面。马克思指出：“人们为了能够创造历史，必须能够生活。但是为了生活，首先必须要有衣、食、住以及其他东西。因此，第一个历史活动就是生产满足这些需要的资料，即生产物质生活本身。”物质需要是人与生存的本性，是生存的第一条件。思想政治教育不仅要考察人的物质需要，而且考察人的其他需要。

从理论的角度看，思想政治教育要求对人们的各种不同需要进行分析，区分合理与不合理、低层次与高层次、可以满足的和无法满足的需要等。从客体需要出发，开展思想政治教育，要注意到人们除了对物质利益的追求外，体现自我价值、寻求人格关怀等多层次精神需要的地位越来越重要，而且不同需要之间也是相互联系、相互影响的。针对不同层次的需要，应该采取不同的工作方法。人的需要是在不断变化的，原有的需要满足了，思想问题解决了，又会产生新的思想问题。对于思想政治教育工作者来说，既要注意解决低层次需要的矛盾，又要注意高层次需要的矛盾。马克思从人的需要出发，提出了关于人的全面发展的观点，为思想政治教育引导客体需要，拓展了新的思维空间。

从实践的角度看，必须通过思想政治教育实践才能逐步实现人的需要。首先，要考察思想政治教育客体的需要。考察客体需要是一个复杂的过程。人的需要受环境影响变化也比较快，对于需要的界定也有一定难度。考察思想政治教育客体的需要，就是要搞清楚工作对象的现实需要。其次，要引导思想政治教育客体的需要。引导需要的立足点是启发自觉，充分发挥客体的主动性。引导需要的过程中，思想政治教育主体要充分发挥经常性思想政治教育的优势，从个人发展的角度，矫正不合理的、扭曲的需要。要善于从现实入手，让客体自己针对对象，提出问题，产生强烈地对真理、真知的需要欲望。同时，主体自身的形象也可以引导客体的需要。最后，要满足经过引导的思想政治教育客体的需要。在对客体的需要进行仔细的分析并加以引导的基础上，主动开展积极有效的思想政治教育，设法满足客体的需要。

（二）人的全面发展是思想政治教育的落脚点

思想政治教育的直接目的是为了解决各种具体思想问题，但这不是思想政治教育的根

本目的，根本目的在于通过具体思想问题的解决，为实现自己的人生价值而努力奋斗，从而为实现人的自由而全面的发展。

一方面，实现人生价值是思想政治教育的根本目的。人的价值是其社会价值与自我价值的统一。人的价值问题，实际上是对人在社会历史中的地位和作用的估价问题，马克思主义认为，评价人的价值，应从社会对人的待遇和人对社会的贡献两个方面，并以后者为主作为标准。但是，强调人的价值主要在于社会价值，丝毫不意味着对自我价值的否定和抛弃。人既是价值的创造者，又是价值的享用者。个人享用、消费价值的过程，就是社会对他的自我价值的确认过程。社会只有为社会成员提供必要的物质条件和精神条件，使个人的物质文化需要得到一定的满足，个人的体力和智力才能得到发展和提高，从而为社会做出更大贡献。因此，人的价值完美体现的是社会价值与自我价值的统一。从人类社会的整体和长远过程看，个人为社会做出的贡献越多越大，社会就越进步，人的价值的实现条件也就越充分。

思想政治教育要实现和提高人生的价值，必须从两个方面去努力。一方面，作为思想政治教育者应要求和引导受教育者要把自己的定位定在人生的价值不在于向社会索取，而在于对社会的贡献；要求受教育者要有为人民服务、为社会作贡献的真才实学；另一方面，社会要为实现人生价值创造必要的条件。人生价值的实现和提升，不只取决于个人努力，还取决于社会环境。

另一方面，实现人的全面发展是思想政治教育的根本任务。思想政治教育的根本任务是用中国化的马克思主义理论教育广大人民群众，培育和造就“四有”社会主义新人。马克思的人的全面发展理论认为，人的发展从根本上说是人的本质力量的发展，而人的本质力量的发展，具体表现为人的实践能力、素质、需要和社会关系的发展，因此人的全面发展就是使人的各个方面、各个层次兼容并包的、相互协调的发展。

首先，人的本质力量的发展表现为人的实践能力的发展。人只有通过生产劳动才能使自己的本质力量外化为对象性产品，人的能力也从而得到确认和发展。这种现实人的劳动这一本质所要求的人的能力的全面发展，可以概括为，它是概括为物质生产能力、精神生产能力和人的自身生产的能力；也是概括为人与自然发生关系的能力、人与社会发生关系的能力和人自己与自己发生关系即自我调控的能力。其次，人的本质力量的发展表现为人的社会关系的发展。人的社会特征的充分实现，完全有赖于人的社会关系的全面生成，即人的社会特征的充分发展与人的社会关系的全面生成相一致。马克思从把人的本质规定为社会关系的总和，认为人的发展离不开社会关系的充分丰富和全面占有。再次，人的本质力量的发展表现为人的素质的发展。人的素质是人的自然属性、社会属性和精神属性的统一。人的自然属性指人的天赋，包括智力和体力。人的社会属性和精神属性则构成人的个性的基本内容。这样，人的全面发展不仅体现在脑力劳动与体力劳动的结合上，也体现在高度的政治觉悟和科学文化知识的结合上。最后，人的本质力量的发展表现为人的需要的发展。人的需要是全面的、综合的和多层次的，所以，为了实现人的本质，不仅要在广度上而且应在深度上满足人的需要，即应全面地、综合性地、多层次地满足人的需要。人的全面发展当然包括人的所有需要的全面满足与发展，其具体趋向是不断丰富和理性化的。

人的全面发展是马克思主义的基本观点，也是我国全面建设小康社会的基本目标。贯彻以人为本的教育理念，思想政治教育的目标体系应从“道德本位”向“能力本位”发展，实现人的全面发展，并将人的全面发展看作是社会进步的重要尺度。人的全面发展的实质就是人的能力的全面发展，这就要求当代思想政治教育围绕能力这一核心内容展开，在教育内容的深度上把每个人都看作是社会的主体，实现人的全面发展的当代思想政治工作的根本任务。

（三）尊重人是贯穿于思想政治教育全过程的根本原则

尊重人是思想政治教育的根本原则。所谓思想政治教育的尊重人的原则，是指作为思想政治教育主体的教育者，将受教育者也视为教育主体，充分尊重他们的主体地位，注意调动其自我教育的积极性，来实现思想政治教育目标的行为准则。在思想政治教育过程中，一般来讲，教育者是教育主体，受教育者是教育客体。但是，人都具有主观能动性即主体性，从受教育的角度看，受教育者并非被动地接受教育，而是以自己原有的思想认识为基础对教育者的教育要求进行评价与选择，通过主体思想内部的矛盾运动，吸纳教育内容、调整认知结构和将新知转化为新质行为。同时，还会以其行为反作用于教育者，形成双向反馈螺旋式进程。因此，受教育者不仅仅是教育客体，也是积极认知和主动行为的主体。思想政治教育要取得教育效果，就必须将教育者的教育主导作用有效地转化为受教育者的主体效应。尊重人格作为思想政治教育的根本原则贯穿整个思想政治教育过程的始终。要在思想政治教育的全过程贯穿尊重人的根本原则：

1. 要求思想政治教育者树立群众的观点

思想政治教育对象是人民群众，人民群众要接受先进思想的指导，但他们是创造世界历史的动力，先进思想只有为他们所掌握，才会变成改造社会、改造世界的物质力量。思想政治教育者要去发掘群众的创造力和积极性，就必须以群众为主体，按照他们的需要加以引导，而决不能强迫命令而以教育者自居。

2. 要求思想政治教育要以提高受教育者的自我教育能力为主

通过思想政治教育，使受教育者提高了主体意识和具有自我教育的能力，就可以通过自我修养而自我发展。这正是思想政治教育人格原则的核心。任何教育都离不开自我教育。只有促进自我教育的教育，才是真正的教育。在提高自我教育能力的过程中，思想政治教育主体要注意将教育者的意图寓于对受教育者的尊重、理解、关心之中。做到以诚待人，以理服人，以情感人，就会动员和激励受教育者将教育内容转化为自我要求，从而实现由教育向自我教育的转化。

3. 要求思想政治教育者大胆引导，做自我教育的促进者

强调以受教育者为主体并不等于放任其自我发展，教育与自我教育历来是紧密相连、彼此促进的两个方面。自我教育是在教育者启发下，是按教育目的的方向进行的，而且教育者还要适时给以科学指导，主要是帮助受教育者把握好方向和阶段性转化的时机。要用科学的理论、正确的舆论、高尚的精神和优秀的作品去武装、引导、塑造和鼓舞教育客体。改革开放和现代化建设时期提供了建构新人格的外在环境。思想政治教育要引导人们破除不适应时代发展的旧的消极人格，使人们确立和强化自主自强、开拓进取、面向未来的现代人格。

二、高校学生思想政治工作坚持以人为本的创新策略

（一）坚持以学生为本，搞好观念创新

观念创新是高校人才培养中需要解决的首要问题，思想政治教育领域的观念创新就是要解放思想，更新观念，以科学的理念来指导实践。“以人为本”体现在高校思想政治工

作中其最根本的标志就是“以学生为本”。高校思想政治教育工作能否取得实效的关键就在于能不能真正做到以学生为本，真正树立起一切为了学生、从学生利益出发的工作意识。思想政治教育工作需要将社会经济发展的客观现状和青年学生的思想、心理特征有机结合，准确把握学生内心的价值需要，对高校现有的教育模式进行改革和完善，针对不同个体提供差异化的教育指导服务，既符合大学生的整体利益诉求，又能够满足学生的个性化发展需要。

在具体实施过程中，以谋求如何实现“完整的人”的发展为基本的价值取向，高度重视学生的个别差异和个人价值观，以发展学生的个性，实现其潜能的充分展现作为教育的根本目的。坚持“以人为本”的和谐理念，要改变以往以思想政治教育工作者为中心，以管理为主要手段，在方式方法上缺乏思路创新的旧认识。充分发挥高校第一课堂的学科专业优势和第二课堂的综合育人优势，体现对受教育者的了解和尊重，充分调动学生在整个思想政治工作过程中的积极性、创造性，支持其主观能动性的发挥，给他们平等、自由的参与机会，通过启发和诱导正面引导学生内在的教育需求，调动学生的自主性和能动性，让他们全面、正确地认识自我，继而达到从自我管理到自我发展、从自我认知到自我完善、从对自己负责到对社会奉献的教育目的，从而培养各具所长的综合性人才，推动学校人才培养和社会需求的全面接轨。

（二）构建以高校学生为本的思想政治教育模式

高校需要构建以高校学生为本的思想政治教育模式，结合高校学生真实的需求来设定思想政治教育工作，鼓励高校学生参与到思想政治教育中来，这样才能够让高校学生真正的有所学习、感悟、收获。思想属于行动的重要向导，高校教师要充分尊重大学生的理念，欣赏大学生的生活态度，从受教育者的真实情况作为出发点，包容、尊重大学生独立人格的发展和形成；其次，需要树立服务于大学生的教育理念，在以往传统的高校思想政治教育工作中，教师属于权威者、主导者，扮演者管理者、教育者的角色，存在单方面灌输思想政治教育知识的问题，这样不仅无法达到理想的思想政治教育效果，还会激发学生的叛逆心理，所以高校教师需要充分维护大学生的权益，帮助学生解决生活、学习中遇到的难题，满足学生的合理需求，促进高校学生身心健康发展。在马克思主义中提出了“在满足自身发展与生存的自由自觉的活动中，才能够发挥出人的主体性作用”，各个高校有意识地激发大学生的主体意识，培养大学生较强的社会责任感、自主学习意识，包容高校学生的个性化差异。

（三）创新高校以人为本思想政治教育内容

各个高校需要跟上时代发展的脚步，不断地创新高校思想政治教育内容，让高校学生能够随时接触到最新的知识、动态。同时，高校需要设立完整的思想政治教育体系，其中应该包含了公民道德规范知识、中国优秀传统美德知识、社会主义法律规范知识等，让学生在接受思想政治教育的情况下，能够拥有诚实守信、为人民服务的社会意识，鼓励高校学生在日常生活中可以积极遵守法律法规，团结友爱、节俭自强，这些对高校学生未来的人生发展都是非常有益的。同时，在高校思想政治教育工作中，需要注重精神文明层面的教育工作，当前高校学生除了需要正视学业、情感、就业等压力，还需要具备较强的社会适应能力与心态，能够在日常生活中及时发现问题、正确处理问题，要想培养高效学生良好的社会生存能力，高校教师需要在开展思想政治教育工作中，了解高校学生的心理需求，展开健康心理讲座活动，以此来驱散高校学生内心的阴霾与消极情绪。在市场经济模式下，要防止高校学生的精神世界被物质化，引导高校学生有更高的人生境界、思想，保证精神世界的纯洁性，不断地完善自我精神世界。

（四）在思想政治教育工作中开展柔性管理

在高校思想政治教育工作中开展柔性管理，能够改变以往的“理论灌输式”教育模式，而是把学生作为教育工作的主体对象，充分尊重、理解学生，这样才能够倾听到高校学生真实的学习、生活需求，设定完美的思想政治教育方案，提升高校思想政治教育工作质量。在“一带一路”倡议下，国家和国家之间的经济交流较为频繁，在教育、文化领域也拥有合作，这也就导致当前高校学生的社会价值观呈现出多元化发展趋势，一些消费主义、个人主义、民主社会主义、新自由主义都冲击着马克思主义教育，针对这种问题，高校需要把扁平化管理作为重要的思想政治教育手段，组织丰富多彩的思想政治教育活动，比如“弘扬传统文化”“诗歌比赛”“绿色实践活动”等，潜移默化地影响学生的思想价值观。同时高校教师需要注重情感激励，把精神激励与物质激励相互结合起来，让高校学生能够把“自我实现”作为人生目标，拥有较高的人生理想。

1．思想政治教育实施柔性管理的必要性与可行性

（1）价值观念核心由社会本位向个体本位转移需要“人本”的柔性管理

随着社会主义市场经济的深入发展，物化的世界打破了人们传统的生活方式，统一性价值标准的失落、权威性精神引导的破碎以及物质世界的诱惑引起了人们价值观念的深刻嬗变。人们的自由个性、主体性意识日渐凸显，人们根据市场的需求动态地进行自我设计、自我发展。越来越多的大学生亦随之追求个人的价值与利益需求。传统的德育方式在一定程度上制约了学生独立人格和创新精神的培养，已不被当今大学生所喜爱。这要求教育方式必须“与时俱进”。柔性管理正是“以人为本”，以人性化为标志，把人看作管理的出发点与归宿。这对于思想政治教育突破完全以教师为主体、学生为客体的模式，摒弃“保姆式”的管理方法大有裨益。

（2）价值取向多元化需要“情感”的柔性管理

随着改革开放的深入，人们的价值取向呈现多元化的发展态势。由于缺少理论根基与人生阅历，大学生的世界观、价值观还没有完全定型，而转型期的社会价值观的动荡和交锋，使一些大学生容易被表面现象所迷惑，出现思想上的波动，进而造成价值选择迷惘。传统的仅凭以明确的形式昭示、以明显的强制性实行严格的外在教育已不能取得预期效果。柔性管理强调情在理先，寓理于真情之中，用润物细无声的方式，对学生产生深刻、持久的影响。这种通过晓人以理、劝人以善、教人以美的方法培养学生是非明辨能力正是做好新时期思想政治教育工作所需要的。

（3）个性差异需要“权变”的柔性管理

大学生群体固然有其共性，但处在成长过程中的青年大学生因为心理品质、社会经验、成长环境、性格特征不同而呈现出显著的个体差异性。这就要求思想政治教育者做到因材施教，既要考虑学生思想、心理动态变化发展的需求，又要考虑到不同学生的个性差异。对不同个性心理特征的学生要采用不同的教育管理方法，思想政治教育工作成效才会明显。

（4）价值评价标准功利化需要重视心理素质的柔性管理

当代大学生面对纷繁复杂的经济、社会现象和各种利益关系的调整，价值评价标准与以往相比带有明显的功利色彩。物质、金钱、地位对传统价值和人文精神的挤压，正消解

大学生应有的品质和德行，社会上的一些腐败现象和丑恶行为正侵蚀着他们的心灵。对此，必须重视大学生的心理健康教育。而柔性管理恰恰强调心理素质的培养，这是开发取之不尽的精神资源。在当代大学生实用主义盛行之时，思想政治教育工作者更应加强“心理”健康教育。

2. 思想政治教育中柔性管理的内涵

柔性管理是相对于刚性管理而言的一种管理形式，其内涵是“在研究人们心理和行为规律的基础上，采取非强制方式，在人们心目中产生一种潜在的说服力，从而把组织意志变为人们的自觉行动的一种管理形式”。其核心是以人为本。思想政治教育工作借鉴柔性管理，就是要遵循以人为本的管理理念，把握大学生的心理规律和内在需求，采用教育、激励、引导、暗示等非硬性的工作方式，使学生从内心产生一种潜在的说服力，潜移默化地把大学生的思想行为统一到预期的管理目标上来。柔性管理具有以下特性：

（1）人本性

柔性管理把人看作管理活动的主体、管理的核心与动力，重视发挥组织成员的积极性与参与精神，尊重人，理解人，并据此构建和谐的管理环境。思想政治教育视阈中的柔性管理就是要借鉴这种“以人为本”的思想，以人性化为标志，把关爱学生看作教学的出发点与归宿。在关注学生的尊严、自主、快乐、价值选择基础上进行教学，使学生人格受到尊重、学习得到激励、生活获得关爱。

（2）激励性

依据马斯洛德需要层次理论，被人尊重与实现自我是人的高层次需要。这也是激励的主要因素，柔性管理正是通过情感激励，满足人的这些需要。思想政治教育应用柔性管理的情感激励，关心、爱护、尊重学生，使学生由被动的受教育者转变为积极的接受者。

（3）内驱性

柔性管理最大的特点，在于它不依凭外在强制影响力，而是依赖于人的内心说服力，即激发个人内在的主动性、潜力和创造性，呈现出明显的内在驱动性。在思想政治教育中借鉴柔性管理，就是实现将外在的制度规范内化为学生的自觉认识并转化为其内在品质的一部分，只有这样，组织的目标才能转变为个体的自发行为。

（4）持久性

柔性管理的实质就是把外在的规定性转变为个体内心的承诺，并最终转变为其自觉的行动，这一转化虽然需要一个过程，但是一旦完成这一过程，便会对人产生强大而持久的影响力，即便遇到利益诱惑，亦能坚守道德原则、知耻 恶、向善求荣。

3. 思想政治教育中柔性管理的实施

（1）树立以人为本的理念

“新世纪道德教育所必须认真对待、做出深入研究和解决的重大问题是：道德教育正面对着何种样的人的生存方式和生存理念的变革？道德教育所要发育的是何种样的人的自我意识？它要发扬的是什么样的人的自我意识？道德教育从目的、任务到内容、方法所要体现的是什么样的人的理念？”可见，当前的思想政治教育工作不能忽视人的道德主体性的确立和个体的完善。因此，高校思想政治教育工作应当摒弃传统德育把道德教育作为社会对个人的外在要求的定位，正视道德素质也是个体成长发展的内在需要，学生自主意识需要得到关注，学生的人格需要得到尊重，学生的个体差异需要得到承认，学生的个性发展需要受到重视。为此，思想政治教育工作者必须树立以学生为本的理念，既要以民主的精神、亲和的态度对待学生，充分尊重学生的个性和主体地位，与学生进行平等对话，充分保护他们的积极性和创造性，又要以开放的态度培养学生、服务学生，从而促进学生的全面发展。

（2）运用情感激励的机制

苏霍姆林斯基在《教学的艺术》一书中认为，教育的艺术在于能激发出学生心灵的感情，而且这种工作做得越细致，越有感情，从学生心灵深处涌出的力量便越大。柔性管理的思想政治教育就是要采用非强制性的方式方法，注重大学生情感管理。首先，应当尊重学生。尊重学生是做好思想政治教育工作的前提，每个学生都有自己的人格和尊严，自尊是学生进取的内在动力。因此，必须善于保护学生的自尊心。其次，要关心学生。大学生远离父母、家人，他们特别需要老师的家庭般的关爱。思想政治教育工作者如果能够以满腔的真诚、浓浓的亲情关心学生，学生就会“亲其师，信其道”。最后，要学会激励学生。瞬息万变、竞争激烈的现代社会对于每个学生来说都是挑战与机遇共存，思想政治教育工作者只有不断鼓励他们、相信他们，才能激发他们展现才能的热情，激活他们创造的潜力，正确地引导学生在为祖国、人民服务中实现个人的人生价值。

（3）加强心理健康方面的教育

心理健康教育工作是当代大学生健康成长、成才的重要保证。当前，高校有心理问题的学生的比例呈上升的趋势，他们不同程度地表现出抑郁、心理脆弱、交往障碍以及心理压力过大等问题。要解决这些问题，首要的是帮助学生树立正确的世界观、人生观和价值观，从学生的思想实际、心理素质和生活状况出发，通过教育、沟通、咨询等多种方式，帮助大学生树立心理健康意识，优化心理品质，增强心理调适能力和社会生活的适应能力，预防和缓解心理压力，提高适应环境、自我管理、人际交往等方面的能力。要以心理健康教育来增强思想政治教育工作的针对性、实效性和主动性，健全高校思想政治教育工作的管理体系。

第三节　把握身心规律，帮助学生树立正确的价值观

尽管大学生在思想上已十分接近于成人，但其人生观、世界观、价值观仍处于发展阶段，在思想观念与意识上仍不够成熟，缺乏准确辨别是非的能力，容易受到社会不良思潮的影响，导致价值观发生扭曲。因此，要实现对当代大学生有效的思想教育，就必须要在思想政治教育工作的开展过程中把握。

当代大学生从幼稚走向成熟的身心发展规律，明确其想摆脱对父母的依赖、充满反抗性的心理特点，注重对大学生进行积极的引导，采取科学有效的方法，帮助大学生准确地辨别社会思想潮流中的精华与糟粕，吸收其中的有益成分以完善自身，摒弃其中的不良成分，以端正自我，以正确积极的价值观做出准绳，使大学生能够更加自觉地进行自我规范与自我约束，自觉抵制不良信息与社会思潮的影响，培养高尚的人格。在此基础上，帮助大学生找到并明确人生的正确奋斗目标，坚持正确的人生态度，并通过自身积极的努力与拼搏，真正实现人生的价值。

一、思想政治教育与大学生正确价值观培养的同向性

（一）思想政治教育与大学生正确价值观培养在性质方面与内容方面的同向性

马克思主义唯物观认为，社会意识由社会存在所决定，同时社会意识也会反作用于社会存在，而人们所开展的社会实践活动，则是社会意识得以产生的重要基础。思想政治教育与大学生正确价值观的培养，和社会意识之间都具有紧密的关系。其中，思想政治教育工作是针对人所开展的教育，引导社会群体具备正确的思想观点、道德规范以及政治观点等。事实上，社会中存在的各种现象会让社会大众产生思想触动与心理触动，而社会中存在的现象是十分复杂的，因此，这种触动也可以分为积极的层面与消极的层面，而思想政治教育就是引导包括大学生群体在内的社会大众产生积极的思想触动与心理触动，并对消极的思想触动与心理触动进行抵制，从而提升社会大众的思想政治素养。从价值观教育方面来看，价值观教育同样是针对人所开展的教育，价值观能够反映出社会大众对社会的认知与看法，这种认知与看法是基于社会大众的经验积累所产生的，而这也决定了价值观同样是社会存在所决定的，并且价值观在社会意识中占有着核心地位。在大学生正确价值观的培养中，需要引导大学生树立与我国意识形态和社会性质相契合的价值观念。由此可见，无论是思想政治教育还是大学生正确价值观的培养，都是社会意识层面的内容，并且思想政治教育与大学生正确价值观的培养，不仅是基于社会实践产生的内容，同时也需要经历持续构建与完善的过程。

在当前的社会转型时期，科技的发展与信息的爆发使社会现象呈现出了日益复杂的特点，大学生群体在不断拓宽自身视野的基础上，其思想和价值观也会受到负面社会问题的影响，这种影响并不利于大学生的身心成长。而思想政治教育与大学生正确价值观的培养，都将人文关怀以及人与社会的和谐发展当作出发点，其目的是为了提升大学生的社会适应能力，并推动社会为包括大学生群体在内的所有社会大众提供更好的服务。因此，无论是思想政治教育还是大学生正确价值观的培养，都是以关怀人的尊严与生命为根本尊重，二者之间的互动作用不仅可以推动社会的和谐发展，而且也可以让社会大众的合法权益得到保护，同时能够引导大学生以及所有社会大众实现自身思想政治素养的提升以及正确价值观的树立。关于思想政治教育的内容，我国教育法做出了明确的规定，即针对受教育开展爱国主义教育、社会主义教育、集体主义教育，并进行民族团结教育、法制教育、纪律教育、理想教育与道德教育，在对中华民族优良传统进行继承的基础上，对优秀的人类文明成果进行吸收。从价值观方面来看，我国优秀的传统文化是社会主义核心价值观形成与发展的重要基础，其中团结统一、自强不息、自强勇敢等民族精神孕育除了具有社会主义特质的品格、意识与气质，同时也成了维系社会和谐发展的精神纽带。由此可见，思想政治教育与大学生正确价值观的培养，不仅体现出了人文关怀，而且也都构建在我国传统优秀文化的基础之上。无论是这种人文特质还是内容取向，都放映出了二者引导大学生以及所有社会大众追求“真善美”的目标，在这样的前提下，思想政治教育内容与大学生正确价值观的培养内容能够在逐渐内化为大学生以及所有社会大众个人品质的同时，对大学生以及所有社会大众的社会实践进行指导。

（二）思想政治教育与大学生正确价值观培养在意义方面的同向性

针对大学生开展思想政治教育与正确价值观的培养，是党对高校人才培养提出的重要要求，特别是在文化多元化背景下，大学生的思想观念呈现出了多元化与复杂性的特征，

而这也决定了大学生需要具备较高的思想素养与正确的价值观，从而有效抵制负面文化对自身思想的侵蚀。在此方面，思想政治教育与大学生正确价值观的培养所发挥的作用以及所具有的现实意义具有同向性。

1. 思想政治教育与大学生正确价值观的培养，都有利于社会主义和谐建设

社会主义和谐社会建设是一项惠及十几亿社会大众的工程，在社会主义和谐社会建设过程中，我国的民主制度会更加完善、经济发展会更加快速、科教文化等也将更加繁荣。当然，社会主义和谐社会建设所指的和谐不仅仅包括利益层面实现和谐，也包括思想层面与价值观层面的和谐，这两项内容是社会主义和谐文化建设中重要的组成部分。如果我国大学生以及全体社会大众中没有被普遍认同的思想与价值观，则社会主义和谐社会建设也将失去思想基础，在这样的背景下，利用思想政治教育与大学生正确价值观的培养来让大学生群体中产生被普遍认同的思想与价值观，是十分必要和紧迫的。无论是思想政治教育还是大学生正确价值观的培养，都能够有效推动大学生养成积极的心态与开拓进取的精神，这对于优化大学生之间以及大学生与其他社会群体之间的关系发挥着重要作用。

2. 思想政治教育与大学生正确价值观的培养，都能够推动大学生群体成长为符合社会发展需要的优秀人才

在社会转型时期，社会发展中存在着多样化的困难与矛盾，而这些困难与矛盾，则容易导致大学生群体对社会主义信仰产生怀疑，在此背景下，利用思想政治教育与大学生正确价值观的培养来引导大学生群体对社会主义发展的各个阶段做出认知，有利于巩固大学生群体的社会主义信念，同时也有利于大学生群体自身的成长与发展。从思想政治教育与大学生正确价值观培养在性质方面与内容方面的同向性中可以看出，思想政治教育与大学生正确价值观的培养都具有以人为本的特点，这种特点决定了思想政治教育与大学生正确价值观培养能够推动大学生的身心发展。另外，当代大学生群体肩负着中华民族复兴的重任，而也只有在当代大学生群体具有较高思想政治素养与正确价值观的基础上，大学生群体才能够结果前辈受众的旗帜，并为社会主义现代化建设做出贡献。

二、以社会主义核心价值观为引导，强化大学生思想政治教育

（一）用社会主义核心价值体系教育当代大学生

社会主义核心价值体系的基本内容包括马克思主义指导思想、中国特色社会主义共同理想、以爱国主义为核心的民族精神和以改革创新为核心的时代精神、社会主义荣辱观。这些都是当代的中国化时代化大众化的马克思主义，是指引、指导我们实现新的历史任务的、强大的思想武器，是实现民族振兴的强大的精神支柱，同时也是新时期我国高校教育工作的极为重要指导思想和战略方针。各高校应紧紧围绕教育部确定的高校思想政治教育大纲，把大学生的思想认识统一到社会主义核心价值体系的学习和运用上来，努力采取有效措施，把现代大学生培养成高素质的、复合型的、社会主义事业的建设者和接班人。要按照教育部“进课堂、进教材、进头脑”的相关要求，在课程设置上、学时安排上、教育教学上给予高度重视。思想政治工作者必须注意引导大学生注重学习和掌握社会主义核心价值体系的一系列基本理论，学会运用中国化的马克思主义的立场、观点、方法去观察分析和解决实际问题，学会用社会主义核心价值体系指导自己的学习和生活。要坚决抵制西方资产阶级腐朽思想的侵蚀，坚决清除拜金主义、享乐主义、个人主义的负面影响，促使大学生树立坚定的共产主义、社会主义理想信念，树立社会主义事业接班人的世界观、人

生观和价值观。这是大学生思想政治工作的根本要求，也是帮助大学生树立和培养正确的价值观的指导思想。

（二）加强党的政治、组织和思想建设，以党团组织的优势引导和带动大学生

党团组织是宣传社会主义核心价值体系理念的重要阵地，因此，要通过各种有效途径，不断地加强高校基层党团的组织建设、思想建设，充分发挥我国高校党团组织以及各级学生组织的积极作用，发挥他们的战斗堡垒作用，要让大学生从思想深处认识到，先天下之忧而忧、后天下之乐而乐，要吃苦在前、享受在后，要奉献在前、享用在后。党团组织本身的思想最为积极，因此要发挥这一组织的先进性，通过他们鼓励和引导大学生在学习实践中不断地树立远大的理想，努力学习各种科学文化知识，并积极吸引更多的青年学生加入高校党团组织，以接受更多更正规的马克思主义教育，从而为修正、树立正确的价值观打下坚实的基础。

（三）采取多种灵活多样的形式

在爱国主义、社会主义、集体主义方面对大学生加强教育，促使其树立正确、鲜明的价值观。爱国主义是永恒的，它长期在中华民族传统美德中居于中心地位，它是维系中华亿万群众、激励炎黄无数子孙以自强不息、百折不挠、勇往直前、不怕牺牲、自立自励的重要法宝，如果在高校思想政治工作中能够很好地运用这一法宝，那么对于培养青年学生的爱国主义情感，提高青年学生的爱国主义觉悟，引导他们树立正确的理想、信念和人生观将起到不可估量的积极作用。我们有太多的文化传统要让大学生知道和学习，我们民族有光辉的历史，有反帝反封建的革命传统，有长达五千年的文化血脉，这些都足以让大学生增强民族自豪感、历史责任感。此外，集体主义是我国作为社会主义国家的优势，相比于西方国家强调的自由主义和个人主义来说，集体主义具有很强的价值导向，有利于人们形成强大的凝聚力和战斗力以及执行力。对当代的大学生进行集体主义教育，有利于规避那些团体主义、个人主义、功利主义，有利于解决市场经济冲击下一些大学生受社会影响所产生的金钱主义等矛盾思想。

（四）以社会的先进典型为引导

通过社会上不断涌现的先进典型，发挥其独特的示范和榜样作用，对在校大学生进行宣传、教育、引导和鼓舞。事实上我们身边不缺少各种先进典型，远有雷锋、焦裕禄、李素丽，近有通过新闻媒体不断披露出来的水下救人、见义勇为以及年年评选的道德模范和英雄模范，他们或者不怕吃苦、不计回报，或者不怕苦累、不怕牺牲，或者为祖国人民无私奉献、或者在某些领域创出光辉业绩。高校可以想办法邀请身边的这些先进英模、优秀知识分子或者全国有名的相关领域的模范，到学校为大学生作报告，让大学生知道，他们就是学习的模范，要以这些先进的模范人物为榜样，学习先进，追赶先进，争当先进，以此激励大学生不断地调整自己的思想、深化对模范的认识，从而为确立良好正确的价值观提供思想保障。

（五）组织多种多样的社会化实践活动

让在校大学生感同身受。实践活动对大学生来说极为重要，特别是有实例的、校外的、有针对性的、有参与性和竞争性的实践活动，对大学生的吸引力很大，往往能激发他们学习实践的兴趣，让他们不自觉地融入学习当中。在很多高校，采取了一系列很好的措施，收到了良效。比如，联系大学生到校外访问先进的典型，举办一定规模的有奖征文和演讲大赛，紧紧围绕当下的热点和焦点在校内举行大学生辩论大赛，组织大学生到英模和典型工作和生活的地方去实际体验等，这些活动可以很好地教育、启发大学生、熏陶大学生、感染大学生，从而促使和帮助他们树立远大的理想和正确的价值观。

第四节 宣传校园共建的教育理念

校园文化以其独有的方式充实和发展了大学生的思想政治教育工作，是大学生思想政治教育的重要媒介，它在我国大学生思想政治教育的工作中是不可或缺的。所以，相关专家和校领导层应高度重视校园文化建设，进而提升大学生的思想道德素质和水平。要想充分发挥校园文化的媒介作用，就必须创新大学生思想政治教育路径，综合考查校园文化内部和外部因素对大学生思想政治教育工作的影响，优化大学文化育人环境。

一、校园文化的内涵与特点

（一）关于“文化”的定义

校园文化是人类文化的重要组成部分，欲准确地理解校园文化的内涵，首先得从“文化”的定义开始。人们对于“文化”的定义千差万别，但对文化的根本属性的认识是基本一致的。《现代汉语词典》对于“文化”的第一解释为：人类在社会历史发展过程中所创造的物质财富和精神财富的总和，特指精神财富，如文学、艺术、教育、科学等。《文化大词典》关于“文化”的概念是：文化或称人类化，它是人类价值观念的对象化，即人们创造的效用价值在传播中实现为财富的普遍过程。《牛津现代高级英汉双解词典》对 culture（文化）一词的解释是：人类能力的高度发展；藉训练与经验而促成身心的发展；（心性与精神的）修养；人类社会智力发展（在人文、科学等方面）的证据。显然，各类词典对“文化”一词并没有统一的定论。但都提到了一个十分关键的概念：“人类”，从而揭示了文化的本质属性，即文化是人类所特有的。中外社会学家、语言学家、人类学家、心理学家、哲学家以及自然科学家根据自己的学科特点和各自不同的研究目的，对“文化”一词都下了不尽相同的定义。仅 Kroeber 和 Kluckhohn 在其著作中收集的定义就有 300 余种。因此，文化的内涵和外延显得十分丰富，其中最有价值并被人们普遍接受的有如下几种：

Malinowski 的定义：“文化明显地是一个不可分割的整体，它包括工具和消费品，不同社会团体的共同宪章，以及人类的思想、技艺、信仰和风俗。”

Herskivits 的定义：“一种文化是一个民族的生活方式，一个社会是遵循一种特定生活方式的有组织的集合体。社会由人组成，而他们行动的方式即是他们的文化。”

Porter 和 Samovar 认为，文化是一个大的人群在许多代当中通过个人和集体的努力获得的知识、经验、信念、价值、态度、角色、空间关系、宇宙观念的积淀，以及他们获得的物质的东西和所有物。而荷兰学者 Geert Hofstede 则把文化生动地定义为“心灵的程序”和“心灵的软件”。他认为，文化之于人犹如程序之于计算机。计算机的运行依靠软件，程序怎么写，计算机就怎么运行。文化就像事先写好的程序一样，决定人的行动。人若想脱离自己的文化而行动，就像计算机不按软件运行一样困难。我国著名的语言学家胡文仲先生把文化定义为“历史上创造的所有的生活形式，包括显性的和隐形的，包括合理的、不合理的以及谈不上合理或不合理的一切，它们在某一时期作为人们行为的潜在指南而存在。”

青年学者姚国华先生在他的《文化立国》一书中，关于文化一词有数十个定义，其中最简洁亦最有价值的定义有：文化，即文而化之；人从根本上是文化的，人就是文化；文化是人之所以为人的根本属性。中外学者对文化的定义，实际上进一步阐释了文化的两个基本属性：文化是一种精神形态——它类似于人的“心灵的程序”，作为“人们行为的潜在指南而存在”；文化又是一种物质形态——泛指人类创造的物质财富和一切文明成果。

（二）“校园文化”的内涵

以上关于文化定义的讨论，为“校园文化”的定义提供了依据。人们对一种事物的定义往往遵循逻辑定义法的原则，即定义＝种差＋属。“种差”是指被定义对象区别于其他对象的本质属性；“属”是指同一领域的类概念。根据这一原则，我们把“校园文化”定义为：校园文化是在学校教育的特定环境下自然生成的，稳定地支配着学校成员内心世界的价值体系和学校成员的精神力量能动地作用于学校各种客观对象的一切显性证据。简言之，校园文化是学校及其成员的存在方式。在这个定义中，“校园文化是在学校教育的特定环境下自然生成的（文化）”，是校园文化的种差，是校园文化区别于其他文化的根本属性；“稳定地支配着学校成员内心世界的价值体系”反映校园文化的精神形态；“学校成员的精神力量能动地作用于学校各种客观对象的一切显性证据”则描述校园文化的物质形态。这个定义不仅揭示了校园文化的内涵：学校成员所共有的价值体系及其在物质、精神两个层面上体现出来的文化形态，如校园物质文化，校园精神文化，校园组织制度文化、校园课程文化等主流文化样式，而且也关涉更加微观的舆论文化、礼仪文化、服饰文化、体育文化、设计文化等校园文化的所有外延。

（三）校园文化的基本特征

1．内隐性与外显性

校园文化内聚为学校成员的心理结构，外显于活动、现象和实体。学校成员的自觉意识、思维方式、观念体系、价值取向、理性良知、情趣修养、原创精神等构成了学校成员生存的内在依据，表现出校园文化的内隐性特征。学校成员的文化心理通过活动、实践和创造不断向外展开，从而形成校园文明和校园具象，表现出校园文化的外显性特征。文化现象是文化心理的外展、阐释、放大和形式化。文化心理决定着文化现象的表现形式或样式，学校通过教育的手段，使师生把教育法规、教学目的、知识成果、集体纪律、道德规范、法律规则等不断向其内心世界内化，然后再通过能动作用把内化的成果不断向外释放，从而产生自觉的和理性的行动。学校正是以师生的这种内心世界和行为方式（即内化与外展）相向文化活动的过程与结果来体现着自身的存在。

2．选择性与认同性

选择性体现在两个方面，一是校园文化对社会文化的选择。尽管校园文化常被视为一种社会形态的亚文化，但它作为一个独立的文明体系其创造与传播，产生与发展有着自身客观的运动规律，它对社会文化进行有选择的接受和吸纳；二是学校成员对校园文化的选择，每一个人对于人生和自己所处的文化环境的内心体验、感受是不同的。在学校共同体内，个人的追求、兴趣、理想、创造欲望、价值判断、精神信念、情感倾向、生活习俗等文化心理的深层结构各异，导致了个人对文化因素和文化行为的自主选择。师生通过对文化精神和文化活动的选择和反思，形成个体独立的人格、鲜明的个性和蓬勃的活力，创造出丰富多彩的校园文化。集体认同性是校园文化的最基本特征。

首先，法理原则和校园制度文化是师生共同认同的契约与规范，是超越个人权威和意志的普遍公理，每一个人的最基本活动都受集体的习惯、准则、法规和义务的约束，从而赋予公共生活以秩序与和谐。其次，校园生活是在精神文化的支配下展开的，校园文化作为人们行为的潜在指南和宪章支配着学校成员的活动。师生只有立足于对校园文化的基本认同，才能获得尊重与信任，实现自我。然后，在集体生活环境下，人与人之间需要亲情、同情、友情和爱心等基本情感的关怀，在此基础上，人们的思想通过健康、进步的文化熏陶和作用，逐渐升华到对生命价值的深刻思考，对国家命运的深切关注和对人类世界的终极关怀，从而产生共同的意志、信念、目标和追求，并基于这种认同而产生自觉意识和共同的行动。

3. 继承性与超越性

人类创造的一切文明成果、一个民族在漫长的历史中积淀的优良品德、师生共同秉持的价值观念和师生在学校文明体系内所形成的共同信仰等，被学校成员自觉地继承下来，在相当长的时间内，对人们的生活、学习和工作产生作用，支配着人们的日常行为，从而赋予校园文化在时空上的稳定性和延续性。这就是校园文化的继承性特点和作用。

校园文化的超越性特征，首先表现在它的时代性，任何一种文化模式在其形成之后，并不是一成不变的，它得跟随时代的步伐由低级向高级不断发展。因此，不同的时代都具有不同的文化形态和不同的文化成就；其次表现在它的批判性，在人类素质不断提升和人的全面发展规律的影响下，人们一方面尊重和继承优秀文化；另一方面对落后和腐朽的文化持批判和否定态度，以追求更先进、更合理的文化境界；然后表现在它的可创性，文化创造是产生文化价值的基本人类活动，没有文化创造就没有人类文化的产生和发展。学校正是这样在继承、批判和超越的哲学道路上永不止息地创造着欣欣向荣的时代文化。

二、校园文化建设与大学思想政治教育的内在关系

（一）校园文化建设是思想政治教育的载体

高校作为大学生思想政治教育的主阵地，在助力学生文化知识水平提升的同时，也肩负着提升大学生思想政治素养的责任，而校园文化具备独特的思想政治教育功能，可见校园文化建设是大学思想政治教育的重要载体。具体体现为：

1. 校园文化建设融合了价值观念教育

价值观念教育作为思想政治教育核心，同样是文化的价值标准，从某种意义上来看，校园文化属于人化产物，主要通过课堂教学与环境对学生形成隐性与显性的影响，助力学生正确价值观念的形成。

2. 校园文化建设融合了爱国教育

爱国教育是大学思想政治教育中不可或缺的内容，是一个民族屹立世界之林永不倒的精神支柱，所以通过校园文化建设去发挥对学生爱国教育功能，能够促进学生的民族自豪感，将拳拳爱国之心转化为建设国家的实际行动。

3. 校园文化建设融合了意志教育与审美教育

在形形色色的大学校园文化活动中，有着诸多极具竞争性、创造性的活动开展，如辩论赛、歌唱赛、运动会等，都是对参与人员意志品质的锻炼，激励学生不断提升自身人文品质，懂得如何欣赏美与创造美，进而助力学生综合素养的发展。

（二）思想政治教育是校园文化建设的保障

校园文化建设工作不单单涉及社会文化方面，更与政治层面息息相关，尤其是在培养高素质人才的高校校园中，其校园文化建设一定要坚守正确的政治方向，价值观念需要与社会主义核心价值观相符，坚持马克思主义的引导，助力德、智、体、美、劳全方位发展人才的培养。不难看出，校园文化建设需要思想政治教育作为引导，唯有在思想政治教育的保障之下，才能确保校园文化建设与正确价值观相符，不会脱离正确方向，尤其是在社会转型关键时期，面对多元化的文化背景更加坚持以思想政治教育作为导向，促进校园文化的建设发展建设，充分发挥校园文化的育人功能。此外，思想政治教育还为大学校园文化建设提供了价值理论基础，其中思想政治教育作为组织利用思想政治观念、道德规范对组织成员的目的性影响，使其能够发展成符合社会要求的思想道德的活动，能够明显看出这一教育工作属于意识形态，加之高校处在这一意识形态培养的前沿主阵地，对于我国整个社会的思想文化建设有巨大影响，可见大学校园文化建设必定要坚持以社会主义基本价值原则作为取向。

三、校园文化建设中大学思想政治教育创新路径分析

（一）充分利用环境资源，推进校园文化建设

大学校园的基础性设施主要包括完成教学活动的全部硬件设备，包含图书资料、网络设施、学习活动场所以及以教室为主的建筑物等。该类基础性设施除了为学生的学习提供了场所，还可以完成对学生的思想政治教育。比如，利用校园内的人文雕像以及建筑物的美感对大学生进行思想政治教育，进而培育学生的人文素质、陶冶学生的情操。此外，利用不同建筑中的标语进行宣导，也是对学生进行思想政治教育的关键环节。比如，在花园周围设置贴心的提示标语，培育学生的绿色教育理念；在水龙头旁设置“节约用水”等标语，可以培育学生的绿色环保意识。

（二）充分利用校园内的景物

校园景观文化是一类隐性文化，主要指在校园建筑策划和设计的过程中坚持以人为本和可持续发展的观念，进而体现出来的一种文化品位。校园的景观设计不但美化了校园环境，同时也体现出一种精神。校园景观建设具备直观性的特征，因此在进行大学物质文化建设时，应对校园内的空间、山水、林园和路径进行科学策划，力图突显人、自然、环境三者间的谐和之美，从而陶冶学生的情操、培养其爱校激情。此外，校园景观这类物质文化，不但能使校园变得更美，且能净化心灵，让中国传统文化在学生中得以继承。

（三）明确精神的导向作用，推进校园文化建设

校风建设是校园文化建设的前提和中心。优良的校风能抵抗不良之风的侵袭。校风建设主要包含两个方面的内容：即学生的学习风气和老师的教学风气。优良的教学风气可以促进优良的学习风气的形成。而强化教学风气建设工作，应注意以下内容：老师必须具有高尚的职业道德操守；同时，老师的教学观念应不断更新，并保持严谨的治学态度；有条件的学校可以组织教师进行培训，帮助老师形成正确的人生观和价值观。学生的学习风气的建设，包含以下内容：以易于大学生接受的方式积极开展各种活动，向其灌输正确的人生观和价值观，极力规避“硬性灌输”教学模式的使用，而是采取为其树立榜样等方法来引导大学生。

（四）推进学术文化建设

大学是进行科学研究的“主战场”，学术发展的程度代表着校园的精神面貌。所以，大力推动学术文化建设，可以突显大学的学术价值。学术文化包含精神文化和行为文化两个方面的内容。精神文化是指学者在学术研讨的过程中对学科的知识构造、学术研究的办法、规范等理论知识的认知和掌握；而行为文化是指在学术研讨的过程中与其他研究学者之间的互动以及在论述相关研究结果时对行为准则的遵守等。大学的学术文化中既含有自身的学术累积，同时也包含社会化的学术新思想。通过推动学术文化建设，能让学生对学术以及学术成果充满尊敬之意，进而达到思想政治教育的目的。

（五）推动网络文化建设

大学生拥有强烈的探索欲望，其接受新鲜事物的速度也很快，这就为网络在学生间的发展提供了契机。伴随信息时代的到来，网络文化也冲击着当代大学生。网络上的信息容量极大且较为复杂，特别是判定事物的标准也是多样化的，有的标准甚至与社会主义核心价值体系中的标准南辕北辙，不利于大学生树立正确的人生观和价值观。此外，网络的虚拟化在为大学生带来新奇感的同时，也形成了大学生人际交往的虚拟化，这样就致使一部分大学生对正常的人际交往有抵触情绪，进而引起一连串的心理问题和感情问题。所以，在校园文化的建设中，应充分利用网络对大学生进行思想政治教育，对待网络要采取治理和利用相结合的方法。在推动网络文化的建设中，可以强化学校对互联网的管理，对论坛、微博等进行必要的约束，在舆论来源上防止有害言论对大学生的侵害，从而加强大学生的思想政治教育工作。

第八章　高校大学生思想政治创新教育的队伍建设

第一节　德育专职教师队伍建设

德育工作是高校思想政治教育工作的重中之重，而高校德育工作的水平和成败取决于德育工作队伍素质的高低，因此，建立一支信念坚定、业务精湛、素质过硬的德育工作队伍，是改进和加强高校德育工作的关键环节，也是保持高校德育工作发展后劲的必然要求。

一、高校德育工作队伍建设面临的新困境

（一）数量不足，结构不合理。

随着社会经济的迅速发展和高校扩招，高校学生数量迅速增多，使得高校德育队伍在数量上和过去相比，显得严重短缺。在结构上，无论是年龄还是学历，都存在着不同程度的不合理现象，尤其是直接与学生打交道的共青团干部、辅导员、班主任，普遍比较年轻，缺少既有思想理论功底又有丰富实践工作经验的德育工作者，甚至一些高校成批地把刚刚迈出大学校门的毕业生安排到德育工作岗位，从事专职或兼职工作。刚刚走出校门的毕业生自己对社会、对人生都还缺乏足够的正确认识，要做好德育工作显然是有压力、有困难，再加上他们又和学生年龄相近，更难以有说服力和感召力。

（二）业务不精，素质不适应。

从高校德育队伍的现状看，素质偏低、工作不负责任的现象仍然存在。无论是年轻的还是年长的，都普遍存在着不愿学、不肯学的现象。他们与时代与形势的要求有较大的差距，在政治素质、专业能力上都跟不上事业发展的要求，对新情况把握不够，对新特点认识不清，存在着知识面不宽、业务能力不强的问题。据了解，在一部分高校的德育工作队伍中，中共党员的人数不多，具有高级职称的人员就更少。这主要表现为对新进人员把关不严，在职人员培训不够，以致造成队伍素质参差不齐，对做好工作造成极大妨碍。

（三）预期不高，心态不稳定。

对德育工作者讲政治、讲大局、讲奉献的时候多，直接给予精神、物质鼓励和生活上学习上关心的相对较少，从事高校德育工作压力大、任务重，在待遇上、发展上与教师相比又存在明显的差距。高校德育工作者普遍对未来发展预期不高，有不少人表现出对本职工作不热心、不专心、不安心，存在着不愿干、不想干的思想，而有些高校又往往不善于用事业、用感情、用待遇、用政策留住人、吸引人，这就使高校德育工作在效果上难以保证，在目标上难以实现。

（四）投入不足。

高校规模普遍扩张使得高校的经费运转并不宽裕，每一笔经费都被用到刀刃上，不得不投入的，首先是土地的征用、新校区的基本建设，教学楼、学生宿舍和食堂的建设，然后是实验室、图书馆的建设，对教学与科研的投入国家有明确的指标要求，而德育经费使用与场地设备的添置，却没有硬性指标。没有与学生数量相适应的活动经费、场地与设备投入严重不足。

（五）德育工作合力未形成。

德育工作不仅仅是德育工作者的事情，也是高校全体教职员工的事情，还是学生自己的事情。应当说，“三育人”工作大家都应该重视，事实上，却没有多少教师和职工把学生的德育工作放在心坎上、落实在行动上。对学生自我教育提得多，真正重视学生自我教育，充分发挥学生自我教育的作用还做得远远不够。

（六）理解不够，缺乏亲和力。

当前主要从事德育工作的人员中，较大程度上存在亲和观念和亲和能力较弱的问题。

部分高校德育工作者的人格亲和力缺乏。部分高校德育教师的思想观念和知识技能仍然停留在 20 世纪 80 年代。有的教师在考试评分中打“亲疏分”“人情分”的情况仍然存在；有的德育工作者在处理学生问题时，有出自主观因素的不公正现象。德育教师忽视人格魅力对学生的影响，会导致其人格的亲和力很难真正形成，所以，在现实工作中，出现大学生不愿上“两课”，以及不信任辅导员、班主任的现象。

德育工作者在从事德育教学与管理中，不注意尊重大学生人格，存在用训斥、挖苦、讥讽等手段发泄对大学生的不满，无视大学生的隐私权等现象。

部分高校德育工作者不注重同大学生的角色互换，对学生的理解与宽容不够，与大学生之间心理沟通少，真情实感交流少，而将自己置于权威的位置，以自我为中心，较少站在学生角度去分析问题、解决问题。面对大学生的过失，以惩罚代替循循善诱的教育，从而造成大学生的个性、人格受到压抑，甚至产生对立情绪。

二、高校德育工作队伍建设面临的新挑战

（一）网络文化的挑战

互联网的出现，对高校德育工作者原有的教育模式、教育内容等带来挑战。

传统德育中，教育者往往以导师自居，采用一种单向灌输的相对封闭的教育模式。

在开放式的网络文化中，教师的资源无法与庞大的网络系统相抗衡，学生的学习也更为主动、开放。因此，德育的方式应提倡网络化的互动模式。

传统德育强调内容的高度一致性、价值观念的纯粹一元性。网络文化背景下，大学生对新事物、新文化的接受能力强和兴趣高，因而传统文化在他们身上可能丧失得比较多，世界观、人生观和价值观更具不稳定性。高校德育工作者要注意网络发展的趋势和所产生的社会道德问题，把网络法制教育和网络道德教育作为高校德育的新内容。

传统高校德育的主要途径是“两课”教学，而在网络文化背景下，德育工作者一方面要坚持和加强对大学生进行社会主义意识形态教育和中华民族传统美德、优秀文化教育，另一方面要努力实现教学的现代化，这样就不可避免地出现传统与现代的冲突。

（二）经济全球化的挑战

随着经济全球化的推进，高校德育工作的视角应转向重在人自身的建设。而人自身的

建设是以人为本，重在教会学生如何遵纪守法、诚实守信、勤劳敬业，富有同情心和社会责任感。这些道德要求是适应市场经济必备的素质，是参与国际竞争必须熟知的通行规则。然而这恰恰是新时期部分大学生所缺乏的素质。德育视角重心的转移给德育工作者带来了一些突然性，使得高校德育工作应接不暇、措手不及。如何使大学生成为懂法、懂规则、诚实守信的适应市场经济和全球化发展需要的人才，是新时期高校德育工作者面临的又一挑战。

（三）德育理论、德育对象变迁的挑战。

德育理论随环境的变化而变化。当前，“全球化”等观念已逐渐影响现代德育理论，德育理念、德育评价体系越来越应适应现代化、全球化的发展，这对德育工作者是一个面临适应的挑战。文化变迁所带来的影响，对大学生的思想影响尤为敏感。对部分大学生的思想调查显示：有35%的学生信奉“消费至上”“个人自迷寂寞”“享受小资”等思想情操和价值理念，对政治、对国家的关心有弱化的倾向，即个人主义、享受主义、孤独主义拥有了一定的市场。要做好这部分大学生的德育工作，需要有一支具有现代意识的德育工作者队伍。这里所说的“现代”，就是指德育工作者既有现代德育理念，又有现代德育艺术、现代德育涵养。这对德育工作者及其培养机制提出了更高的要求。

三、高校德育工作队伍建设的创新策略

（一）创新培养内容

高校德育工作的一个重要特点，是德育工作者在与工作对象学生交往的过程中，以自己积极健康的人格作用于学生，通过自己的人格魅力，深入到学生灵魂深处，塑造学生的美好心灵，促进他们健康成才。无数实践证明，德育工作的效果与德育工作者的人格成正比，因此，新时期德育工作者的人格培养成为高校德育工作队伍的培养内容之一。

在人格塑造培养中，作为高校德育工作者，首先要确立理想的人格目标，确立人格标准和人格追求，并以此规范自己的言行，在实践中仿效优良人格榜样，激励自我为实现优良人格而努力。其次，德育工作者要时时自警、自醒，时时不忘自己肩负的光荣使命，在任何复杂的环境下，都要保持清醒的头脑，坚定信念不动摇，耐得住寂寞，守得住清苦，在德育工作岗位上尽职尽责，以优良的人格品行和积极进取的精神状态，努力开拓德育工作的新局面。

在拥有优良的人格魅力的同时，全面的能力结构也是德育工作者培养的重点内容。作为21世纪的德育工作者，应注意以下几种能力的培养：

1. 组织管理能力

“组织”，即熟悉并善于运用各种组织形式，如党、政、工、团，学生社团，校、院、班、组等，发挥各种组织的力量和作用，协调各方面的人力、物力，使其达到动态上的综合平衡，从而获得最佳的工作效益。

“控制”，即采用有效的控制手段，使被管理的客体能够按组织管理者的意图，沿着既定的方向发展。

2. 信息能力

即获得、选择、加工、储存、传播、利用信息的能力。德育工作者应具备适应信息网络时代必备的素质，成为一名政治意识强、业务素质高、熟悉现代信息科学和网络技术、有一定外语水平的新型德育人才。

3. 综合表达能力

高校德育工作者的表达能力主要包括文字表达能力、口头表达能力和艺术表达能力。前两种主要是采用不同形式的语言表达，使学生受到教育；后一种是通过感性直观的形象来感染教育学生，往往有更大的宣传鼓动力。所以，德育工作者只有掌握多种表达能力，才能把德育工作搞活，提高德育的吸引力、感染力和有效性。

4. 社交、公关能力

德育工作的对象是人，因此，德育工作者要做好本职工作，离不开良好的人际关系，离不开社交、公关能力。

5. 开拓创新能力

21 世纪的德育工作者必须具有开拓进取的创新意识和创新精神，不断接受新知识、新观念，适应新情况，把握新内容，在实践中探索有自己特色的德育工作新形式、新途径和新方法。培养开拓创新能力最主要的途径是科研。德育工作者要善于、勤于开展德育科学研究工作，在总结经验教训的过程中开创德育工作的新局面。

（二）创新培养机制

1. 再教育机制

德育工作者的再教育包括以下两个方面：

（1）完善培训、交流机制，进行强化教育

高校要统一组织对德育工作者进行定期培训，增强他们之间的横向交流。要从制度上要求每个德育工作者不断参加业务和政治理论学习，并有组织地邀请相关领域专家开设有关社会、经济、教育新成果、新进展的专题讲座，以提高德育工作者的整体素质。

（2）培养专业化德育队伍

高校在选拔、培养、使用德育工作者过程中应逐渐形成一支专业化的德育工作队伍，建立相应的机构及考核制度，使广大德育工作者真正将德育工作看作一门学问、一种职业，自觉地学习研究，不断提高自身的业务水平。

2. 选拔机制

合理使用、妥善安排、筹划未来发展方向、解除后顾之忧是调动德育工作者积极性的重要环节。选拔德育工作者应坚持德才兼备的原则，既要强调政治、思想道德素质，也要强调人格综合素质。比如，让一些年轻的辅导员有意识地独当一面挑起担子，使这些同志上岗不久就进入角色，比较好地调动他们的工作积极性；对于一些素质较高的德育工作者，也不是留住不放，而是积极向外推荐，让他们分流到学校各个管理岗位上，大胆提拔使用。

3. 激励机制

善于用精神激励辅之以物质奖励是巧用激励机制的要点。关于精神激励常见的是评优表彰。此外，还可以采取参与激励、学习激励、目标激励、情感激励等精神激励方式来激发德育工作者的积极性和创造性。当然，物质激励也是不可缺少的，应落实多劳多得、优劳多得、奖勤罚懒的分配政策，保证德育工作者正当利益的获得。

（三）创新育人机制

德育是学校核心工作之一，每个部门、每个教职工都有责任，所以创新育人机制必须坚持整体性原则，从教书育人、管理育人、服务育人的角度规划、设计内部结构，调动全体教职工参与德育工作，形成合力，实现德育总目标。

1. 明确目标，责任到位

学校各部门要坚持一切从实际出发，实事求是的原则，结合本单位、本部门的实际，制定正确、科学的德育目标，切忌空洞、教条、脱离实际。为保证德育目标实现，要建立德育岗位责任制，将德育目标分解到岗到人，明确育人职责，每个人根据自己工作性质、特点制定育人计划，积极开展工作。

2. 加强考评，促进落实

考评机制是督促、评价德育工作的重要方法，考评标准要具体、明确、可操作。落实考评机制，可以避免那种有计划、没行动，做好和做坏一个样的现象发生，保证德育工作的顺利进行和德育目标的实现。

3. 机构精简，人员精干

德育工作效果好坏，不在于部门设置多少、人员有多少，而在于“精”。只有部门设置合理，组织结构简单，岗位职责明确，才能避免机构重叠、职能交叉和多头领导，克服政出多门、相互扯皮的弊端，产生高效率。人员精干是指德育工作人员的业务、能力、思想道德等综合素质高，能创造性地开展工作。

4. 统一领导，协调运转

德育要在党委统一领导下进行，各部门齐抓共管，既分工明确，各负其责；又相互联系，加强沟通，统一协调，共同做好德育各项工作。

5. 注重科研，深化研究

德育科学研究工作虽然近些年有一定发展，但是与其他学科相比仍然比较薄弱，重复性研究多，创新思想少，浮在面上的问题讲得多，深层次的问题挖掘少。要组织德育工作者研究新形势下德育发展规律，为其提供科研条件，促进科研上层次上水平，为德育实践提供理论支持。

第二节 教书育人队伍建设

教师是学生道路上的引路人。所以“办好社会主义高等学校，培养德才兼备的学生，教师起着决定性的作用，教师的思想品德对学生有着潜移默化地影响，教师把思想政治教育与教学工作结合起来，更容易为学生所接受”。教书育人，就是要求广大教师在教学过程中自觉地运用马克思主义的世界观和方法论，强烈的爱国主义和集体主义精神、科学的共产主义思想体系，严谨求实的学风和高尚的道德情操去教育去影响学生，在潜移默化中将学生培养成社会主义建设事业的合格人才，要达到这个目标，教师的思想政治素质是至关重要的。

一、思想政治教学中要体现教书育人的理念

（一）坚持教书与育人相结合的原则

1. 分析教材内容，把握教材思想的育人特点

教学以教材为育人依据，教材的思想就是育人的理论。在教学中，认真分析教材内容，挖掘教材的深刻思想内涵，既弄清知识的认识价值，又把握知识的德育价值，因势利导地进行思想政治教育。在教学过程中，要从“政治与经济的辩证关系”“社会主义国家

的基本职能”“社会主义民主政治建设与经济建设的关系”和“无产阶级政党的作用”等方面，论证了“社会主义建设以经济建设为中心”的正确性；阐述了“坚持四项基本原则”的必要性；联系“社会主义国家的对外关系和对外政策”等内容，说明“坚持改革开放、搞活市场经济”的重要性。

2. 针对社会生活实际，对学生进行思想教育

为了更好地教书育人，教师可以也应当将教学内容与社会实际联系起来，结合现实社会生活中的许多热点问题，及时对学生进行思想教育。

（二）传授知识与开发智能并举

在教学改革过程中，我们树立了教学过程是传授知识与发展智能的有机统一的教学思想。在传授知识的过程中，有意识、有目的地开拓和发展学生的智能，尤其要注重发展学生的思维能力。实践中，我坚持以启迪思维为核心来构思教学结构并组织教学。

1. 注重知识链接，提高逻辑思维能力

思想政治课是由众多概念和原理构成的知识体系，各部分之间存在着不可分割的联系。我将“纲要图示法”运用于教学，引导学生将课文内容整理汇编成各种图表，形成不同层次的知识网络。每一课汇编成“方框结构图”，以便把握知识的总体轮廓；每一节汇编成“知识细目表”，以便理解和记忆，将相关概念、观点、原理汇编成“知识一览表”以便比较和鉴别。在上述过程中，学生锻炼和提高了思维的条理性和系统性。

2. 典型事例分析，增强辩证思维能力

当代青年学生思想活跃，思维敏捷，但思考问题往往偏激，甚至还会发生“越转”行为。

（三）课堂教学与校内外实践教学相结合

课堂教学实践相对于校内教学实践和校外教学实践来说，是最重要的且最基本的教学实践，是实施校内教学实践和实施校外教学实践的基础和前提，是提高教学质量、培养学生综合素质的关键环节，如果忽略了课堂教学实践环节，就忽略了学生成长成才最主要的教学环节。

校外教学实践活动是贯彻教育为社会主义服务、教育与社会实践相结合的教育方针，使大学生在学习期间能够更多地接触社会、了解国情民情，培养服务社会、服务人民的意识，增强社会责任感，走正确成长的道路，并在实践中提高分析问题和解决问题的能力，提高全面素质。

校外社会实践资源丰富，社会性、现实性强，更能体现实践教学的主旨，学生参与的积极性、主动性高，效果好。根据不同的学校、不同专业的学生，校外实践教学活动大体有调查、参观、服务三大类。调查、参观重在了解国情、民情。如以弘扬革命传统为主题的调查、参观活动，包括参观爱国主义教育基地、烈士纪念馆、访问老英雄、老模范等等。以感受社会主义建设成就、文明新村建设、文明社区建设活动，可包括参观先进企业、建设成就展览、文明新村等。要充分利用当地历史资源、文化资源和建设成就，对大学生进行中华民族优秀文化和优良革命传统教育。要充分利用经济体制改革和社会主义精神文明建设的典型，让学生目睹和感受社会主义制度的优越性和社会主义改革的辉煌成果，从而坚定社会主义信念。与此同时，还可以开展实践基地建设，紧密结合教学实践需要，选择经济体制改革的先进典型、社会主义精神文明建设典型作为教学实践基地建设，组织有说服力的材料，有序、有效地为整个实践教学持续发展提供服务。总之，高校思想

政治课实践教学是相对于课堂理论教学而言，为了配合理论教学，实现思想政治课教育目标，让学生自主参与的一种教学形式。实践是一切真知的源泉和发展的动力。只有在实践中，学生才能把课堂讲授的理论观点与实际相结合，才能深刻感受马克思主义理论的真理性和现实力量。

二、思想政治课教书育人队伍建设的创新策略

社会主义建设离不开各行各业的人才，时代越是向前，知识和人才的重要性就越发突出。育才由育师始，全面加强教师队伍建设，是新时代教育工作的重中之重。习近平总书记在全国教育大会强调，坚持把教育事业作为基础工作。认真学习贯彻全国教育大会精神，就要坚持党对教师队伍建设的全面领导，把提高教师思想政治素质和职业道德水平摆在首要位置，通过改革释放教师创新创造活力，努力建设一支政治素质过硬、业务能力精湛、育人水平高超的新时代高素质教师队伍。

（一）把牢方向，坚持党对教育事业的全面领导

教师承担着传播知识、传播思想、传播真理的使命，肩负着塑造灵魂、塑造生命、塑造新人的时代重任，是教育发展的第一资源。教育的根本任务是培养德智体美劳全面发展的社会主义建设者和接班人，这就需要坚持党对教师队伍建设的全面领导，把好方向之舵，领好前进之航，教育引导广大教师牢记党的宗旨，挺起共产党员的精神脊梁。

坚持党的全面领导就要压实党委责任，充分发挥党委的领导和把关作用，确保党牢牢掌握教师队伍建设的领导权，保证教师队伍建设正确的政治方向，引导广大教师树立正确的历史观、民族观、国家观、文化观，坚定中国特色社会主义道路自信、理论自信、制度自信、文化自信，准确理解和把握社会主义核心价值观的深刻内涵，增强价值判断、选择、塑造能力，带头践行社会主义核心价值观。学校党委要通过组织学习、研讨、论坛等活动，推动教师充分了解党情、国情、社情、民情，落实党的知识分子政策，政治上充分信任，思想上主动引导，工作上创造条件，鼓励教师进修增长才干，生活上关心照顾，把党的领导贯彻到教师工作各方面、各环节。

坚持党的全面领导还要重点抓教师党支部建设和党员教师队伍建设。对于高等学校来说，党员在教师队伍中的比例通常较高，抓住党员的模范作用，带动全体教师队伍就有基础、有抓手。要充分发挥基层教师党支部的战斗堡垒作用，充分发挥党员教师的先锋模范作用，选任党性强、业务精、有威信、肯奉献的优秀党员担任教师党支部书记，实施教师党支部书记“双带头人”培育工程，坚持党的组织生活各项制度，创新方式方法，增强党的组织生活活力，健全把党员教师培养成教学、科研、管理骨干的“双培养”机制。

（二）突出师德，把教师思想政治素质和师德水平摆在首位

评价教师队伍素质的第一标准是师德师风。师德是教师职业发展的决定性因素。古之师，把传道放在首位。今之师，承担着育人重任。大学是青年学生成长成才的关键阶段，是学生思想观念、价值取向、精神风貌的成型期，也是学生知识架构、基础能力的形成期。作为高等学校，更要把提高教师思想政治素质和职业道德水平摆在首要位置，引导广大教师以德立身、以德立学、以德施教，把社会主义核心价值观贯穿教书育人全过程。

做到“德高”，首先要做“大先生”。教师不能只做传授书本知识的教书匠，而要成为塑造学生品格、品行、品位的“大先生”。教学是过程和程序，只在课堂上；教育是结果和效果，无处不在。教学是传授知识、提高能力，教育则是感化心灵和塑造人格。教师教

给学生的知识，多年以后可能会过时、被学生遗忘，但教给学生为人处世的道理则是学生一生的财富。“大先生”要担大任行大责，要提高站位，以对学生生命负责的态度育人；要胸怀高远，承担起为国家和社会培养有用人才的宏大使命；要滋养正气，以人格魅力引导学生心灵，以学术造诣开启学生的智慧之门。广大教师要充分认识到，做好高校思想政治工作，各门课程都要守好一段渠，要通过“课程思想政治”，把所有课程都上出“思想政治味儿”，使各类课程与思想政治理论课同向同行，形成协同效应。

做到“德高”，还要自觉提升修养。无论是“培养什么人”，还是“怎样培养人”“为谁培养人”，都涉及一个关键问题——“谁来培养”。打铁还须自身硬，教师要传道授业解惑，给学生指点迷津，首先自己要提升修养、明道信道。想要培养学生具有崇高的精神品质和高尚的道德情操，教师自己就要成为优秀的“示范者”。与“言传”相比，教师的“身教”更为重要。教师要成为学生做人的镜子，以身作则、率先垂范，教师只有以模范的言行为学生树立榜样，才能把真善美的种子播撒到学生的心中。

做到“德高”，也要有颗仁爱之心。著名教育家苏霍姆林斯基说：“没有爱就没有教育。”教师面对的是一个个具有丰富情感的鲜活生命，这就需要教师用爱去教育和感染学生。仁爱之心既是儒家哲学的基石，更是教师的职业底色，只有爱，才能宽容和关怀；只有爱，才能不计回报地付出。没有爱心的人不可能成为好老师。长期以来，我们的学校、家庭、社会太在意成绩分数，让教育变得僵硬，使学生缺乏爱的滋养。好老师要用爱培养爱、激发爱、传播爱，通过真情、真心、真诚拉近与学生的距离，滋润学生的心田。好老师应该把自己的温暖和情感倾注到学生身上，用欣赏增强学生的信心，用信任树立学生的自尊，让学生健康成长，让学生享受成功的喜悦。

（三）深化改革，充分释放教师创新创造活力

建设社会主义现代化强国，对教师队伍建设提出新的更高要求。全面加强新时代教师队伍建设、充分激发教育事业发展活力，就要深化教育体制改革，扭转不科学的教育评价导向，坚决克服唯分数、唯升学、唯文凭、唯论文、唯帽子的痼疾，从根本上解决教育评价指挥棒问题。

①要完善教师管理服务制度，健全教师专业标准，明确师德和心理健康要求，严把教师选聘入口关，实行思想政治素质和业务能力双重考察，让真正素质良好的人才进入教师队伍。我们要完善传帮带机制，全面开展高等学校教师教学能力提升培训，重点面向新入职教师和青年教师，为高等学校培养人才培育生力军。

②要健全师德考核制度，坚持把师德师风作为教师素质评价的第一标准，建立教师个人信用记录，完善诚信承诺和失信惩戒机制，推动师德建设常态化长效化，引导广大教师教书育人和自我修养相结合，更好担当起学生健康成长指导者和引路人的责任。

③要完善职称制度，改进教师的考核评价，坚持分类指导与分层次评价相结合，建立符合教师岗位特点的评价机制，坚持德才兼备，全面考核，加强对教师育人能力和实践能力的评价与考核，多维度考评教学规范、课堂教学效果、教学改革研究等教学实绩，加强聘后管理，加大对教学业绩突出教师的奖励力度，激发教师的工作活力，从根本上解决教育评价指挥棒问题，引导广大教师潜心教书育人。

④要保障教师待遇权益，加大教师表彰力度，大力宣传教师中的“时代楷模”和“最美教师”，共同唱响尊师风尚主旋律，使教师安心从教、热心从教、舒心从教、静心从教，为发展教育事业、建设教育强国而努力奉献和奋斗。

第三节　管理育人队伍建设

一、高校思想政治教育管理育人的理念及实施

大学思想政治教育加强管理育人符合新时期高等教育的发展现状，不仅要坚持以学生为主体的发展目标，而且要通过教育管理活动提高大学生的思想觉悟和政治修养，旨在促进大学生的全面发展，充分发挥高校的管理与育人功能。

（一）大学思想政治教育管理育人的重要性

高校通过有计划和有组织的目标管理服务于广大师生，维护正常的教育教学活动，旨在实现大学生的全面发展，为他们步入社会奠定坚实的基础。本研究认为，大学思想政治教育加强管理育人不仅有助于高校实现管理理念和创新管理方法，实现德育和管理互助发展的目标，而且有助于高校提高思想政治教育教学水平，提高大学生的思想政治修养并促进全面发展。为此，高校需要持续规范和完善管理育人的规章制度，创新管理育人的教育理念，改进管理育人的工作方法，积极探索大学思想政治教育加强管理育人的有效策略。

（二）大学思想政治教育管理育人的主要内容

管理育人是高校学生管理工作中通过设置管理机构、制定管理制度、配备管理人员等方式，运用一定的管理理念和管理方法将大学生思想政治教育内容融入其中，重在培养大学生良好的政治素质和道德品行，达到“以德育人”的教育目的。因此，高校学生管理工作和大学思想政治教育的有效衔接既能加强思想政治教育，又能实现高校管理工作的德育化，进一步提升高校管理育人的水平。高校思想政治教育管理育人的主要内容有：宣传我党的方针政策并引入高校内部管理，培养大学生坚定的理想信念；制定完善的规章制度规范大学生的言行，使大学生养成遵纪守法的良好习惯；高校在日常管理中充分发挥辅导员的作用，加强辅导员与大学生的沟通和交流，及时掌握大学生的思想动态，引导他们树立正确的价值观；德育教育、专业教育以及技能培训并重，使大学生兼具良好的思想道德素质和科学文化水平，实现全面发展。

（三）大学思想政治教育管理育人存在的问题

1. 管理育人的规章制度有待完善

当前，许多高校在管理育人工作中仍沿用过去陈旧、刻板的规章制度，重处罚、轻说服教育，管理方式以处罚和惩戒为主，很少采用道德教育和感化等方式以达到以儆效尤和规范大学生言行举止的目的，同时，还存在管理层面的漏洞和不足。比如，强制性规定较多，规定的内容与现实情况以及大学生的个性特点脱节，这些都不利于高校管理育人工作的开展。

2. 管理育人的理念有待更新

高校的管理育人工作长期以管理和处罚为主，多遵循规章制度严格地管理和惩戒违反规定的大学生，管理方式单一且简单粗暴，事实上，仅凭制度约束极易引起大学生的叛逆行为，甚至出现突发性事件，影响高校正常的教育教学工作。究其原因，高校管理没有坚持“以人为本”的理念，习惯于循规蹈矩、老套刻板的规章制度，出发点在于约束大学生的行为和强制手段规范大学生的言行。本研究认为，高校只有坚持创新和转化管理理念，

才能持续提高管理水平。

3. 管理育人的方法有待优化

高校管理育人工作的常用管理手段比较单一，没有发挥好管理育人的功能。究其原因，首先，高校没有坚持学生的主体地位，管理工作不善于从大学生的成长规律和个性特点出发，未能制定出符合大学生实际的规章制度；其次，高校沿用传统的管理模式，管理方式简单，管理形式单一，管理手段粗暴，比如，高校多采用警告、开除等方式惩戒违规大学生，未能从大学生个体出发，用感化教育等方式引导他们认识错误，不符合高校思想政治教育以德育人、道德教化的主题和初衷。

4. 管理育人的水平有待提升

由于高校管理育人工作的理念较为落后、管理方法比较单一，以至于管理水平有待进一步提高。具体而言，一方面，高校不仅缺少先进的管理理念指导育人工作，而且创新管理理念的意识不强，导致育人工作单调、枯燥、无力，跟不上时代发展的步伐；另一方面，高校的管理理念各不相同，彼此之间缺乏有效的沟通、交流和合作。此外，高校的管理人才有待进一步提高政治理论素养、业务能力以及管理能力。本研究认为，高校有必要创新思想政治教育和教学工作的理念，将德育引入管理育人工作，打造一支责任意识强、能力素质高、专业过硬的高校思想政治教师队伍。

（四）大学思想政治教育加强管理育人的方法

1. 加强制度建设，落实制度保障

高校只有不断加强制度建设和完善各项制度内容，才能提升大学生对于规章制度的认识水平和思想觉悟，从而更好地发挥高校的管理育人功能。按照当前改革发展的目标和教育育人的要求，高校首先要结合大学生的特点制定并完善符合他们学习与生活实际情况的规章制度，以便充分发挥制度的预防和约束作用；其次，高校需要将制度建设融入大学思想政治教育，通过丰富教学任务和设置教学目标引导大学生遵守规章制度，严格依规办事、依规行事，不触及规章制度的底线，养成遵规守法的好习惯；再次，思想政治课堂教学应当丰富活动形式，通过普法大讲堂、法律知识大讨论、道德建设讲座等活动不断强化大学生的规章制度认识，养成遵纪守法的好品行；最后，面对大学生违反规章制度的行为，高校应以说服教育为主、惩戒为辅，重在提高大学生对高校规章制度的认识，以规范他们的言行。

2. 更新管理理念，提升服务水平

高校管理育人工作要坚持与时俱进和创新发展的原则，不仅勇于探索、乐于创新，而且不断更新管理育人的教育理念，方能提升高校的管理育人水平。具体来说，高校既要坚持以人为本的管理理念，也要不断创新管理理念，实现高校管理方式由管理型向服务型的转变，提高服务水平。大学思想政治教育可以采取丰富多样的形式，如制作宣传片、举办法制讲堂和专题报告会、组织演讲比赛等，使大学生在愉悦宽松的教育和实践活动中增长知识和才干，不仅树立正确的价值观和积极向上的人生观，而且养成奋发有为和乐观进取的意志品质，还共同营造一个充满生机活力、团结互助、同心协力的教育环境。总之，高校管理育人工作只有不断更新管理理念和创新管理方法，才能增强大学生的自我管理和自我控制能力，进而提高他们的思想道德水平。

3. 改进工作方法，创新工作方式

高校在管理育人工作中不仅要坚持学生主体和创新工作理念，而且要积极改进工作方法，才能真正发挥管理、教育和育人的功能，为大学生营造一个健康成长和快乐学习的环境。高校需要改进管理方法，从传统的制度约束向人本服务的层面转变。具体来说，首先，高校管理工作需要始终围绕管理育人的总目标，坚持以学生为中心的管理理念，从大学生的个性特征和成长规律出发制定科学的规章制度，有针对性地探索新的管理模式，旨在促进大学生的全面发展。其次，高校选择管理方法既要坚持原则，又要灵活多样，改变简单粗暴的管理方法，坚持以道德教化为主，通过谈心交流、指导帮助等方式增进教师与大学生的沟通交流，以便教育者及时了解大学生的思想状况和掌握思想主流。总之，宽松的管理方法有助于大学生轻松接受高校的育人管理，从而自觉祛除坏习惯和改善不当言行。

4. 提高管理水平，营造良好环境

只有不断优化管理育人的路径，高校才能提高管理水平和管理能力，这就需要培育和建设一支责任意识强、能力素质高、专业过硬的高校思想政治教师队伍。一方面，高校教育者要积极学习国内外先进的管理理念，加强创新意识和发展观念，重视顶层设计和发展规划；另一方面，高校之间需要加强沟通和交流合作，相互学习优秀且高效的管理经验和做法，不断提高自身的管理水平。高校还要强化教师队伍建设，秉承与时俱进的原则，基于经济社会的发展要求和大学生的个性特点，既要不断加强高校教师的思想政治理论、业务知识以及计算机操作技能的培养，又要规范和完善教育考核、管理以及监督机制，促使高校教师自觉提高综合素质与专业能力。

二、优化辅导员队伍建设提高管理育人水平

各高校的辅导员在学生的思想素质、业务素质、心理素质、身体素质、创新精神和实践能力的培养、铸造中充当着十分重要的角色。如何用科学发展观来指导工作，探索高校辅导员队伍建设新机制等问题摆在了我们的面前。因此，建设一支思想素质好，学历层次高，工作能力强的精干的辅导员队伍，合理设置学生管理工作机构，既是新时期学生工作的需要，也是培养合格的社会主义建设者和接班人的需要。

（一）辅导员队伍现状及分析

1. 辅导员队伍结构现状

从学历结构来看，在育人过程中，如果辅导员本科一毕业就开始做学生工作，这是一杯水对一杯水的教育。不少辅导员之所以在工作中不愿意或不善于利用各种机会对学生进行有效的教育，其中一个很重要的原因就是底气不足，知识储备不够；从知识结构来看，由于辅导员大多从本校选留，因而其知识结构决定于本校的学科结构，这样做有利于辅导员的选留和今后的分流，但不一定适合辅导员实际的工作需要，容易导致外行当家式的管理现象，且辅导员多从本校选留也使得队伍的学科背景不太理想，对初入岗位者很重要的新鲜感和紧张度明显不够；从年龄结构来看，目前这支队伍的年龄结构以 30 岁左右的年轻人为主，铁打的营盘流水的兵，较强的流动性使得这支队伍总是充满朝气和活力，但稳定性太低又使得其专业化建设没有基础；从职称结构来看，由于受目前高校职称评定工作所限，辅导员的职称问题难以达到理想目标。推进辅导员队伍的专业化建设需要有相应的专业化要求，职称评聘就是一个重要的杠杆。目前这支队伍的职称以管理或政工系列为主，应参照教师系列职称评聘的要求，结合辅导员的工作实际，制定更具专业特色的辅导员职称评聘办法，从职称导向上加强辅导员队伍的专业化建设，形成以教师系列职称为主

体、管理或政工系列职称为辅助的辅导员队伍的职称结构。

2. 辅导员队伍存在的不足

(1) 从整体角度来讲

面对新形势和新情况，辅导员队伍从数量上，还满足不了目前的需要。在学生管理工作中由于突发性工作比较多，工作与休息无明显界限，有时却得不到社会和人们的承认及尊重；在职称问题上也存在一定困惑，高级职称名额有限，普遍认为晋升高级职称难，评审条件要看工作业绩，看外语，年度发表论文等，而辅导员的理论学习和论文写作在时间上较难得到保证。

(2) 从自身角度来讲

个别辅导员对学生工作的重要性认识程度不够，没有把学生工作作为自己热爱的事业去追求，积极性主动性不够，等靠思想、推诿现象也有发生。部分辅导员注重事务性工作，忽略了学生工作理论的研究和探索，对学生工作缺乏系统的总结和分析。学生工作目标不清，工作方法简单。

(3) 从管理角度上来讲

对于学生日常管理，规章制度不够健全，执行不力，个别的日常管理没有形成制度化、组织化、规范化，公开化和透明化；对于学生工作材料的积累不够重视，管理中没有体现以人为本思想的服务理念，学生出事了疲于应付，而不是防患于未然；管理中个别存在不合理、不公正等现象。

(二) 提高管理育人水平

1. 把好辅导员队伍的入口关

根据辅导员选拔任用的标准，对辅导员思想政治素质，工作能力，工作热情等方面提出具体要求。如要求新进的辅导员要：政治强、业务精、纪律严、作风正，系中国共产党党员（包括预备党员）；原则上年龄 35 周岁以下（含 35 周岁），具备硕士及硕士以上学历，德才兼备，乐于奉献，潜心教书育人，热爱大学生思想政治教育事业；具有相关的学科专业背景，具备较强的组织管理能力和语言、文字表达能力。

2. 优化辅导员管理队伍结构

要按照精干和有利于工作的原则，统筹考虑其编制定额，根据教育部关于辅导员聘用的有关规定，按照师生比为 1∶200 的比例选配专职辅导员。要逐步实行年级主任制，统筹协调做好同一年级的学生工作。直接隶属学生科，实行垂直管理。

(1) 实行专兼结合

具体做法主要有：要求学校人事处从应届硕士毕业生中选拔符合条件的人员从事专职辅导员工作；从教工队伍中选拔责任心强、素质高的人员从事兼职辅导员工作；在毕业班中选拔部分优秀的专升本学生党员担任新生专兼职辅导员助理，加强新生班级工作。

(2) 试行“导师制”

即专业教师以导师身份负责指导学生的业务学习和第二课堂的学习，解决学生在学习中遇到的问题，辅导员则主要负责学生日常事务管理等。

3. 加强辅导员队伍建设应遵循的原则

(1) 德才兼备的原则

努力把思想政治素质好，学历层次高，组织管理能力强，热心并善于做学生工作的同志选拔到辅导员工作岗位上来。

（2）精简高效的原则

数量精简，结构优化要从科学设岗上下功夫；高效务实则要从人员的选拔和培养上下功夫，实现选人、用人和培养人的有机统一。

（3）选拔、使用、培养、提高相结合的原则

采取切实有效的措施，加强对学生思想政治工作人员的教育和培养，不断提高他们的理论素养、政策水平和工作能力。

（4）优劳优酬的原则

考虑到辅导员工作的特殊性，给予学生思想政治工作人员一定的政策倾斜，确保考核合格的学生思想政治工作人员的个人发展和经济收入不低于其他相应人员。

4．建立健全辅导员培训制度

辅导员培训分岗前培训、理论培训、短期进修和轮训。每年选拔一定数量优秀辅导员参加学校的培训。根据辅导员工作的不同阶段，开展不同内容的培训，提高辅导员的工作能力和水平。如为帮助新留校辅导员适应工作角色，可定期举办讲座或座谈会，组织有经验的辅导员通过讲述亲身经历对他们进行辅导员角色的专项培训，传授工作经验。

5．规范辅导员考核管理制度

学校应建立科学考核辅导员工作的机制。考核成绩分优秀、称职、不称职三等。通过定期述职、自评互评、师生民主评议、学生工作领导小组量化考评等方式，实事求是地对辅导员的德、能、勤、绩做出评价。设立优秀辅导员奖励基金，定期评选表彰奖励优秀辅导员。对工作不称职的提出警告，限期改进。经教育帮助无明显改进或连续两年考评成绩不称职的，专职辅导员要调离工作岗位，兼职辅导员要取消其兼职资格。专职辅导员的考核结果，作为其评聘专业技术职务和提职晋级的重要依据。

6．认真落实辅导员有关待遇

辅导员根据其实际表现、工作资历，可竞聘副科级、正科级和副处级辅导员，同时享受学校相应待遇。辅导员的专业技术职务评聘归思想政治教师系列。负责学生数超过规定标准的，应参照教学工作量规定标准适当给予补贴。不断优化辅导员队伍，对政治素质好、业务能力强、有发展潜力的中青年辅导员予以重点培养，并根据工作需要逐步提拔到新的领导岗位上，或向学校推荐、输送。科学的激励机制是调动管理人员工作积极性的有效措施，这样就会使辅导员工作积极性和创造性得到最大限度的发挥。

7．积极探索辅导员队伍建设新机制

辅导员队伍建设走“专家化”“专业化”“专职化”的道路是提升学生工作的有效措施。辅导员由原来的“全盘都抓”，转变为“有所侧重”，做到“有所为有所不为”。根据自身特长，形成自己的特色、优势。学生工作包括党建工作、团建工作、校园文化建设、日常教育管理（包括心理咨询、安全教育等）等，进行合理分工，实行“模块化”管理和服务，各负其责，任务明确，责任到位，这样促使学生工作人员在其分管的领域思考、研究、开拓和创新。注重人员的合理搭配，建立相应的管理制度和培训制度。加强辅导员队伍建设是全面推进素质教育，培养创新型人才的需要。要深刻认识到当前学生工作所面临的挑战以及加强辅导员队伍建设的紧迫性和重要性，按照“精干、高效”的要求进一步加强学生工作队伍建设，真正锻造一支团结务实、追求卓越、注重协同和配合的辅导员队伍。

第四节 服务育人队伍建设

在社会不断发展、教育不断改革的时代背景下，高等教育服务观已被越来越多的人接受和认可。高校思想政治理论课为当代大学生树立正确的世界观、人生观和价值观提供了良好的平台，在促进大学生健康成长成才、培养健全人格等方面起着重要作用。高校思想政治课教师作为思想政治教育的直接参与者、组织者和承担者，其教学工作态度对思想政治课的效果有着直接影响。思想政治课教师作为高等教育的重要组成部分，也应该树立服务的理念。在笔者看来，高校思想政治课教师能否真正树立为学生、为教学、为科研、为社会服务的理念，积极承担起自己的责任与义务，对思想政治课重要意义的充分发挥、对马克思主义理论的宣传都有着重要的影响。

一、高校思想政治课教师应树立为学生服务的理念

不论时代如何发展，我国高校的根本任务始终是教育人、培养人，为中华民族的伟大复兴提供人才支持。《大学的使命》一书中说："事实证明，根本不是学生或其他任何人，而是时代本身和当前全世界的教育现状正在再次迫使大学要把学生放在中心位置——为学生服务。"早在 2005 年，教育部《关于进一步加强高等学校本科教学工作的若干意见》里就指出："要牢固确立人才培养是高等学校的根本任务，牢固确立质量是高等学校的生命线，牢固确立教学工作在高等学校各项工作中的中心地位……以更多的精力、更大的财力进一步加强教学工作，全面提高人才培养质量。"思想政治理论课是所有高校大学生的必修课程，是高校培养人才的重要工程，也是不可或缺的关键课程。因此，高校思想政治课教师应当将培养人才作为自己教学的根本任务。以学生为本，为学生的成长、成才服务，把为学生服务作为自己教育教学工作的出发点和落脚点。

为学生服务，应该内化于心、外化于行。高校思想政治课教师可以通过课堂教学、实践指导与心理交流等不同途径来为学生服务。

（一）课堂教学

相比大学的其他课程，高校思想政治理论课有着它的独特之处，深刻的思想性和鲜明的意识形态属性是它最显著的特征。思想政治课教师不仅要传授学生知识、培养学生实践能力，还要树立学生正确的世界观、人生观、价值观，更为重要的是对学生进行社会主义理想信念的引导。在新媒体时代，各种思潮和言论甚嚣尘上，甚至以伪装的面目拉拢人心、造谣生事、挑拨离间。在这样一种复杂多变的情况下，青年人也开始摇摆不定。我们的大学生热爱祖国，但社会的复杂多变，使他们产生了失望情绪；我们的大学生渴望真理，但现实里的不平等，使他们心生疑虑；我们的大学生也有着满腔热情，但网络中的流言蜚语，却让他们望而却步。面对大学生在思想上的疑惑和矛盾，我们的思想政治课教师就应？应义不容辞地承担起自己的责任，做好服务学生的工作。在课堂上，引导学生正确对待网络上的各种言论，帮助学生认识到马克思主义的科学性和真理性，提高明辨是非的能力，坚定社会主义的理想信念。

（二）实践指导

《中共中央宣传部教育部关于进一步加强和改进高等学校思想政治理论课的意见》（教

社政〔2005〕5号）明确指出："要加强实践教学。高等学校思想政治理论课所有课程都要加强实践环节。要建立和完善实践教学保障机制，探索实践育人的长效机制。"实践教学是思想政治课教学中的一个重要环节，是课堂教学的延伸与发展。思想政治课教师在教学过程中贯穿理论与实践相结合的教学方式，引导学生积极参与到社会实践中去，将理论知识内化为自身修养，提高自身的思想政治素养。在校外社会实践过程当中，既要保证实践教学的效果，又要保证学生的安全，因此在整个过程中，更加需要思想政治课教师的指导和帮助。在实践教学活动开展之前，思想政治课教师要首先为学生解决好实践教学活动的主题、目的、方式等问题，做好相关的准备工作；中期也要时时跟踪服务，为学生解决实践活动开展中遇到的困难；最后还要指导学生进行总结，让学生真正通过此次实践学有所获。

（三）心理疏导

这也是思想政治教育的重要内容。新时代的大学生，热情、开放、独立，但在学习、情感、人际交往以及就业等诸多无形压力之下，也会出现自卑、焦虑、抑郁等不良心理，有些学生压力过大甚至会出现退学、自杀等严重后果。虽然当前高校都已经开设了专门的大学生心理健康课，但及时与学生沟通、交流，对学生进行必要的心理疏导，帮助学生解决心理问题，是每一位思想政治课教师不可推卸的责任。

二、高校思想政治课教师应树立为教学服务的理念

大学是培养人才的摇篮，教学工作和培养学生是高校的中心工作，教育教学则是思想政治课教师的首要任务。因此，思想政治课教师应该在提升自己的理论素养、教学能力等方面苦下功夫。然而，当前高校的真实情况却并非如此。由于职称考核、评价标准等各方面原因，很多教师并没有把自己的精力真正放在教学上。一位教师曾告诉笔者说："教书教得再好，你自己也得不到什么，还不如多写写文章，这才真正是你自己的东西。"甚至有一些教师对教学工作采取敷衍的态度，例如备课不充分、讲课不认真、教学效果差等。笔者是一名有着中学政治教师经历的高校教师，对此颇有感触。在中学课堂上，教师为了更好地吸引学生的注意力，必须要精心设计课堂教学的每一个环节，灵活应用各种教学技能和方法，以此提高教学效果。反观作为高等教育的大学思想政治理论课课堂，教学方法却较为单一，教师也并未真正重视。

当代大学生还是渴望生动丰富的思想政治课的，高校思想政治课教师要真正做到全心全意为学生服务，其关键就是要树立为教学服务的理念。

首先要真正重视教学，把教学工作当成首要任务。不管时代如何发展，教学始终都是大学的中心任务，思想政治课教师应该把教学摆在其他各项任务的前面，通过教学培养人才，为国家的发展贡献自己的力量。其次要承担起自己的责任。大学教学效果没有硬性的标准，对很多老师来说就是良心活。伟大的教育学家叶圣陶先生就曾说："教学得先肯负责，才能谈到循循善诱。"思想政治课教师应该把教学工作视为自己的天职，认识到国家、社会、学校、家长以及学生寄予的厚望，自觉承担起自己的责任与义务。最后还要提高自己的教学水平。充分利用现代化教学手段，综合运用问题探究、案例教学、合作学习等教学方法和手段，积极创设一定的教学情境以调动大学生学习的兴趣和热情，切实提高思想政治理论课的实效性。

三、高校思想政治课教师应树立为科研服务的理念

高校思想政治课教师，尤其是如我之类的青年教师，在科研方面确实存在一些困惑和不如意的地方。教书育人虽然是我们最重要的工作，但科研也是高等院校的基础性工作。从全国高校的普遍形势来看，高度重视科研是大势所趋，思想政治课教师也没有例外。著名科学家钱伟长曾说："科研反映你对本学科清楚不清楚，教学没有科研作为底蕴，就是一种没有观点的教育、没有灵魂的教育。一个教师在大学里能否教好书，与他搞不搞科研关系很大。"所以，思想政治课教师应该在完成好自己教学任务的同时，树立为科研服务的理念。

（一）树立开展科学研究的自觉意识，增强自信心

思想政治课教师要转变观念，把开展科学研究视为自己应尽的责任，改变过去重教学、轻科研的观念，自觉主动开展科学研究。科学研究确实是一个苦闷艰难的探索过程，尤其是对青年教师而言，可能会因为自己的专业基础薄弱、理论功底欠缺，有些力不从心的感觉，从而对科研抱有惧怕、畏难的心理。万事开头难，在科研的漫漫长路上我们要提高心理承受能力，增强科研自信心。

（二）确定自己的研究方向，深度挖掘

人的精力毕竟是有限的，研究如果没有一个确定的方向，必定是广而不精、多而不专。做科研、写文章是一件需要日积月累、厚积薄发的事情，在最后的关键阶段就需要我们把全部力量聚焦于一点、全力出击，才能达到最好的效果。

四、高校思想政治课教师应树立为社会服务的理念

高校发展的最终目的在于服务社会。《国家教育中长期改革与发展规划纲要（2010—2020年）》第21条明确提出高校"要牢固树立主动为社会服务的意识，全方位开展服务。推进产学研用结合，加快科技成果转化，规范校办产业发展。为社会成员提供继续教育服务。开展科学普及工作，提高公众科学素质和人文素质。积极推进文化传播，弘扬优秀传统文化，发展先进文化"。

教师是大学的核心部分，是履行社会服务职能的主体。与一般专业课教师，尤其是实用性强的工科专业相比，思想政治课教师服务社会的方式有着较大的差别。作为党的思想理论的宣讲者和传播者，思想政治课教师应当充分发挥自己的理论优势成为宣讲家，通过下基层、进工厂、进社区等活动，一方面可以进行定点定向宣传，对错误思想和观点开展针锋相对的批驳，针对目标群体提供针对性更强的宣传教育；另一方面及时进行理论动态解读，让更多百姓了解党的政策，主动促进马克思主义大众化。思想政治课教师是社会的精英群体，应当承担起自己的社会服务责任，发挥思想引领的作用，成为先进文化以及马克思理论的积极宣讲者、传播人。

参考文献

［1］习近平．决胜全面建成小康社会 夺取新时代中国特色社会主义伟大胜利——在中国共产党第十九次全国代表大会上的报告［M］．北京：人民出版社，2017．

［2］习近平．在庆祝中国共产党成立 95 周年大会上的讲话［M］．北京：人民出版社，2016．

［3］习近平谈治国理政．［M］．第 1 卷．北京：外文出版社，2018．

［4］习近平．坚持总体国家安全观 走中国特色国家安全道路［N］．人民日报，2014（1）．

［5］习近平．在纪念马克思 200 周年诞辰大会上的讲话［M］．北京：人民出版社，2018．

［6］习近平．把思想政治工作贯穿教育教学全过程 开创我国高等教育事业发展新局面［N］．人民日报，2016．

［7］刁凤鸣．试析高校思想政治教育“主渠道”与“主阵地”的交互作用［J］．学校党建与思想教育，2012（4）．

［8］教育部思想政治工作司．加强和改进大学生思想政治教育重要文献选编（1978—2014 年）［M］．北京：知识产权出版社，2015．

［9］冯刚．思想政治理论课与日常思想政治教育协同育人的理论思考［J］．学校党建与思想教育，2017（21）．

［10］中共中央国务院关于全面深化新时代教师队伍建设改革的意见［N］．人民日报，2018．

［11］周阳霖．基于微信平台的大学生思想政治教育中党建工作创新研究［J］．知识经济，2015，24：149．

［12］柴继红．基于微信公众平台的大学生思想政治教育研究［J］．山西青年职业学院学报，2015（1）．

［13］孙浩，黄毅．新媒体环境下的高校思想政治教育互动平台研究［J］．西部广播电视，2015，09：49．

［14］杨勐，徐娟．新媒体时代“红色微信”在大学生思想政治教育工作中的创新应用探索［J］．浙江师范大学学报（社会科学版），2015（4）：101－108．

［15］双维．用微信公众号拓展大学生思想政治教育平台探究［J］．传播与版权，2015（8）：161－162．

［16］韩雅嫩．手机微信公众平台下大学生管理探析［D］．陕西师范大学，2015．

［17］刘哲．“以人为本”视野下的高校思想政治教育方法创新［J］．西部素质教育，2017，3（11）：51．

［18］孔月红，史建梅．以人为本理念下高校融入式思想政治教育理论研究［J］．科技展望，2016，26（31）：324－325．

[19] 翁秋燕. 关于“以人为本”理念下高校思想政治教育创新的探讨 [J]. 科教导刊（上旬刊），2016（10）：74－75.

[20] 雪小飞. “以人为本”的高校思想政治教育范式构建研究 [D]. 重庆理工大学，2018.

[21] 王一获. 高校思想政治教育以人为本的实现路径 [D]. 长春工业大学，2014.

[22] 张琪. 以人为本视野下的高校学生思想政治教育研究 [D]. 山西农业大学，2013.

[23] 习近平. 做党和人民满意的好老师——同北京师范大学师生代表座谈时的讲话 [DB/OL].

[24] 张建平. 论教师专业成长与高校教师岗前培训新体系 [J]. 教育与职业，2006（36）：54－57.

[25] 谢文新，孙远雷. 论高等学校教师岗前培训的制度创新 [G]. 中山大学学报论丛，2005，25（2）：305－310.

[26] 李玮. 高校教师岗前培训现状、问题及对策研究 [J]. 2014（36）：21－22.

[27] 胡如朝. 论大学生安全教育体系的构建 [J]. 湖南科技学院学报，2010（1）：169－171.

[28] 史瑞根. 高校思想政治教育工作评价指标体系研究 [D]. 山西：中北大学，2010.

[29] 蔡海生，邱隆云等. 高校思想政治教育评估指标体系分析 [J]. 北京印刷学院报，2005（1）.

[30] 乔永忠. 论思想政治教育绩效评价及其指标体系建构 [J]. 法制与社会，2007（5）.

[31] 孙豫峰. 高校思想政治教育评估体系的创新维度 [J]. 思想政治教育研究，2009（2）.

[32] 周济. 全面深入创造性地推进大学生思想政治工作第 1 版. [N]. 中国教育报，2005.

[33] 冯刚. 学习贯彻党的十八大精神，努力提升大学生思想政治教育质量 [J]. 思想理论教育导刊，2013，（2）.

[34] 袁贵仁. 办人民满意的教育 [N]. 中国教育报，2012. 第 1 版.

[35] 李艳艳. 警惕西方意识形态渗透的新型话语工具 [J]. 红旗文稿，2014（13）.

[36] 吴岳军. 论主体间性视角下的师生关系及其教师角色 [J]. 教师教育研究，2010（2）.

[37] 冯慧. 高校意识形态建设面临的挑战及应对 [J]. 红旗文稿，2014（12）.

[38] 张北舟. 互联网思维视阈下的在线高等教育发展模式研究 [D]. 太原：山西财经大学，2016.

[39] 程林海. 浅谈当代大学生思想政治教育方法创新 [J]. 亚太教育，2015（33）：238.

[40] 唐军. 新形势下高校思想政治教育工作途径创新研究 [J]. 才智，2015（25）.